贵州省高校人文社会科学研究项目资助（2024RWGB55）
RCEP对贵州高质量发展的机遇、挑战及贵州对策研究

RCEP对贵州高质量发展的机遇与挑战

吴文兵　著

天津出版传媒集团
天津科学技术出版社

图书在版编目（CIP）数据

RCEP 对贵州高质量发展的机遇与挑战 / 吴文兵著 .
天津 ： 天津科学技术出版社， 2025. 3. -- ISBN 978-7
-5742-2817-7

Ⅰ . F127.73

中国国家版本馆 CIP 数据核字第 2025E8W301 号

RCEP对贵州高质量发展的机遇与挑战
RCEP DUI GUIZHOU GAO ZHILIANG FAZHAN DE JIYU YU TIAOZHAN

责任编辑：田　原
责任印制：兰　毅

出　　版：天津出版传媒集团
　　　　　天津科学技术出版社

地　　址：天津市和平区西康路35号
邮　　编：300051
电　　话：（022）23332377
网　　址：www.tjkjcbs.com.cn
发　　行：新华书店经销
印　　刷：定州启航印刷有限公司

开本 710×1000　1/16　印张　18　字数　240 000
2025年3月第1版第1次印刷
定价：98.00元

前　言

《区域全面经济伙伴关系协定》（Regional Comprehensive Economic Partnership, RCEP）的签署，标志着全球最大的自由贸易区正式成立，这一历史性的事件不仅对全球贸易格局产生了深远影响，更为参与其中的各成员国带来了前所未有的发展机遇与挑战。贵州作为中国西南地区的一个重要省份，其独特的地理位置、丰富的自然资源和多样的民族文化，使其在RCEP框架下具有较大的发展潜力和合作空间。

本研究旨在深入剖析RCEP对贵州省经济高质量发展的潜在机遇与面临的挑战，以期在经济全球化背景下为贵州的经济发展提供有力的理论支撑和实践指导。通过对RCEP的基本内容和条款进行细致的分析，结合贵州省的实际情况，本研究将详细探讨RCEP实施后贵州在经济发展中可能面临的挑战，并提出相应的政策建议，助力贵州在新的国际经济环境中实现高质量发展。

RCEP的实施为中国各地经济发展带来了诸多机遇，尤其是在推动贸易往来、拓展国际市场、促进产业升级和转型等方面。对于贵州而言，RCEP不仅意味着更加广阔的市场和更加丰富的资源，同时带来了新的挑战和机遇。贵州需要不断提升自身的经济实力和竞争力，以更好地融入区域经济发展的大潮中。

本研究将从多个维度对RCEP对贵州的影响进行综合评估，包括贸易合作、产业升级、区域协调发展等方面，同时结合贵州的实际情况，分析其在经济发展中可能面临的挑战，如基础设施建设、产业结构调整、对外开放程度等。在此基础上，本研究将提出相应的政策建议，以期为贵州省政府和企业提供决策参考，推动地方经济结构转型升级，提高国际竞争力。

在经济全球化的大背景下，RCEP 为贵州提供了一个重要的发展平台。本研究希望通过对 RCEP 对贵州影响的深入分析，为贵州乃至中国的经济发展贡献智慧和力量。著者相信，通过积极融入 RCEP，贵州可以进一步拓展国际市场，加强与周边国家的经贸往来，推动经济高质量发展，实现经济的跨越式发展，并在新的国际经济格局中发挥重要作用。

目录

绪论

RCEP的签署无疑在全球贸易领域掀起了一股巨浪，它象征着全球最大的自由贸易区正式扬帆起航。这一宏伟蓝图不仅凝聚了东盟十国的智慧与力量，还汇聚了中国、日本、韩国、澳大利亚和新西兰这五大重要经济体的共识，共同打造出一个覆盖全球近30%人口和经济总量的经济巨擘。

RCEP的签署无疑是亚太地区经济一体化进程中的一次重大突破。长期以来，亚太地区各国在经济合作上存在着一定的差异和分歧，而RCEP的签署则成功地将这些差异和分歧转化为共同发展的动力。通过降低关税、消除非关税壁垒、促进贸易投资自由化等措施，RCEP为亚太地区各国提供了一个更加开放、稳定、透明的经济合作平台。

RCEP的实施为中国各地经济发展带来了诸多机遇。首先，它有助于推动中国与其他成员国的贸易往来，进一步拓展中国的国际市场。随着关税的降低和非关税壁垒的消除，中国的产品和服务将更容易进入其他成员国市场，从而带动中国出口的增长。其次，RCEP的实施也将促进中国国内产业的升级和转型。通过与成员国之间的深度合作，中国可以引进更多先进的技术和管理经验，提升国内产业的竞争力和创新能力。最后，RCEP还将为中国提供更多的投资机会，吸引更多的外资进入中国市场，推动中国经济的持续发展。

然而，RCEP的实施也为中国带来了诸多挑战。首先，随着贸易投资自由化的深入推进，中国将面临更加激烈的市场竞争。如何在激烈的竞争中保持优势、提升竞争力，是中国需要认真思考的问题。其次，RCEP

的实施也需要中国加强与成员国之间的沟通，解决可能出现的贸易摩擦和纠纷。最后，RCEP 的实施还需要中国加强自身的改革和创新，以适应新的经济合作模式和规则。

RCEP 的签署为全球贸易领域注入了新的活力，标志着全球最大的自由贸易区正式成立。作为推动亚太地区经济一体化的重要举措，RCEP 的实施将为中国各地经济发展带来诸多机遇和挑战。面对这些机遇和挑战，中国需要积极应对、主动作为，以推动自身经济的持续发展和繁荣。

贵州作为中国西南地区的一个相对欠发达的省份，近年来在国家“一带一路”倡议和西部大开发战略的双重推动下，经济取得了长足发展。然而，人们必须清醒地认识到，贵州在经济发展过程中仍然面临着诸多短板和瓶颈，这些问题在一定程度上限制了其经济的进一步发展。

首先，基础设施薄弱是贵州经济发展面临的一大挑战。虽然近年来贵州在基础设施建设方面投入了大量的人力、物力和财力，但相较于其他发达地区，其基础设施水平仍然相对滞后。这主要体现在交通、水利、能源等领域，制约了贵州资源的有效开发和利用，影响了产业结构的优化和升级。

其次，产业结构不合理也是贵州经济发展需要解决的问题之一。目前，贵州的产业结构以传统农业和重工业为主，高新技术产业和现代服务业发展相对滞后。这种产业结构不仅导致了资源利用效率低下，还使得贵州在市场竞争中处于相对劣势地位。因此，加快产业结构调整和优化，推动产业转型升级，是贵州实现经济高质量发展的关键所在。

最后，对外开放程度不足也是制约贵州经济发展的一个重要因素。虽然贵州地处内陆地区，但其地理位置独特，拥有与东南亚国家接壤的便利条件。然而，由于历史、文化等多方面原因，贵州的对外开放程度相对较低，与周边国家的经贸合作不够紧密，这导致贵州在参与国际竞争和合作中面临一定的困难和挑战。

然而，随着 RCEP 的实施，贵州迎来了新的发展机遇。作为一份由亚太地区 15 国签署的现代、全面、高质量、互惠的新型自由贸易协定，RCEP 将为贵州提供更加广阔的市场空间和更加便利的贸易环境。通过积极参与 RCEP 合作，贵州可以进一步拓展国际市场，加强与周边国家的经贸往来，推动经济高质量发展。

当然，RCEP 的实施也对贵州提出了更高的要求。贵州需要不断提升自身的经济实力和竞争力，以更好地融入区域经济发展的大潮。同时，贵州需要加强与其他地区的合作与交流，共同推动区域经济一体化进程，实现共同发展和繁荣。

RCEP 的实施为贵州提供了新的发展机遇和挑战，贵州需要抓住这一契机，加快经济发展步伐，实现经济高质量发展的目标。

本研究旨在深入剖析 RCEP 对贵州经济高质量发展的潜在机遇与面临的挑战，以期在经济全球化背景下为贵州的经济发展提供有力的理论支撑和实践指导。

本研究需要对 RCEP 的基本内容和条款进行细致的分析。RCEP 致力促进区域内的贸易自由化和便利化，推动产业升级和协同发展。对于贵州而言，RCEP 的实施意味着更加广阔的市场和更加丰富的资源，同时意味着新的挑战和机遇的到来。

在市场准入方面，RCEP 的实施将进一步降低关税和非关税壁垒，为贵州企业进入国际市场提供更加便利的条件。贵州可以充分利用这一机遇，积极拓展海外市场，推动本土产品走向世界。同时，随着市场准入的放宽，贵州也将面临来自其他国家和地区的竞争压力，需要不断提升产品质量和服务水平，以增强市场竞争力。

在贸易便利化方面，RCEP 将推动各国在海关、物流、电子商务等领域的合作，提高贸易效率。贵州可以借此机会加强与其他成员国的经贸往来，促进贸易活动的顺利进行。此外，贵州还应积极利用电子商务等新兴业态，拓展线上销售渠道，提升贸易便利化水平。

在产业升级方面，RCEP 的实施将促进区域内的产业协同发展，推动产业链、供应链的深度融合。贵州可以抓住这一机遇，加强与 RCEP 其他成员国的产业合作，引进先进技术和管理经验，推动本土产业的升级和转型。同时，贵州应注重培育新兴产业，打造具有竞争力的产业集群。

在区域协调发展方面，RCEP 的实施将加强成员国之间的区域合作，推动形成更加紧密的经济合作关系。贵州可以积极参与区域合作机制，加强与周边地区的经济联系，共同推动区域经济的协同发展。

本研究还将结合贵州的实际情况，深入分析 RCEP 实施后贵州在经济发展中可能面临的挑战。例如，随着市场准入的放宽，贵州可能需要应对更加激烈的国际竞争；同时，在产业升级和区域协调发展过程中，贵州需要解决一些结构性问题，如产业结构不合理、区域发展不平衡等。

针对这些挑战，本研究将提出相应的政策建议。首先，贵州应加大对外开放力度，积极参与国际经贸合作，充分利用 RCEP 带来的机遇。其次，贵州应推动产业结构的优化升级，加强创新驱动，提高产品质量和附加值。最后，贵州应注重区域协调发展，加强与其他地区的合作与交流，实现资源共享和优势互补。

第一章 引言

随着全球经济一体化的深入推进，地区间的经济合作成为推动各国共同发展的重要途径之一。而作为当前亚太地区最大的自贸协定，RCEP的签署无疑将为贵州带来机遇与挑战。

RCEP 的签署意味着贵州将与包括中国、日本、韩国、澳大利亚、新加坡等 15 个国家和地区建立更加紧密的经济关系。这不仅将促进贵州与其他成员国之间的贸易和投资合作，还将为贵州的高质量发展提供新的契机。

然而，RCEP 的签署也给贵州带来了一些挑战。一方面，贵州在国际市场上的竞争力相对较弱，需要加大技术创新和产业升级力度，才能更好地与其他成员国展开合作。另一方面，RCEP将带来更大的市场开放，这对贵州的企业和产业也提出了更高的要求，他们需要提升产品质量和竞争力。

因此，贵州需要积极应对 RCEP 带来的机遇与挑战，制定相应的政策和举措，推动贵州的高质量发展。只有在全面融入国际市场的基础上，贵州才能不断提升自身实力，实现经济的可持续发展，并为建设现代化经济强省作出贡献。

在本研究中，著者将从不同的角度探讨 RCEP 给贵州带来的机遇与挑战，并提出相应的对策建议。相信通过努力，贵州能够充分利用RCEP带来的机遇，实现经济的跨越式发展，并在新的国际经济格局中发挥重要作用。

第一节 研究背景

一、全球经济一体化趋势

全球经济一体化是指各国经济在全球范围内的相互依赖和配合，表现为生产、贸易、投资、金融等经济行为的大规模活动，以及生产要素如资金、劳务、服务、商品等的全球配置与重组。[①] 自20世纪80年代以来，随着科技进步和各国经济政策的开放，全球经济一体化进程明显加快。[②] 然而，近年来，全球经济一体化趋势出现了一定程度的逆转，区域经济一体化成为主导趋势。研究表明，区域经济一体化是当前经济全球化的主导趋势，全球各经济区域之间的关联程度变弱。[③] 这一趋势得到了世界贸易组织（World Trade Organization, WTO）多哈回合谈判受挫后进一步的证实，全球经济区域化活跃，高标准、广覆盖的广域经济一体化形成潮流。跨区域的自由贸易区成为经济一体化较为主要和普遍的形式。[④] 美国的政策调整对全球经济一体化产生了重要影响。特朗普上任后，宣布美国退出《跨太平洋伙伴关系协定》（Trans-Pacific Partnership Agreement, TPP），要求围绕《北美自由贸易协定》（North American Free Trade Agreement, NAFTA）重新展开谈判，这些行动成为新一轮逆全球化

---

① 王鹤．经济全球化和地区一体化 [J]. 世界经济，1999（3）：21-24.

② 张礼卿．用系统论观点看全球经济一体化 [J]. 中央财经大学学报，1998（6）：13-16.

③ 马春林，吴冲锋．全球经济一体化还是区域经济一体化：经济全球化的发展趋势分析 [J]. 管理科学学报，2003（6）：1-7.

④ 黄金华，秦成逊．世界经济一体化最新趋势与特征研究 [J]. 经济问题探索，2012（2）：30-34.

的表现。[①]这反映了美国在涉及国际区域经济一体化战略上的调整，包括其在内的发达成员国和发展中成员国之间的经济关系产生了变化。此外，全球经济一体化与区域经济一体化并非完全对立，两者是相辅相成的。经济全球化并不否定国家的个性，有利于促进区域一体化。[②]同时，世界经济全球化趋势与区域经济一体化趋势同时增强，是各国在经济全球化进程中降低交易成本的一种理性选择。[③]尽管全球经济一体化在过去几十年里取得了显著进展，但近年来，由于区域经济一体化的兴起、美国政策的调整以及全球多边贸易体系的挑战，全球经济一体化趋势出现了一定程度的逆转。这一逆转不仅改变了世界经济格局，也为国际经济合作和全球治理带来了新的挑战和机遇。

经济全球化进程的加速，无疑为各国经济提供了前所未有的发展机遇。随着全球贸易和投资的快速增长，各国之间的经济联系日益紧密，形成了你中有我、我中有你的经济格局。近年来，区域经济合作更是成为全球经济发展的重要趋势，各种自由贸易协定和区域经济合作组织如雨后春笋般涌现，为全球经济注入了新的活力。

区域经济合作的兴起，是经济全球化进程加速的必然结果。在各国经济联系日益紧密的背景下，加强区域经济合作，实现资源、技术、市场的优化配置，成为各国共同追求的发展目标。

自由贸易协定是区域经济合作的重要形式之一。通过签署自由贸易协定，成员国可以相互开放市场，降低关税和非关税壁垒，促进贸易和投资的自由化、便利化。这不仅有利于成员国之间的经济交流和合作，

① 姜凌，支宏娟．新一轮逆全球化浪潮下的南北经济一体化关系走向：基于美国退出TPP和重谈NAFTA的分析[J]．四川大学学报（哲学社会科学版），2017（5）：129-137.

② 伍贻康，黄烨菁．经济全球化和世界多极化[J]．世界经济与政治，1998（12）：5-9.

③ 林翊，林卿．世界经济全球化与区域经济一体化[J]．科技和产业，2006（10）：1-4，10.

也为全球经济的稳定和可持续发展提供了保障。例如，欧盟作为世界上一体化程度最高的区域性组织，通过实施共同的市场规则和政策，推动了成员国之间的经济一体化进程，实现了经济的快速增长和繁荣。

除了自由贸易协定，区域经济合作组织还通过推动产业合作、科技创新、基础设施建设等领域的合作，促进成员国之间的经济互补和协同发展。这些合作不仅有助于提升成员国的经济实力和竞争力，也为全球经济的稳定和可持续发展奠定了坚实基础。

全球经济一体化不仅是经济发展的内在需求，也是科技进步、信息化发展的必然结果。随着信息技术的飞速发展，各国之间的信息交流越来越便捷，经济联系也越来越紧密。这种趋势不仅推动了全球经济的深度融合，也为各国带来了前所未有的发展机遇。

区域经济合作组织的建立和发展，不仅加强了成员国之间的联系，也为全球经济的稳定和可持续发展提供了保障。通过加强合作，各国可以共同应对全球性挑战，如气候变暖、金融危机等，实现经济的共同发展和繁荣。

总之，经济全球化进程的加速推动了各国经济的深度融合，而区域经济合作则成为这种趋势的重要体现。未来，随着科技的不断进步和经济全球化的深入发展，区域经济合作将继续发挥重要作用，为全球经济的稳定和可持续发展注入新的动力。

然而，近年来，一股逆全球化潮流开始显现，各国纷纷采取保护主义措施，国际政治关系复杂化，技术变革引发的社会经济结构调整等挑战接踵而至。如何应对这一挑战和风险，积极推动本区域经济贸易一体化，是中国经济高质量发展面临的重要问题。

二、RCEP 的签署背景及其重要性

RCEP 是一项具有深远意义的区域贸易协定，由东盟发起，并邀请了中国、日本、韩国、澳大利亚、新西兰和印度共同参与。这一协定的

签署不仅标志着世界上最大的自由贸易区的诞生，更涵盖了全球约三分之一的经济总量和人口，为区域乃至全球的经济合作与发展注入了新的活力。

在签署 RCEP 的背景方面，全球经济不确定性增强、贸易保护主义抬头以及各国寻求新的经济增长点的需求成为重要的推动因素。在这样的背景下，RCEP 的签署无疑为各国提供了一个新的合作平台，有助于推动区域经济一体化进程，共同应对全球经济不确定性带来的挑战。

RCEP 的重要性体现在多个方面。

首先，它有助于促进区域内贸易和投资。通过降低关税和非关税壁垒,RCEP将为成员国之间的贸易和投资提供更加便利的条件，推动商品、资本和技术在区域内的自由流动。这将有助于提升各成员国的产业竞争力，促进产业升级和转型。

其次，RCEP 还有助于优化资源配置。在区域经济一体化进程中，资源的优化配置是实现共同发展的重要前提。通过 RCEP 的签署，各成员国可以更加充分地利用各自的资源优势，实现资源的互补和共享，从而推动整个区域的经济发展。

最后，RCEP 还有助于增强成员国的经济竞争力。通过加强区域内的合作与协调，各成员国可以共同应对外部经济风险和挑战，提升整个区域的经济稳定性和韧性。同时，RCEP 将推动成员国之间的技术交流和合作，促进创新能力的提升，为经济发展注入新的动力。

总的来说，RCEP 的签署不仅是区域经济合作的重大成果，也是全球经济治理的重要体现。它不仅为区域内各国提供了更加广阔的合作平台，也为全球贸易和投资提供了新的机遇。在未来，随着 RCEP 的深入实施和不断完善，相信它将为区域乃至全球的经济合作与发展注入更多的活力和动力。

三、贵州的发展现状

贵州作为中国西南部的一个内陆省份，近年来经济发展迅速，但仍面临诸多挑战。其经济结构以传统产业为主，新兴产业发展相对滞后。同时，贵州在基础设施、科技创新、人才储备等方面存在一定的短板。贵州在过去的几十年中取得了显著的经济进步，但与沿海发达地区相比，仍存在一定的差距。贵州丰富的自然资源和多样的文化背景是其发展的优势，但如何将这些优势转化为经济发展动力，仍需要进一步探索。

经济增长速度：自改革开放以来，贵州经济一直保持高速增长。据统计，1979 年至 2017 年，贵州 GDP 增长率达到 10.14%，显示出其经济增长的常态是高速增长。①近 5 年来，贵州地区生产总值年均增长 11.6%，经济增速连续 5 年保持全国前两位。②

产业结构：贵州在产业结构调整方面取得了一定的进展。尽管如此，贵州仍然存在产业结构不合理的问题，如第二产业发展低度化，过分依赖资源禀赋优势等。③为了优化产业结构，贵州着力推动对外贸易，提升经济开放活力，同时加大科技资金投入，提升创新实力。④

民营经济发展：改革开放 40 多年来，贵州民营经济从无到有、从弱到强，成为推动省内 GDP 增长的重要力量。⑤然而，当前民营经济面临市场、融资和转型的挑战，贵州通过实施“双千工程”和供给侧结构性改革等措施，全力促进民营经济高质量发展。

工业化水平：虽然贵州经济取得了较快发展，工业化水平不断提高，

---

① 刘庆和．贵州经济增长的常态 [J]. 当代贵州，2019（2）：79.

② 卢启伦．改革推动创新驱动产业拉动贵州经济稳健前行转型加快持续向好 [J]. 中国经贸导刊，2017（15）：50-52.

③ 陈厚义，刘斌，张强．贵州经济发展的战略思考 [J]. 贵州社会科学，2009（5）：58-61.

④ 何萍．贵州省经济发展预测及影响因素研究 [D]. 重庆：重庆大学，2018.

⑤ 付家欣．贵州省民营经济发展现状及对策 [J]. 中国市场，2021（28）：20-21.

但作为西部欠发达地区，其工业经济相对落后。[①] 为了缩小与发达地区之间的差距，需要清晰了解当前贵州工业发展现状，并提出促进工业发展的建议。

面临的主要问题和挑战：贵州经济发展中需要解决的主要问题包括产业结构调整、提高城镇化水平、科技进步和加大人力资本投资等方面。[②] 此外，贵州还面临着资本、技术、人才等资源短缺，交通运输发展滞后等问题。

综上所述，贵州经济发展虽然取得了一定的成就，如经济增长速度快、民营经济发展迅速等，但仍面临产业结构不合理、工业经济相对落后、资源配置不足等挑战。为了实现更高质量的经济发展，贵州需要继续优化产业结构，加大科技投入，提升创新能力，同时解决资源配置不足等问题。

第二节 研究的目的与意义

分析 RCEP 对贵州的影响，可以探讨如何促使贵州更好地融入区域经济一体化，加强与成员国之间的贸易和投资，从而提升贵州的产业竞争力，特别是对大数据、农业、文化旅游等主导产业。同时，研究 RCEP 如何帮助贵州扩大出口市场、吸引外资，优化外向型经济结构，并应对开放经济中的挑战，是促进区域经济一体化的关键。此外，RCEP 框架下的国际合作为贵州提供了加强环境保护和社会发展的机会，有助于实现经济增长与资源环境保护的双赢，增强可持续发展能力。研究 RCEP 对贵州的影响，可以为贵州提供符合 RCEP 框架的政策建议，帮助地方

① 罗添．贵州省工业发展现状分析 [J]. 中国管理信息化，2015，18（16）：160.

② 刘带春．当前贵州经济发展面临的主要问题 [J]. 贵州社会科学，2003（5）：26-28.

政府制定有效的对外开放战略，提高地方治理水平，包括政策制定、市场监管、国际合作等方面，从而提升政府的决策和执行能力。这一研究不仅对贵州的经济社会发展具有重要的现实意义，也对理解和推动区域经济一体化进程具有重要的理论和实践价值。

一、对贵州的重要性

RCEP 的签署为贵州带来了前所未有的发展机遇。这一全球规模最大的自由贸易协定，覆盖了东亚和东南亚的主要经济体，为贵州提供了一个广阔的市场和合作平台。研究 RCEP 对贵州的影响，不仅可以为贵州制定适应性发展政策提供参考，还能提升其在区域经济合作中的竞争力。

首先，RCEP 的签署有助于贵州扩大对外开放。通过降低关税壁垒和简化贸易程序，贵州的企业可以更便捷地进入国际市场，吸引更多的外资企业来贵州投资。这将促进贵州对外贸易和投资水平的提升，为经济增长注入新动力。

其次，RCEP 为贵州经济结构调整和产业升级提供了契机。贵州可以利用 RCEP 带来的贸易自由化优势，优化产业结构，发展高附加值产业，提高产业链的竞争力。例如，贵州可以依托其丰富的自然资源和独特的民族文化，发展绿色农业、生态旅游等产业，打造具有地方特色的品牌。

此外，深入分析 RCEP 对贵州经济、社会、环境等方面的影响，可以为贵州的未来发展提供科学依据，帮助政府制定更加合理的政策，应对国际经济环境的不确定性。

最后，RCEP 的签署也为贵州带来了挑战。如何在开放经济中保护本土产业，如何平衡经济增长与环境保护的关系，都是贵州需要面对的问题。因此，贵州需要加强政策研究，提高治理能力，以适应 RCEP 带来的新变化。

随着 RCEP 的签署与生效，贵州作为中国西南内陆省份，面临着新的区域经济发展机遇与挑战。研究“RCEP 对贵州高质量发展的机遇与挑战”这一课题，对贵州未来的发展具有重要的战略意义。这一研究不仅有助于探讨如何通过 RCEP 实现贵州的产业转型升级，还能够为地方政府制定政策、优化区域经济发展布局提供科学依据。

（一）为政府政策制定提供参考

“RCEP 对贵州高质量发展的机遇与挑战”课题研究，能够为贵州各级政府在面对 RCEP 背景下的新形势时，提供重要的政策参考依据。

产业政策优化：通过该课题研究，政府可以更清楚地了解到 RCEP 的实施将如何影响贵州的各个行业，特别是哪些行业会受益于关税削减和市场开放，哪些行业可能面临竞争压力。政府可以据此制定有针对性的产业扶持政策，推动优势产业的发展，帮助传统产业转型升级。

外资引进策略：课题研究还可以帮助政府更好地理解 RCEP 框架下外资流动的趋势，为贵州制定吸引外资的策略提供支持。通过深入分析 RCEP 成员国在高端制造、信息技术、绿色能源等领域的投资意图，贵州可以制定更加精准的招商引资政策，提高与日韩、东盟等国家的合作水平。

（二）推动贵州产业转型与创新发展

贵州传统上以农业和资源型产业为主，但面临产业升级和绿色发展的双重挑战。RCEP 的实施为贵州的产业转型提供了外部动力，而课题研究将进一步探讨如何有效利用这一契机推动贵州高质量发展。

促进产业链延伸：研究可以帮助贵州了解如何融入 RCEP 区域内的产业链条。特别是高附加值的制造业、信息技术产业和现代服务业，课题将探讨贵州如何通过与日韩等技术发达国家的合作，推动当地产业链的延伸和升级，弥补传统资源型经济的不足。

创新驱动与科技合作：RCEP 为贵州与其他成员国在技术合作和创新领域提供了更多机会。课题研究将重点探讨如何利用 RCEP 框架下的科技合作机制，推动贵州在电子信息技术、绿色经济和可持续发展领域的创新能力建设，增强本土企业的科技竞争力。

（三）提升贵州对外开放水平

贵州作为中国内陆省份，长期以来对外开放水平较低，外贸规模和外资引进与东部沿海省份相比仍有很大差距。RCEP 为贵州提升对外开放水平提供了新平台，而该课题研究将深入分析如何通过 RCEP 框架推动贵州进一步融入国际市场。

外贸增长与市场多元化：研究将帮助贵州识别在 RCEP 成员国中具有潜在市场的产品和服务类别，特别是贵州的农产品、矿产和文化旅游资源，帮助贵州了解如何通过关税减免和市场准入优惠进入更广泛的国际市场。此外，课题研究还可以为贵州探索如何通过国际化手段，实现外贸市场多元化提供思路，降低对单一市场的依赖风险。

跨境电商与数字经济：课题研究将重点探讨 RCEP 对于贵州发展跨境电商和数字经济的影响。在 RCEP 成员国的支持下，贵州有望借助数字平台提升与国际市场的连接度，打破传统地理位置的限制，拓展全球市场份额。

（四）促进区域协调发展

贵州作为中国西部欠发达地区，课题研究可以为贵州如何在 RCEP 框架下实现区域协调发展提供重要的战略指引。

与周边省份协同发展：RCEP 不仅带来国际合作机会，也能促进贵州与中国其他省份的协调发展。课题研究将探讨贵州如何通过与广西、云南等邻近省份的合作，共同推动面向东盟的跨境物流、贸易和产业合作。这种区域合作可以帮助贵州打破内陆省份的地理局限，提升区域经济的联动性。

城乡一体化与扶贫巩固：课题研究还将分析 RCEP 带来的开放红利如何惠及贵州的农村地区，推动城乡一体化发展，巩固拓展脱贫攻坚成果。例如，通过发展特色农产品出口、乡村旅游等产业，RCEP 的实施可以带动贵州农村地区的经济发展，从而提高农民收入，缩小城乡差距。

（五）应对RCEP带来的挑战

RCEP虽然为贵州提供了巨大的发展机遇，但也带来了一些挑战。课题研究的重要性还体现为帮助贵州识别和应对这些挑战。

本地企业面临的竞争压力：RCEP的实施将带来国际企业进入贵州市场的机会，这意味着本地企业将面临更激烈的竞争。课题研究将分析本地企业如何提升技术水平、降低成本，增强竞争力，避免被国际竞争淘汰。

人才与技术短缺问题：课题研究还将关注贵州在应对RCEP带来的产业升级时，可能面临的技术和人才短缺问题。通过分析国际合作中的技术引进和人才交流机会，课题将为贵州如何应对这些挑战提供策略性建议。

二、研究对策提升地区竞争力

加强“RCEP对贵州高质量发展的机遇与挑战”课题研究，对于提升贵州的竞争力具有以下重要作用与意义：

（一）明确贵州在RCEP框架下的战略定位

课题研究将帮助贵州在RCEP框架内找到适合自身的发展路径。通过深入分析贵州的经济结构、资源禀赋和发展优势，课题研究可以确定哪些行业和领域具有竞争力，可以与RCEP国家形成互补与合作关系。

产业发展优先级：课题研究能够明确贵州哪些产业具备在RCEP国家中脱颖而出的潜力，如农产品加工、绿色能源、电子信息技术等。通过明确重点产业的发展方向，贵州可以集中资源，制定有针对性的产业发展战略，提升区域竞争力。

地理优势的最大化：贵州位于中国西南内陆，虽然远离沿海，但紧邻东盟国家及中国“一带一路”核心区域。课题研究能够深入探讨如何利用这一独特的地理位置，通过交通与基础设施的优化，实现“通达内外”的发展模式，逐步融入RCEP区域内的物流和供应链网络。

（二）优化产业结构，推动高质量发展

课题研究将为贵州的产业结构优化提供科学依据，从而推动贵州实现高质量发展，提升区域竞争力。

推动传统产业升级：贵州以资源型经济为主，煤炭、磷矿、铝土矿等是重要的传统产业。课题研究可以分析如何利用 RCEP 成员国的技术和资本优势，推动这些传统资源型产业的转型升级，使其向绿色、智能化和高效能方向发展。

推动新兴产业发展：通过对 RCEP 成员国在高端制造业、数字经济、服务贸易等领域的研究，贵州可以引进先进技术和管理经验，培育和发展新兴产业，弥补过去产业单一的短板，拓展未来经济增长点。

促进区域合作：RCEP 不仅仅是国际贸易合作，也包含投资、技术和服务的自由化。课题研究能够帮助贵州在 RCEP 的框架下，与日韩、东盟等国家展开技术、资本和人才的多层次合作，推动贵州从传统产业向现代高附加值产业的转型。

（三）提升外贸和投资环境

RCEP 为贵州带来了更多外贸和投资机会，课题研究可以帮助贵州更好地优化营商环境，吸引国际投资，提升国际竞争力。

降低国际贸易壁垒：RCEP 框架下的关税减让和非关税壁垒减少将极大促进贸易便利化。课题研究可以探讨如何借助这一便利条件，推动贵州外向型经济发展，拓展国际市场，特别是 RCEP 成员国的市场。

吸引外资的政策优化：研究可以分析 RCEP 成员国的投资趋势和偏好，帮助贵州有针对性地调整投资政策，吸引日韩等技术发达国家的外资进入贵州。特别是在高科技、现代农业和绿色能源领域，通过营商环境的改善，贵州有望吸引更多外资项目落地，提升国际竞争力。

（四）加强人才和技术合作

人才和技术是提升区域竞争力的关键。课题研究可以深入探讨贵州如何借助 RCEP 的人才流动和技术合作机制，弥补本地的人才和技术短

板，推动区域创新和产业升级。

人才引进与培养机制：RCEP 成员国中，日韩等国在高科技制造、信息技术和环保领域具有先进的技术和丰富的经验。课题研究可以帮助贵州探索如何通过合作办学、企业合作、人才交流等途径，吸引和培养国际化专业人才，提升贵州的技术创新能力。

技术转移与创新合作：课题研究可以探讨如何通过 RCEP 机制，利用外资和跨国技术合作，推动贵州的技术升级和创新能力建设。通过引进国外先进的技术设备和管理经验，贵州能够加速本地科技成果转化，提升自主创新能力。

（五）促进贵州绿色发展与可持续发展

贵州作为中国的生态文明试验区，课题研究可以探讨如何在 RCEP 框架下，将贵州的绿色经济理念与 RCEP 成员国的技术和资金优势结合，推动可持续发展，形成贵州的独特竞争优势。

绿色经济合作：课题可以分析 RCEP 成员国在绿色能源、环保技术等方面的先进经验，帮助贵州在发展绿色经济、推广环保技术等方面与日韩、东盟国家加强合作，推动贵州形成绿色低碳产业链。

生态产品与服务贸易：贵州丰富的生态资源和特色农产品具有国际竞争力，课题研究可以探讨如何通过 RCEP 实现绿色农产品出口与生态服务贸易的国际化，打造生态品牌，增强贵州在国际市场的影响力。

（六）助力贵州融入全球价值链

课题研究将有助于贵州更好地理解 RCEP 框架下的区域价值链分工，并找到贵州能够嵌入全球价值链的具体路径，从而提升经济竞争力。

融入区域供应链：课题研究能够探讨如何通过与 RCEP 成员国的合作，融入电子、汽车零部件、农业加工等区域供应链，成为东亚及东南亚地区生产链条中的重要节点。通过融入区域供应链，贵州可以吸引更多国际订单和投资，扩大出口规模。

提升本地产业附加值：通过与日韩等国的技术合作，课题研究可以帮助贵州探索如何提升本地产业的技术含量和附加值，推动本地产业从原材料生产到高端制造的转型，提升其在全球价值链中的地位。

（七）应对挑战与风险

RCEP虽然带来了巨大的机遇，但也伴随着竞争与风险。课题研究的重要性还在于帮助贵州识别这些挑战，并制定应对措施，确保贵州能够在国际竞争中占据有利位置。

竞争压力与市场风险：课题研究可以分析在RCEP框架下，国际竞争对贵州本地企业带来的挑战，尤其是中小企业如何在竞争中生存和发展。通过制定产业保护和扶持政策，帮助本地企业提升竞争力，避免被国际大企业挤出市场。

应对外部经济波动：课题研究还可以分析RCEP成员国之间的经济波动对贵州外贸和投资带来的风险，帮助贵州制定应急预案，降低外部经济冲击对本地经济发展的负面影响。

加强“RCEP对贵州高质量发展的机遇与挑战”课题研究，对于提升贵州的竞争力具有战略意义。通过明确贵州在RCEP框架下的定位，优化产业结构，提升外贸和投资环境，推动技术创新和人才培养，贵州将抓住RCEP带来的机遇，克服挑战，推动区域经济实现高质量发展，并在国际竞争中占据优势地位。

三、研究方法与数据来源

（一）定性与定量研究方法

1. 定性研究方法

（1）文献研究法：文献研究法是研究RCEP对贵州高质量发展影响的重要定性研究方法之一。对已有的研究成果、理论文献、政策文件以及数据报告的梳理，能够为研究提供坚实的理论基础和参考框架。主要步骤包括：

收集相关文献：收集包括RCEP相关政策文件、国内外学术论文、贵州省政府的政策文件等资料。文献的主要来源包括政府发布的经济统计报告、联合国及世贸组织的贸易数据、学术期刊与会议论文，以及世界银行、国际货币基金组织等国际组织的研究报告。

整理与分类：将收集到的文献进行分类，并从 RCEP 的整体背景、对中国的影响、对内陆省份的潜在影响、贵州的经济结构等几个维度进行整理。

理论分析：通过文献梳理和分析，结合区域经济学、国际贸易理论和高质量发展理论，构建适合贵州实际情况的理论框架。具体来说，可以运用发展经济学中的“比较优势理论”、全球价值链理论，以及 RCEP 对于降低非关税壁垒、推动投资与服务贸易自由化的理论探讨贵州在全球供应链中的新机遇。

（2）访谈法：深度访谈也是定性研究中的关键环节，通过访谈相关领域的专家、学者、政府官员和企业家，获取对 RCEP 实施背景下贵州高质量发展的深入见解。

（3）案例分析法：案例分析法用于定性研究，即以具体的产业或企业为研究对象，深入分析其在 RCEP 框架下的发展情况。

案例选择：选择贵州的代表性行业或企业作为研究对象，例如，茶叶、辣椒、铝业等优势产业，以及在信息技术、服务贸易领域有发展潜力的企业。

分析维度：案例分析可以从多个维度入手，包括企业的贸易活动、产品的国际竞争力、技术创新能力、对外资依赖程度等，结合 RCEP 的政策影响，分析企业如何在新的国际贸易规则下寻找新的发展机会或应对挑战。

总结与提炼：对典型案例的分析能够为其他行业或企业提供有益的经验借鉴，并为政策制定提供更加具体化、针对性的依据。

2. 定量研究方法

定量研究方法主要包括统计分析法。统计分析法是研究 RCEP 对贵州高质量发展影响的主要定量研究手段之一。通过对贵州经济数据的分析，研究 RCEP 实施前后对贵州经济增长、外贸进出口、投资、就业等方面的实际影响。

3. 定性与定量方法的结合

综合分析法：定性与定量方法各有优势，结合使用可以弥补单一方法的不足。研究“RCEP 对贵州高质量发展的机遇与挑战”课题时，应在定性研究的基础上，进一步通过定量分析验证结论，确保研究结果的科学性与适用性。

定性为定量研究提供基础：通过文献研究和专家访谈，明确研究假设与模型设计。定性分析帮助人们找到关键的影响因素，从而在定量模型中引入适当的变量进行分析。

定量为定性研究提供支持：通过定量分析的统计结果，人们可以验证定性分析提出的假设。例如，定量研究可以通过数据回归和计量模型结果验证专家访谈中对 RCEP 影响的预测是否成立。

交叉验证与反馈：研究过程中，定性与定量方法可以进行交叉验证。在分析 RCEP 对贵州经济影响的过程中，定量分析发现的规律可以进一步通过访谈法、案例分析等进行探讨和验证，形成有机统一的结论。

（二）数据收集

在“RCEP 对贵州高质量发展的机遇与挑战”课题的研究过程中，数据收集是至关重要的步骤。全面、准确的数据收集，可以为课题研究提供客观依据，揭示 RCEP 对贵州经济的影响，帮助制定有针对性的政策和战略。为了确保数据的多维性和可靠性，数据收集需要结合不同来源和类型的资料，包括宏观经济数据、企业微观数据、贸易和投资数据等。以下是数据收集的主要内容与来源。

1. 数据收集的主要内容

在分析 RCEP 对贵州高质量发展的影响时，涉及的数据可以分为几个主要类别：

（1）宏观经济数据：贵州的 GDP、产业结构、就业情况、投资总额、外贸进出口总额等。

（2）对外贸易数据：贵州与 RCEP 成员国的进出口贸易额、产品类别、关税减免情况等。

（3）产业数据：产业数据涉及贵州的优势产业和新兴产业，如农业、制造业、服务业等在 RCEP 框架下的发展潜力和现状。

（4）企业微观数据：贵州省内企业的生产、出口、技术合作、对外投资、创新能力等。

（5）投资和外资数据：贵州吸引外资的情况，以及与 RCEP 成员国的投资合作项目数量和规模。

（6）政策和制度相关数据：贵州省政府在对接 RCEP 中的相关政策和改革措施。

2. 数据收集的主要来源

（1）政府统计数据：政府统计数据是本研究的主要来源之一。这类数据能够反映贵州省经济的整体运行情况以及与 RCEP 成员国的贸易往来情况。

国家统计局和贵州省统计局：这些政府部门定期发布有关贵州 GDP、产业结构、居民收入、就业、投资、对外贸易等方面的数据。这些统计数据是宏观层面分析 RCEP 对贵州经济发展影响的基础。

中国海关总署：海关数据能够提供贵州与 RCEP 成员国之间的贸易额、产品种类、进出口增速等信息，帮助分析 RCEP 协议下关税减免政策对贸易结构的影响。

商务部和贵州省商务厅：这类机构发布的对外投资和外资流入数据，能够为研究贵州与 RCEP 成员国的双边投资合作提供支持。

财政部与贵州省财政厅：相关的财政支出数据、政府补贴和扶持政策信息，尤其是对参与 RCEP 的企业提供的财政支持信息，将帮助了解政策对外贸企业的促进作用。

（2）行业与产业数据：为分析 RCEP 对贵州特定产业的影响，需要收集产业和行业的细分数据。数据来源主要包括：

贵州省各行业协会：农业协会、工业协会、外贸协会等组织提供的企业参与 RCEP 后的贸易数据、技术合作、市场份额等信息有助于分析特定行业的竞争力。

贵州省发改委和各地市发改部门：有关区域经济发展的战略规划、政策实施情况、具体产业数据等，可以为特定行业在 RCEP 框架下的发展路径提供依据。

贵州重点企业年报和财务数据：选择一些在 RCEP 成员国有业务往来的代表性企业，获取其年报、财务报表和经营状况等数据，有助于了解企业在 RCEP 下的实际经营情况。

（3）贸易与投资数据：RCEP 对贵州的直接影响在于对外贸易和对外投资的变化。利用相关数据，可以详细分析贵州如何在区域经济一体化背景下调整其贸易和投资策略。

国际贸易数据库：可以使用联合国贸易数据、WTO 数据，以及中国海关数据，获取贵州与 RCEP 成员国之间的双边贸易流量、产品进出口结构及关税变化情况。

外资数据来源：贵州吸引外资的情况可以从商务部数据库、世界银行的“营商环境报告”、贵州省商务厅的外资统计年报等渠道获取。

外资企业数据：贵州省内与 RCEP 国家合作的外资企业，特别是日韩、东盟投资企业的数据，可以通过贵州省工商部门和商务部门获取，分析外资对地方经济增长、就业、技术创新等方面的贡献。

（4）企业问卷调查与访谈数据：对于定量研究，企业的微观数据非常重要。设计问卷调查和进行访谈，可以收集贵州省内企业参与 RCEP 的直接反馈和市场反应。

问卷调查：对贵州参与 RCEP 成员国贸易的企业（如农产品出口企业、制造企业等）发放调查问卷，获取他们在 RCEP 框架下的贸易成本、市场扩展、技术合作、关税减免效应等数据。

企业访谈：通过对企业高管的深入访谈，了解企业如何应对 RCEP 带来的机遇和挑战，获取企业在进出口、技术合作、市场开拓等方面的详细反馈。重点可以放在电子信息技术、农业和绿色能源等具有发展潜力的领域。

（5）国际机构和跨国组织数据：国际机构的报告和数据为研究 RCEP 带来的外部机遇提供了广泛的视野。

世界银行和国际货币基金组织：这些国际组织定期发布全球及区域经济展望报告，提供关于国际贸易、投资和经济增长的最新数据。

联合国贸易与发展会议：联合国贸易与发展会议提供的全球贸易和发展报告，可以帮助研究贵州如何在全球供应链中寻找新的定位和机遇。

亚洲开发银行：作为区域合作的推动者，亚洲开发银行发布的数据可以为贵州在区域经济一体化中的角色提供背景支持。

（6）政策文件与战略报告：研究 RCEP 对贵州的机遇与挑战，政策文件和官方战略报告的数据与信息不可或缺。

RCEP 协议文本：对 RCEP 条款、各成员国关税减让清单、非关税壁垒规定、服务贸易开放条款等的分析，有助于深入了解该协议对贵州各产业的具体影响。

贵州省政府的政策文件：贵州在推动对外开放和融入 RCEP 框架中的具体措施与政策支持情况，需要通过政策文件进行分析。这类数据包括外贸扶持政策、产业引导政策和投资促进措施。

3. 数据处理与分析

为了确保收集到的数据具有科学性和实用性，人们应按步骤进行数据处理和分析。

数据清洗与规范化：由于收集的数据可能来源不同，因此在分析之前需要进行数据清洗，包括删除缺失数据、处理异常值、统一数据格式等。

时间序列分析：对于 RCEP 实施前后的经济数据，可以使用时间序列分析方法，分析贵州经济在 RCEP 影响下的变化趋势。

计量模型分析：通过计量经济学模型，如可计算的一般均衡模型、引力模型等，量化 RCEP 对贵州的外贸、投资、就业等的具体影响。

交叉验证与定量评估：通过不同数据来源的交叉验证，可以确保研究结论的准确性。具体而言，研究可以结合宏观统计数据、企业调查结果和国际数据进行多层次的分析和评估。

4. 总结

数据的多样性和广泛性是确保研究结论准确性和科学性的基础。通过整合政府统计数据、行业与产业数据、国际贸易与投资数据、企业微观数据以及政策文件与战略报告，研究可以全面、深入地分析 RCEP 对贵州的影响。这些数据的收集和分析不仅能够揭示 RCEP 为贵州带来的机遇与挑战，还能够为贵州省政府和企业提供更加准确的决策依据，助力贵州在 RCEP 框架下实现高质量发展。

第二章 RCEP概述

RCEP是由东盟10国发起，并邀请中国、日本、韩国、澳大利亚、新西兰五国参与的自由贸易协定。RCEP的签署标志着全球最大自由贸易区的诞生，其成员国涵盖全球约30%的人口和经济总量，涉及的贸易额和投资也占全球的显著比例。这一协定不仅具有深远的经济意义，也被认为是全球经济合作与区域经济一体化进程中的重要里程碑。

第一节 RCEP的历史背景与发展历程

一、概括信息

在全球经济一体化的大趋势下，区域经济合作成为推动各国经济发展的重要力量。RCEP作为当前亚太地区规模最大、最重要的自由贸易协定，对区域内各国的贸易、投资、经济增长以及全球贸易格局都产生了深远的影响。深入了解RCEP的历史背景与发展历程，对于把握全球经济发展趋势、推动区域经济合作以及促进各国经济的可持续发展具有重要的现实意义。

二、RCEP 的历史背景

（一）全球经济格局的演变

1. 二战后全球经济秩序的建立

二战后，以美国为首的西方国家建立了布雷顿森林体系，确立了美元在国际货币体系中的核心地位。同时，关税及贸易总协定（General Agreement On Tariffs and Trade, GATT）的签订推动了全球贸易自由化的进程。在这一体系下，全球经济逐渐复苏并实现了快速增长。

2. 经济全球化与区域经济一体化的兴起

20 世纪 80 年代以来，随着信息技术的飞速发展和交通运输成本的降低，经济全球化进程加速。各国之间的贸易、投资和金融往来日益频繁，全球产业链和供应链不断完善。与此同时，区域经济一体化也迅速兴起，欧洲联盟、北美自由贸易区相继成立，为区域内各国带来了较大的经济利益。

3. 多极化趋势下的全球经济格局调整

进入 21 世纪，全球经济格局呈现出多极化趋势。新兴经济体的崛起改变了全球经济力量对比，发展中国家在全球经济治理中的话语权逐渐增强。在这一背景下，传统的以发达国家为主导的全球经济秩序面临挑战，各国纷纷寻求通过区域经济合作来提升自身的经济实力和国际竞争力。

（二）亚太地区经济合作的趋势

1. 亚太地区经济的快速增长

亚太地区作为全球经济增长的重要引擎，在过去几十年中实现了持续快速的经济增长。中国、日本、韩国等国家的经济崛起，以及东盟国家的经济发展，使得亚太地区在全球经济中的地位日益重要。

2. 亚太地区现有区域贸易协定的局限性

尽管亚太地区已经存在多个区域贸易协定，但这些协定之间存在着交叉重叠、规则不一致等问题，导致贸易成本增加，阻碍了区域内贸易和投资的进一步发展。

3. 加强亚太地区经济合作的需求

为了充分发挥亚太地区的经济潜力，促进区域内各国的共同发展，加强亚太地区经济合作成为各国的共同诉求。RCEP 的提出正是顺应了这一趋势，旨在建立一个统一、高效的区域贸易协定，推动亚太地区经济的一体化进程。

（三）各参与国的利益诉求

1. 中国的利益诉求

中国作为世界第二大经济体和第一大货物贸易国，积极推动 RCEP 的签署符合自身的经济利益。一方面，RCEP 有助于扩大中国的出口市场，促进国内产业升级和经济结构调整。另一方面，通过参与 RCEP，中国可以提升在区域经济合作中的话语权和影响力，推动构建更加公平合理的全球经济治理体系。

2. 日本的利益诉求

日本一直致力推动区域经济合作，以应对国内经济增长乏力和国际竞争压力等问题。RCEP 的签署有助于日本扩大对亚洲新兴市场的出口，促进国内产业的多元化发展。同时，日本希望通过参与 RCEP，加强与中国、韩国等国家的经济合作，提升在亚太地区的经济地位。

3. 韩国的利益诉求

韩国作为亚洲重要的制造业国家，对区域经济合作有着强烈的需求。RCEP 的签署将为韩国企业提供更广阔的市场空间，降低贸易成本，提高产品竞争力。此外，韩国也希望通过参与 RCEP，加强与东盟国家的经济合作，实现经济的可持续发展。

4. 东盟国家的利益诉求

东盟国家作为 RCEP 的核心成员，积极推动该协定的签署旨在加强区域内经济合作，提升东盟在国际经济舞台上的地位。RCEP 有助于东盟国家扩大出口市场，吸引外资，促进产业升级和经济多元化发展。同时，通过与中日韩等国家的经济合作，东盟国家可以实现经济的快速增长和可持续发展。

三、RCEP 的发展历程

（一）倡议提出阶段

1. 早期构想与讨论

2011 年，东盟提出了建立区域全面经济伙伴关系的构想，旨在整合东盟与中国、日本、韩国、澳大利亚、新西兰等国家的自由贸易协定，建立一个统一的区域贸易协定。这一构想得到了各参与国的积极响应，各国开始就 RCEP 的可行性进行研究和讨论。

2. 启动谈判

2012 年 11 月，在柬埔寨金边举行的东亚领导人系列会议期间，东盟十国与中国、日本、韩国、澳大利亚、新西兰等国家的领导人共同宣布启动 RCEP 谈判。RCEP 谈判旨在通过削减关税、消除非关税壁垒、加强贸易和投资便利化等措施，建立一个涵盖货物贸易、服务贸易、投资等领域的全面、高质量、互惠的区域贸易协定。

（二）谈判阶段

1. 多轮谈判的进展与挑战

RCEP 谈判自启动以来，共进行了多轮谈判。在谈判过程中，各参与国在货物贸易、服务贸易、投资、知识产权、竞争政策等领域进行了深入的讨论和协商。然而，由于各参与国的经济发展水平、利益诉求和政策优先事项存在差异，谈判过程中也面临着诸多挑战。

货物贸易领域：各国在关税削减幅度、原产地规则、贸易救济措施等方面存在分歧。一些国家希望通过较高的关税削减幅度来扩大市场准入，但另一些国家则担心国内产业受到冲击，对关税削减持谨慎态度。

服务贸易领域：各国在服务贸易自由化程度、市场准入限制、国内规制等方面存在不同意见。一些国家希望通过开放服务市场来吸引外资和促进国内服务业的发展，但另一些国家则担心国内服务业受到外来竞争的冲击，对服务贸易自由化持保守态度。

投资领域：各国在投资保护、投资促进、争端解决机制等方面存在差异。一些国家希望通过加强投资保护来吸引外资，但另一些国家则担心过度的投资保护会限制国内政策的灵活性。

知识产权、竞争政策等领域：各国在知识产权保护标准、竞争政策的协调等方面也存在不同看法。

2. 关键节点与突破

在谈判过程中，各参与国通过不断沟通和协商，逐步缩小了分歧，取得了一系列重要的突破。

2015 年 10 月，RCEP 第 10 轮谈判在韩国釜山举行。本轮谈判在货物贸易、服务贸易、投资等核心领域取得了积极进展，为后续谈判奠定了基础。

2017 年 11 月，RCEP 第 20 轮谈判在菲律宾马尼拉举行。本轮谈判在货物贸易市场准入、服务贸易和投资自由化等方面取得了重要突破，各方就协定的主要条款达成了一致。

2019 年 11 月，第 4 次 RCEP 领导人会议在泰国曼谷举行。会议发表了联合声明，宣布 15 个 RCEP 参与国已经结束全部 20 个章节的文本谈判以及实质上所有的市场准入问题的谈判，下一步将启动法律文本审核工作，以便在 2020 年签署协定。

（三）正式签署阶段

1. 签署仪式与各方反应

2020 年 11 月 15 日，第 4 次 RCEP 领导人会议以视频方式举行，东盟十国以及中国、日本、韩国、澳大利亚、新西兰等 15 个国家的领导人共同签署了 RCEP 协定。RCEP 的签署标志着全球最大的自由贸易协定正式诞生，受到了国际社会的广泛关注和高度评价。RCEP 的签署将为区域内各国带来较大的经济利益，有助于推动区域经济的一体化进程和全球贸易自由化的发展。

2. 协定内容与特点

RCEP 涵盖了货物贸易、服务贸易、投资、知识产权、电子商务、竞争政策等多个领域，具有以下特点：

全面性。RCEP 是一个全面、高质量、互惠的区域贸易协定，涵盖了贸易和投资的各个方面，为区域内各国的经济合作提供了全面的制度框架。

高质量。RCEP 定在货物贸易、服务贸易、投资等领域的自由化水平较高，同时在知识产权、电子商务、竞争政策等领域制定了较为先进的规则，体现了高质量的特点。

互惠性。RCEP 在各参与国之间实现了利益平衡，通过关税削减、市场准入等措施，为各参与国的企业和消费者带来了实实在在的利益。

第二节　RCEP 的主要内容

一、贸易货物和服务市场准入

（一）货物贸易市场准入

RCEP 在货物贸易方面达成了重要的共识，其主要内容如下：

1. 关税削减

RCEP 成员国之间采用双边两两出价的方式对货物贸易自由化做出安排。协定生效后，区域内 90% 以上的货物贸易将最终实现零关税。

主要的关税削减措施包括立刻降税到零和 10 年内降税到零，使 RCEP 自贸区有望在较短时间内兑现所有货物贸易自由化承诺。

关税承诺表承诺最惠国关税税率，若某缔约方根据 WTO 协定，在某货物入关时最惠国税率低于本协定承诺的最惠国税率，该货物可适用WTO协定最惠国税率。

随着原产地规则、海关程序、检验检疫、技术标准等统一规则的落地，取消关税和非关税壁垒效应的叠加将逐步释放RCEP的贸易创造效应，显著降低区域内贸易成本和产品价格，提升本地区产品竞争力。

2. 非关税措施

RCEP涵盖了卫生与植物卫生措施、标准、技术法规和合格评定程序等方面的规定，旨在减少不必要的技术性贸易壁垒。

RCEP推动各方在承认标准、技术法规和合格评定程序中减少不必要的技术性贸易壁垒，并鼓励各方的标准化机构加强标准、技术法规以及合格评定程序方面的信息交流与合作。

这些举措将大大提高域内货物贸易便利化水平，降低贸易成本，缩短物流时间，进一步促进形成区域一体化市场。

3. 原产地规则

RCEP采用了区域累积原则，使得产品原产地价值成分可在15个成员国构成的区域内进行累积。

通过区域价值累积后，根据此前成员间双边自贸协定原产地规则不能算作某国原产的某一产品，经过区域价值累积后，将可能被认定为RCEP区域原产，享受RCEP优惠关税。

原产地证书的类型丰富，在传统原产地证书之外，还将允许经核准的出口商声明以及出口商的自主声明。

这种原产地声明制度的转变将大大地节省政府的行政管理成本和企业的经营成本，进一步提高货物的通关时效。

（二）服务贸易市场准入

RCEP在服务贸易方面同样达成了重要的共识：

1. 市场准入承诺

日本、韩国、澳大利亚、新加坡、文莱、马来西亚、印尼等7个成员采用负面清单方式承诺。

我国等其余 8 个成员采用正面清单承诺，并将于协定生效后 6 年内转化为负面清单。

就开放水平而言，15 方均作出了高于各自“10+1”自贸协定水平的开放承诺。

中方服务贸易开放承诺达到了已有自贸协定的最高水平，承诺服务部门数量在我入世承诺约 100 个部门的基础上，新增了研发、管理咨询、制造业相关服务、空运等 22 个部门，并提高了金融、法律、建筑、海运等 37 个部门的承诺水平。

其他成员在中方重点关注的建筑、医疗、房地产、金融、运输等服务部门都作出了高水平的开放承诺。

2. 金融服务

RCEP 第八章附件一金融服务附件就金融服务制定了具体规则，同时为防范金融系统不稳定性提供了充分的政策和监管空间。

金融服务附件还包括一个稳健的审慎例外条款，以确保金融监管机构保留制定支持金融体系完整性和稳定性措施的能力。

本附件还包括金融监管透明度义务，缔约方承诺不得阻止开展业务所必需的信息转移或信息处理，以及提供新的金融服务。

本附件还规定缔约方可通过磋商等方式讨论解决国际收支危机或可能升级为国际收支危机的情况。

3. 电信服务

RCEP 第八章附件二电信服务附件制定了一套与电信服务贸易相关的规则框架。

附件还包括了监管方法、国际海底电缆系统、网络元素非捆绑、电杆、管线和管网的接入、国际移动漫游、技术选择的灵活性等条款。

4. 专业服务

RCEP 第八章附件三专业服务附件为缔约方提供途径，以便利本区域内专业服务的提供。具体内容包括加强有关承认专业资格机构之间的对话，鼓励 RCEP 缔约方或相关机构就共同关心的专业服务部门的专业资质、许可或注册进行磋商。

此外，RCEP 还鼓励缔约方或相关机构在教育、考试、经验、行为和道德规范、专业发展及再认证、执业范围、消费者保护等领域制定互相接受的专业标准和准则。

（三）市场准入的具体影响

1. 促进区域贸易

RCEP 的货物贸易市场准入措施将显著降低成员国之间的贸易成本，促进区域内贸易量的增长。对于贵州而言，这意味着其特色产品（如茶叶、药材）有机会更容易地进入 RCEP 成员国市场，扩大出口规模。

2. 推动产业转型

服务贸易市场准入的放宽将有助于推动贵州等地区服务业的发展，尤其是金融、旅游、教育等领域。这将为贵州提供产业升级的机会，通过引入外资和先进技术，提升本地服务行业的质量和竞争力。

3. 优化营商环境

RCEP 通过简化非关税措施、提高贸易便利化水平，有助于优化营商环境，降低企业的运营成本。对于贵州而言，这将有助于吸引更多外资企业来黔投资，推动当地经济的多元化发展。

（四）促进人员流动

RCEP 关于临时入境人员的规定将促进专业人员、商务人员的跨境流动，有助于贵州的企业和人才更好地融入区域经济合作，加强与 RCEP 成员国之间的交流与合作。

结论

RCEP 在货物和服务贸易市场准入方面的规定，为成员国之间的经济合作提供了更加开放和公平的环境。对于贵州而言，RCEP 不仅带来了拓展国际贸易市场的机遇，还为产业转型、优化营商环境、促进人员流动等方面提供了支持。然而，这也意味着贵州需要面对更加激烈的市场竞争，需要通过技术创新和产业升级来提升自身的竞争力。

二、知识产权保护

RCEP在其知识产权章节中规定了一系列保护措施，旨在提升区域内知识产权的整体保护水平。以下是RCEP协议关于知识产权保护的一些关键内容：

（一）目标与原则

RCEP知识产权章的目标在于通过有效和充分的创造、运用、保护和实施知识产权权利来深化经济一体化和合作，减少对贸易和投资的扭曲和阻碍。

同时，考虑到缔约方之间不同的经济发展水平和能力以及各国法律制度的差异，要平衡知识产权权利持有人的权利和知识产权使用者的合法权益。

（二）知识产权的范围

RCEP涵盖了广泛的知识产权类型，包括但不限于著作权、商标、地理标志、专利、外观设计、遗传资源、传统知识、民间文艺和商业秘密等。

（三）具体义务

RCEP规定了缔约方需要履行的具体义务，其中包括著作权的保护、商标的注册、专利的申请和保护、地理标志的管理，以及对遗传资源、传统知识和民间文艺的保护等。

版权方面，RCEP要求缔约方保护卫星和有线信号，并对非法接收或传播加密信号的行为采取措施。

商标方面，RCEP要求缔约方接受声音商标，并规定主管机关有权驳回恶意商标申请或注册。

专利方面，RCEP允许实验目的的专利侵权行为，并要求缔约方在专利申请后的 18 个月内迅速公布申请。

遗传资源、传统知识和民间文艺方面，RCEP 专门规定了保护措施，反映了知识产权保护的新趋势。

（四）边境措施

RCEP 对海关在知识产权边境保护中的职责作出了规定，包括对涉嫌盗版或假冒商标货物的中止放行措施。

海关可根据权利持有人的申请或依职权中止涉嫌侵权货物的放行，并在合理期限内确认是否侵犯了知识产权权利。

（五）过渡期和技术援助

RCEP 为柬埔寨、老挝、马来西亚、缅甸、菲律宾、泰国、越南等国设定了 3 至 15 年的过渡期，以逐步提高其知识产权保护水平。

过渡期内，这些国家将逐步实现与 RCEP 知识产权规定的全面对接。

（六）合作与透明度

RCEP 强调了缔约方之间在知识产权领域的合作与透明度。

这包括在知识产权保护和实施方面的合作、信息交换以及技术支持等。

（七）执行与救济

RCEP 规定了知识产权权利实施的程序，包括民事诉讼、刑事救济以及行政救济等。

在涉及作者著作权的民事诉讼中，每一缔约方应当规定，如无相反证据，则推定以通常方式署名为作品作者的人是作品的作者。

（八）与 TRIPS 的关系

若 RCEP 的知识产权章节与《与贸易有关的知识产权协定》（TRIPS）不一致，应以后者为准。

RCEP 要求成员国积极加入其他贸易协定，如《巴黎公约》《伯尔尼公约》《专利合作条约》《马德里议定书》等。

RCEP 的知识产权章节不仅全面提升了区域内知识产权的整体保护

水平，而且在充分尊重区域内不同成员发展水平的同时，为本区域知识产权的保护和促进提供了平衡、包容的方案。

三、投资协议和规则的制定

RCEP 的投资章节是当前亚洲地区规模最大的投资协定，旨在创建一个更加开放、透明、便利和稳定的投资环境。以下是关于 RCEP 投资协议和规则制定的一些关键点：

（一）投资规则的主要内容

1. 投资保护

（1）最惠国待遇：RCEP 规定了对投资的最惠国待遇，确保缔约方投资者在东道国享有不低于任何第三方投资者享有的待遇。

（2）公平公正待遇：RCEP 明确了对投资的公平公正待遇，要求缔约方在对待外国投资时遵循公正的原则。

（3）征收：RCEP 对征收和补偿做出了规定，确保只有在公共利益的前提下，按照法律程序，给予适当的补偿，才可以对外国投资进行征收。

（4）外汇转移：RCEP 允许投资相关款项的自由转移，包括利润、股息、本金、赔偿金等。

（5）损失补偿：RCEP 规定了在战争、冲突、国家紧急状态等情况下的损失补偿机制。

2. 投资自由化

（1）市场准入：RCEP 采用“准入前国民待遇 + 负面清单”制度，确保除负面清单上列出的限制之外，其他所有领域都对外国投资者开放。

（2）禁止业绩要求：RCEP 禁止缔约方对外国投资施加诸如出口实绩、当地含量、购买国货、外汇平衡、限制国内销售、强制技术转让、特定地区销售和规定特许费金额或比例等业绩要求。

3. 投资促进和便利化

（1）投资促进：RCEP 鼓励缔约方组织联合投资促进活动、促进商业配对活动、举办与投资机会相关的介绍会和研讨会等。

（2）投资便利化：RCEP 简化了投资申请及批准程序，并设立了联络点或一站式服务中心，以提供帮助和咨询服务。

4. 负面清单

（1）市场准入限制：RCEP 允许缔约方通过负面清单列出对外国投资的市场准入限制。

（2）非服务业领域：负面清单主要涉及非服务业领域，包括制造业、农业、林业、渔业、畜牧业及采矿业等。

（二）规则制定的特点

1. 灵活性与包容性

RCEP 投资规则通过审慎设置过渡期、国别保留等多种方式兼顾成员方经济发展水平差异和个别成员的特定关切，体现了规则的灵活性和包容性。

2. 透明度

RCEP 强调提高政策和法规的透明度，要求成员国及时公布与投资相关的法律法规，并提供公开渠道供公众查询。

3. 安全例外

RCEP 设置了安全例外机制，允许缔约方出于国家安全原因保留一定的政策空间。

（三）制定背景与目标

RCEP 投资规则是在原有 5 个“东盟 10+1 自由贸易协定”投资规则基础上的全面整合和升级，实现了共同的投资规则和市场准入政策。RCEP 投资章节的顺利实施旨在为本地区投资者创造一个更加稳定、开放、透明、便利的投资环境，为本地区吸引外资、促进区域经济发展注入强劲动力。

综上所述，RCEP 投资协议和规则的制定不仅继承了传统投资协定的主要内容，还体现了国际投资缔约实践的新发展，旨在促进区域内的投资自由化和便利化，加强投资保护，促进投资促进和便利化措施，并通过负面清单模式来明确市场准入承诺，从而推动区域经济的一体化和可持续发展。

第三节　RCEP 对成员国的影响

RCEP 对成员国的影响深远且多维，它不仅通过推动经济增长、优化资源配置和增强抵御风险能力来促进宏观经济的发展，还通过提升产业竞争力、降低贸易成本和促进企业国际化来影响产业和企业层面，同时，RCEP 为消费者提供了更丰富的商品和服务选择，提高了生活质量。在区域合作与治理方面，该协定深化了政治互信，推动了多边和区域合作机制的融合，并完善了区域治理体系。然而，RCEP 的实施也带来了挑战，如产业升级压力和市场竞争力加剧，要求成员国加强国内政策协调，培育新兴产业，并强化社会保障体系以应对可能的负面影响。总体而言，RCEP 为成员国提供了抓住机遇、应对挑战并实现经济社会全面发展的重大平台。

一、经济增长的潜力

RCEP 的签署对成员国的经济增长带来了显著的影响，这不仅体现在短期的贸易便利和投资促进上，也深刻影响着长期的经济结构转型和区域内产业链的重构。以下是 RCEP 对成员国经济增长潜力的具体影响：

（一）贸易增长与关税减免的推动作用

RCEP 的生效，无疑为亚太地区乃至全球贸易格局带来了深远的影响，其中较为显著且直接的便是其对贸易增长的推动作用。[①] 这一协定不仅标志着成员国间经济合作的新篇章，更预示着区域内商品流动将迎来前所未有的繁荣景象。

从关税削减的角度来看，RCEP 成员国承诺逐步削减 90% 以上的商品关税，这一举措无疑为区域内的商品自由流通铺设了宽广的道路。[②] 关税的降低，意味着商品在成员国之间的流通成本将大幅下降，从而促进贸易活动的开展。这种成本的降低，不仅体现在最终消费品上，更深刻地影响着中间产品和资本品的流通。随着这些关键生产要素在区域内的自由流动，各国的生产链和供应链将得到进一步优化和整合，形成更加紧密和高效的区域经济一体化格局。

具体到出口竞争力方面，关税的降低无疑为许多成员国的出口产品增添了强大的价格优势。在 RCEP 的框架下，各国的出口产品将更容易进入其他成员国的市场，从而实现出口量的快速增长。特别是对于发展中国家而言，这一机遇尤为宝贵。它们可以通过对大市场的出口增长，带动国内生产能力的提升和产业升级。这种由出口拉动的经济增长模式，不仅有助于缓解国内就业压力，更能为这些国家带来宝贵的外汇收入和技术引进机会。

进口成本的下降也是 RCEP 带来的重要利好之一。[③] 随着进口商品关税的削减，成员国国内的生产成本将得到有效降低。这对于那些依赖进口原材料或中间产品的企业来说，无疑是一个巨大的福音。它们可以通过进口更多的优质原材料和中间产品，来提升自身的生产效率和产品质

① 黄河．区域全面经济伙伴关系协定（RCEP）的资本市场反应：基于企业国际化的实证研究[D]. 上海：上海财经大学，2023.

② 娄峰，段梦．RCEP 关税削减的动态影响分析[J]. 中国流通经济，2024，38（3）：90-103.

③ 石先进．RCEP 进口降税对投入产出表各部门的成本削减效应[J]. 云南大学学报（社会科学版），2022，21（6）：118-131.

量。同时，这种成本的降低将进一步激发企业的创新活力，推动它们不断研发新产品、开拓新市场。

此外，RCEP 的生效还将对区域内的跨国供应链产生深远影响。[①] 随着关税和非关税壁垒的减少，跨国供应链将更加顺畅和高效。企业可以更加灵活地配置资源、优化生产布局，从而实现成本的最小化和效益的最大化。这种跨国供应链的优化和整合，不仅有助于提升区域内各国的经济竞争力，更能为全球经济的复苏和发展注入新的动力。

综上所述，RCEP 的生效对贸易增长的推动作用是多方面的。它不仅为区域内的商品流动创造了更好的条件，更通过降低关税和非关税壁垒、增强出口竞争力、降低进口成本等方式，为成员国带来了实实在在的经济利益。人们有理由相信，在 RCEP 的推动下，亚太地区的贸易合作将迈上新的台阶，为全球经济的繁荣和发展贡献更多的力量。

（二）跨境投资的促进作用

在当今经济全球化的浪潮中，RCEP 的签署无疑为成员国乃至全球经济的未来发展注入了新的活力。这一历史性协议不仅标志着亚太地区经济一体化的重大进展，更为成员国创造了一个前所未有的、更加统一和稳定的投资环境，其深远影响尤为显著地体现在对外国直接投资（Foreign Direct Investment, FDI）的促进作用上。

RCEP 通过投资规则的统一化和透明化，为外资打开了一扇通往新机遇的大门。[②] 在过去，不同国家间纷繁复杂的投资壁垒常常让投资者望而却步，而 RCEP 的出现则有效打破了这一困境。随着投资环境的不断优化，外资将更加乐于在 RCEP 成员国之间寻找并把握投资机会，这不仅有助于促进资本的高效流动，更将激发成员国经济的内在活力。

具体到实际影响，RCEP 对成员国经济增长的推动作用主要体现在

① 廖博 .RCEP 落地机遇 [J]. 纺织科学研究，2022（1）：34-37.

② 谢晓敏，李勤昌 .RCEP 协议对广州与澳大利亚货物贸易的影响 [J]. 投资与合作，2021（11）：86-87.

以下几个方面：

1. 基础设施的飞跃发展

在东盟国家及其他发展中国家，基础设施建设一直是制约经济发展的重要因素。[①] 而 RCEP 的签署，则为这些国家带来了前所未有的发展机遇。随着更多资本的涌入，交通、能源、信息通信技术等关键领域的基础设施建设将得到全面加强。这不仅能改善当地居民的生活条件，更为未来的经济增长奠定了坚实的基础。

2. 高科技和创新产业的崛起

对于发达国家和经济转型中的成员国而言，RCEP 的签署则意味着更多的高技术和创新型投资将纷至沓来。这些投资不仅将带来先进的技术和管理经验，更将促进成员国的技术升级和创新能力提升。

此外，RCEP 还通过一系列措施促进了成员国之间的贸易和投资便利化。[②] 例如，通过简化海关程序、降低关税壁垒等方式，为商品和服务的自由流动提供了更加便捷的条件。这不仅将促进成员国之间的贸易往来，更将吸引更多的跨国企业前来投资兴业。

综上所述，RCEP 的签署为成员国创造了一个更加统一和稳定的投资环境，其对外国直接投资的促进作用不容忽视。随着投资环境的不断优化和资本流动的加速推进，RCEP 成员国将在基础设施发展、高科技和创新产业等多个领域迎来新的发展机遇。人们有理由相信，在未来的日子里，RCEP 将成为推动全球经济一体化和可持续发展的重要力量。

3. 产业链重构与区域内分工

在经济全球化日益深化的今天，区域经济合作已成为推动各国经济增长的重要引擎。其核心之一，便是区域内产业链的重构与分工的进一

① 余婷 . 中国对东盟国家直接投资对其基础设施建设的影响分析 [D]. 武汉：华中师范大学，2019.

② 段鸿斌，鲁西帅 .RCEP 成员国贸易投资便利化水平对贸易效率影响研究：基于随机前沿引力模型 [J]. 商业经济，2022（1）：78-82，171.

步深化，这一变革不仅重塑了经济格局，更为各国带来了前所未有的发展机遇。

从产业链重构的角度来看，RCEP 成员国之间的发展水平参差不齐，但正是这种差异性为产业链的优化配置提供了可能。[①]

生产效率的提升是 RCEP 带来的另一大显著效应。[②] 通过降低关税、简化通关程序等举措，RCEP 成员国之间的贸易壁垒被大幅削减，为企业开展跨国经营提供了更加便利的条件。这使得各成员国能够更充分地利用各自的比较优势，实现生产资源的优化配置和生产效率的显著提升。以中国为例，其强大的制造业基础和完善的供应链体系，将使得中国能够进一步加大技术密集型产品的出口力度，从而在全球市场上占据更大的份额。

此外，RCEP 还将在促进产业升级方面发挥重要作用。[③] 对于发展中国家而言，融入区域产业链不仅是获取外部资源和市场的有效途径，更是实现经济转型升级的重要推动力。

综上所述，RCEP 对成员国经济增长潜力的影响是深远而广泛的。它不仅推动了区域内产业链的重构与分工的深化，还促进了生产效率的提升和产业升级的加速。未来，随着 RCEP 的深入实施和成员国之间合作的不断深化，这一协定将为亚洲乃至全球的经济增长注入更加强劲的动力。

4. 服务贸易与数字经济的发展

在全球经济一体化的大潮中，RCEP 作为亚太地区具有影响力的自由贸易协定，其影响力远远超出了传统的商品贸易范畴。它不仅着眼于

① 张晓 .RCEP 国家全球价值链分工地位及影响因素研究 [D]. 青岛：青岛大学，2023.

② 周玲玲，张恪渝 . 双循环视域下 RCEP 建立对中国区域制造业的影响 [J]. 经济问题探索，2021（10）：74-83.

③ 欧定余，易佳慧 .RCEP 区域价值链重构对双循环新发展格局的促进作用 [J]. 消费经济，2021，37（4）：20-32.

商品的自由流通，更将服务贸易与数字经济视为推动区域经济增长的重要引擎。接下来，著者将深入探讨RCEP在服务贸易与数字经济领域所展现的潜力，以及它如何通过这些领域的深化合作，为成员国乃至整个亚太地区带来前所未有的发展机遇。

（1）服务贸易：跨越国界的繁荣纽带。在RCEP的框架下，服务贸易被视为连接成员国经济的桥梁，其重要性不言而喻。随着服务市场的逐步开放，跨境服务贸易的壁垒将大幅降低，各国在金融服务、教育服务、医疗健康、旅游娱乐等多个领域的合作将更加紧密。

例如，在金融服务领域，RCEP成员国间的金融合作将促进资本的自由流动和高效配置。[①]这不仅有助于提升区域金融市场的深度和广度，还能为中小企业提供更加便捷、低成本的融资渠道。同时，随着金融科技的发展，数字支付、区块链等技术的应用将进一步加速金融服务的创新，为服务贸易的发展注入新的活力。

此外，RCEP还强调了对知识产权的保护，这对于以创意和创新为核心的服务业而言至关重要。通过加强知识产权保护，RCEP将激励服务业企业加大研发投入，提升服务质量，从而在全球市场中占据更有利的位置。

（2）数字经济：驱动区域发展的新引擎。数字经济作为当今世界经济的新形态，正以前所未有的速度改变着人们的生活和工作方式。在RCEP的推动下，数字经济领域的合作将成为区域经济增长的重要驱动力。[②]通过协定中提到的数字经济合作协议，RCEP成员国将共同推动电子商务、数字贸易等新兴业态的发展，促进数据、信息、技术的自由流动和共享。

---

① 龙灵芝．中国和RCEP其他主要成员国间金融市场内部联动性研究[D]．长沙：湖南大学，2022.

② 梁昊光，焦思盈．RCEP框架下数字经济合作与区域经济治理研究[J]．国际经济合作，2022（4）：4-13，92.

在电子商务领域，RCEP将推动建立更加便捷、高效的跨境电商平台，降低中小企业进入国际市场的门槛。同时，通过加强物流、支付、税收等方面的合作，RCEP将优化跨境电商的生态环境，提升消费者的购物体验。这将有助于激发区域内电子商务市场的潜力，为中小企业创造更多的跨境交易机会。

除电子商务外，数字贸易也是RCEP关注的重点之一。[①] 数字贸易涵盖了软件、云计算、大数据、人工智能等多个领域，是数字经济的重要组成部分。通过加强数字贸易合作，RCEP成员国将共同推动数字技术的研发和应用，促进数字经济的深度融合和协同发展。这将有助于提升区域内数字经济的整体竞争力，为经济增长注入新的动力。

总体而言，RCEP在服务贸易与数字经济领域的合作不仅为成员国带来了前所未有的发展机遇，也为整个亚太地区乃至全球经济的繁荣注入了新的活力。通过深化合作、创新模式、优化环境，RCEP将推动服务贸易与数字经济的高质量发展，为区域经济一体化和全球经济的复苏贡献重要力量。

5. 应对外部冲击的能力增强

在当今经济全球化的浪潮中，各国经济体系紧密相连，但突如其来的外部冲击却时常考验着各国的经济韧性。RCEP的正式实施，无疑为成员国筑起了一道坚实的经济防线，显著增强了其在面对外部经济冲击时的应对能力。

在应对外部经济冲击方面，RCEP的多元化市场效应尤为显著。[②] 传统的经济体系中，一国往往高度依赖于少数几个主要贸易伙伴，这种单一市场的依赖模式在外部冲击来临时显得尤为脆弱。而RCEP的实施则

① 杨连星，王秋硕，张秀敏．自由贸易协定深化、数字贸易规则与数字贸易发展[J]. 世界经济，2023，46（4）：32-59.

② 董安然，张兵兵，曹历娟．中国对RCEP伙伴国数字产品出口的新特征、新挑战与优化路径[J]. 国际贸易，2024（8）：76-86.

打破了这一束缚，成员国通过参与这一庞大的自由贸易网络，可以轻松地拓展贸易伙伴和市场，实现贸易多元化的目标。这种多元化的市场布局不仅有助于成员国分散风险，还能在某一市场出现波动时，从其他市场获取稳定的贸易来源，从而保持经济的稳定增长。

近年来，全球贸易环境的不确定性日益突出，贸易保护主义的抬头、地缘政治冲突的加剧以及全球经济增速放缓等因素都给各国经济带来了严峻的挑战。然而，RCEP 成员国凭借其多样化的贸易伙伴和市场，成功抵御了这些外部冲击的影响。① 据统计，自 RCEP 实施以来，成员国之间的贸易额持续增长，贸易结构不断优化，为各国经济的稳定发展提供了强有力的支撑。②

此外，RCEP 还通过加强成员国之间的经济联系和合作，促进了区域内产业链的深度融合。这种深度融合不仅提高了产业链的稳定性和韧性，还使得成员国在面对外部冲击时能够迅速调整生产结构和市场策略，以适应变化莫测的全球经济环境。

综上所述，RCEP 的实施使得成员国在应对外部经济冲击时表现出了更强的经济韧性。③ 通过多样化的贸易伙伴和市场、加强区域内经济联系和合作以及促进产业链深度融合等措施，RCEP 为成员国提供了一个稳定、可靠且充满活力的经济发展环境。在未来全球经济格局的演变中，RCEP 无疑将成为推动亚洲及太平洋地区经济一体化和全球化的重要力量。

RCEP 对成员国经济增长潜力的影响是全方位的。通过降低贸易壁垒、促进投资、重构区域产业链、推动服务业和数字经济的发展，RCEP

① 报告显示：RCEP 升级有利于应对世界经济碎片化影响 [EB/OL].（2024-03-27）[2025-01-15].http://fta.mofcom.gov.cn/article/rcep/rcepgfgd/202403/55300_1.html.

② RCEP 生效实施满两年 持续释放政策红利 为区域经济注入活力 [EB/OL].（2024-01-12）[2025-01-15].http://www.thepaper.cn/newsDetail_forward_26001820.

③ 程云洁，杨淋杰 . 中国与 RCEP 成员国贸易韧性的时空演进与提升路径分析 [J]. 亚太经济，2024（1）：82-94.

为成员国提供了广阔的发展机遇。同时，它提升了成员国应对全球经济不确定性的能力，使得亚太地区成为全球经济增长的重要引擎。各成员国根据其不同的经济基础和发展阶段，能够从RCEP中获得不同程度的经济红利，从而推动各自的长期经济增长。

二、贸易与投资流动性增强

（一）关税减免与非关税壁垒削减

在当今经济全球化的浪潮中，RCEP作为亚太地区的一项重大经济合作协议，其核心内容之一便是逐步削减关税及非关税壁垒。[①]这一举措不仅标志着区域内成员国间贸易壁垒的显著降低，更预示着未来二十年里，超过90%的商品关税将在这一框架下逐步被削减。[②]这一深远的变革，无疑将对成员国间的贸易流动性产生一系列积极而深远的影响。

首先，从出口商品价格竞争力的角度来看，关税的降低如同一股强劲的东风，为成员国之间的商品贸易注入了新的活力。当关税壁垒逐渐瓦解，成员国间的出口商品将不再背负沉重的税收负担，这使得它们在价格上更具竞争力。这种竞争力的提升，不仅促进了区域内商品贸易量的快速增长，更为各国企业提供了广阔的市场空间和更多的发展机遇。特别是对于制造业强国而言，这一政策红利将进一步巩固其在区域内的市场地位，推动它们向东盟等发展中国家出口更多高质量的工业品和消费品，从而实现互利共赢的局面。

其次，关税的削减还带来了原材料和中间产品成本的显著降低。在区域贸易的链条中，原材料和中间产品的流通占据着举足轻重的地位。而RCEP的关税减免政策，无疑为区域内各国获取这些关键资源提供了

① 张彬，张菲.RCEP的进展、障碍及中国的策略选择[J].南开学报（哲学社会科学版），2016（6）：122-130.

② 娄峰，段梦.RCEP关税削减的动态影响分析[J].中国流通经济，2024（3）：90-103.

更为便捷和经济的途径。

最后，RCEP 在削减非关税壁垒方面也做出了积极努力。[①] 非关税壁垒，如技术标准、环保要求、知识产权等，往往比关税更加隐蔽和复杂，对国际贸易的阻碍作用也更为显著。而 RCEP 通过制定统一的贸易规则和标准，减少了成员国间在这些方面的差异和冲突，为商品和服务的自由流通提供了更加公平和透明的环境。这一举措不仅有助于提升区域内贸易的效率和便利化程度，还有助于增强区域内企业的国际竞争力和创新能力。

综上所述，RCEP 的关税减免和非关税壁垒削减政策对于成员国间的贸易流动性产生了深远而积极的影响。[②] 它不仅提升了出口商品的价格竞争力、降低了原材料和中间产品的成本，还促进了区域内各国工业链条之间的紧密联动。

（二）统一和简化的原产地规则

在当今经济全球化的大潮中，RCEP 如同一股清新的风，为成员国之间的贸易合作注入了新的活力。其中，RCEP 通过统一和简化的原产地规则，不仅简化了成员国之间的供应链管理，还为跨国生产企业和中小企业带来了前所未有的发展机遇。

1. 原产地规则的统一与简化：贸易便利化的新篇章

RCEP 的原产地规则，如同一座桥梁，连接着区域内各国的生产与消费市场。这一规则的核心在于其高度的统一性和灵活性。具体而言，它摒弃了以往复杂多变的原产地判定标准，转而采用了一套清晰、明确、易于操作的规则体系。这一变革不仅降低了企业遵守规则的难度，还提高了原产地证明的办理效率，从而大大减少了贸易中的不确定性。

---

① 魏景赋，阴艺轩．RCEP 对区域经济一体化水平的影响研究：基于贸易壁垒削减的 GTAP 模拟预测．西安交通大学学报（社会科学版），2023，43（2）：29-40.

② 胡友 .RCEP 成员国对我国的非关税壁垒以及我国的应对措施 [J]. 时代金融，2021（15）：75-78.

值得一提的是，RCEP 的原产地累积规则如同一剂强心针，为跨国生产企业的供应链优化提供了强有力的支持。该规则允许商品的生产过程跨越多个国家，只要这些国家都是 RCEP 成员，这些商品就能享受关税优惠。这一政策的出台，极大地提升了供应链的灵活性，使得企业可以根据市场需求和资源分布情况，灵活调整生产布局，实现资源的优化配置。

2. 供应链整合：效率与协同的双重提升

在 RCEP 框架下，原产地规则的灵活性得到了充分的发挥。[①] 企业可以充分利用区域内各国的资源禀赋和比较优势，进行原材料采购、半成品加工和最终产品组装。这种跨国的分工合作不仅提升了生产效率，还推动了供应链的跨境整合。例如，一家跨国汽车制造企业可以将发动机生产放在技术实力雄厚的国家，将车身制造放在劳动力成本较低的国家，将各部件组装成整车出口全球。这种高度协同的供应链模式，使得企业在降低成本的同时，能快速响应市场变化，提升竞争力。

此外，供应链的跨境整合还促进了区域内的商品流通。[②] 随着贸易壁垒的降低和关税优惠政策的实施，区域内商品的流通速度加快，市场准入门槛降低。这不仅为消费者提供了更多样化、更优质的选择，也为生产企业创造了更大的市场空间。

3. 中小企业受益：贸易成本降低与市场准入拓宽

对于依赖区域供应链的中小企业而言，RCEP 的原产地规则同样带来了显著的利好。

一方面，简化的原产地认证程序降低了企业的贸易成本。在过去，中小企业往往因为烦琐的原产地证明手续而望而却步。而现在，随着

---

① 韩剑，杨凯，邹锐锐．自由贸易区提升战略下 RCEP 原产地规则利用研究 [J]. 国际贸易，2021（3）：66-73，89.

② 刘馨蔚 .RCEP 签署加速区域内供应链与产业链融合 [J]. 中国对外贸易，2021（6）：30-32.

RCEP 的实施，这些企业可以更加便捷地办理原产地证明，从而享受到关税优惠等贸易便利化措施带来的好处。

另一方面，RCEP 还为中小企业打开了进入更大市场的通道。在区域内统一市场的推动下，中小企业的产品可以更加容易地进入其他成员国的市场。这不仅拓宽了企业的销售渠道，还提高了企业的品牌知名度和市场影响力。同时，随着区域内贸易的不断发展壮大，中小企业将有机会参与更高层次的产业链合作，实现自身的转型升级和跨越发展。

综上所述，RCEP 通过统一和简化的原产地规则，不仅简化了成员国之间的供应链管理流程、提升了供应链的灵活性和效率、促进了区域内的商品流通和贸易发展，还为中小企业带来了降低贸易成本、拓宽市场准入渠道等实实在在的利益。这一政策的实施不仅有利于推动区域经济一体化进程，还有望为全球贸易体系的完善和变革提供有益的借鉴和启示。

（三）服务贸易的开放

在当前的经济格局中，服务贸易的开放成为推动国际贸易增长的重要引擎。[①]作为世界上最大的自由贸易协定 RCEP 不仅为货物贸易的繁荣铺平了道路，更在服务贸易领域开创了前所未有的合作新篇章。这一协定所涵盖的广泛领域，如金融、通信、电子商务、专业服务、教育和医疗等，不仅深化了成员国之间的经济联系，而且推动了跨境服务的流动性，为全球服务贸易的发展注入了新的活力。

1. 金融服务的深度融合与跨境支付的便捷化

在金融服务领域，RCEP 的开放政策如同一股强劲的东风，吹散了跨境投资和贸易结算的阴霾。随着成员国间金融市场的相互开放，金融机构得以跨越国界，更加便捷地为区域内的企业和个人提供融资、保险、

① 戴翔 . 服务贸易能够成为全球贸易增长新引擎吗 ?[J]. 国际经贸探索，2016，32（10）：4–15.

结算等全方位金融服务。这不仅提高了资金流动的效率，还为区域内的经济发展注入了强大的动力。

据统计，自 RCEP 生效以来，成员国间的跨境资本流动量显著增长，金融服务的贸易额也随之攀升。

此外，跨境支付的便捷化也是 RCEP 金融服务开放的重要成果之一。[①]随着数字技术的广泛应用，跨境支付变得更加高效、安全、便捷。消费者和企业可以通过手机银行、电子钱包等渠道轻松完成跨境交易，无须再为烦琐的汇款手续和高昂的手续费而烦恼。这不仅提升了消费者的购物体验，还降低了企业的运营成本，进一步推动了区域内贸易的增长。

2. 数字经济与电子商务的蓬勃发展

随着数字经济的快速崛起，电子商务已成为服务贸易领域的一颗璀璨明珠。RCEP 中的电子商务条款更是为跨境电子商务的标准化和便利化提供了有力保障。这些条款不仅明确了跨境电子商务的监管框架和争议解决机制，还推动了区域内数字产品和服务的自由流动。

在 RCEP 的推动下，跨境电子交易的规模不断扩大。据统计，近年来区域内跨境电商交易额年均增长率超过 30%，远高于传统贸易的增长速度。这不仅为区域内的企业和消费者提供了更多的选择和便利，还促进了数字经济的快速发展。

同时，RCEP 鼓励成员国加强在数字经济领域的合作与交流。通过共同举办数字经济论坛、研讨会等活动，成员国得以分享各自在数字经济领域的成功经验和发展成果，共同探讨数字经济未来的发展趋势和合作方向。这种合作与交流不仅加深了成员国之间的了解和信任，还为区域内的数字经济发展注入了新的动力。

---

① 米俣飞 .RCEP 框架下前海人民币国际化的先行先试 [J]. 开放导报，2021（6）：81-89.

总之，RCEP 在服务贸易领域的开放为区域内成员国带来了前所未有的发展机遇。通过深化金融合作、推动数字经济与电子商务的蓬勃发展等措施，RCEP 不仅促进了跨境服务的流动性和贸易增长，还为全球服务贸易的发展树立了新的标杆。在未来的日子里，RCEP 将继续发挥其在服务贸易领域的引领作用，为全球经济的繁荣与发展贡献更多的智慧和力量。

（三）投资自由化与便利化

在经济全球化日益加深的今天，RCEP 不仅以其广泛的贸易合作框架吸引了世界的目光，更通过其精心设计的投资自由化和便利化措施，为区域内的资本流动注入了新的活力与动力。[①] 这一里程碑式的协定，不仅标志着成员国间贸易壁垒的显著降低，更在投资领域开启了前所未有的合作新篇章。

1. 投资条款的标准化与深化开放

RCEP 的投资条款，如同一座精心构建的桥梁，将成员国之间的投资壁垒一一拆除，实现了外资准入政策的统一标准化。这一变革对于发展中国家而言，无疑是利好。这些国家长期以来，受限于资金、技术和管理经验的不足，经济发展面临诸多挑战。而今，随着 RCEP 投资条款的深入实施，发达国家的直接投资如潮水般涌入，为这些国家的制造业、基础设施、信息通信等关键领域注入了强劲动力。

具体来说，RCEP 通过明确外资准入条件、投资待遇和保护措施，为外国投资者提供了更加清晰、透明的投资环境。这不仅降低了外资进入的成本和风险，还提升了外国投资者的投资意愿和信心。同时，外资的进入带来了先进的技术和管理经验，促进了当地企业的转型升级和高质量发展。

---

① 王莉莉 .RCEP 助推投资自由化和便利化 [J]. 中国对外贸易，2022（2）：41-44.

2. 投资者保护机制的强化

除投资条款的标准化和深化开放外，RCEP 还通过引入投资者 - 国家争端解决机制（Investor-State Dispute Settlement, ISDS），为跨国投资者提供了强有力的法律保障。① 这一机制的建立，不仅解决了投资者在投资过程中可能遇到的各种纠纷和争议，还极大地提升了投资者的投资信心和安全感。

ISDS 机制通过提供中立、公正、高效的争端解决平台，确保了投资者的合法权益得到有效维护。同时，该机制还促进了成员国之间的法律合作与协调，推动了区域内法律环境的整体优化。随着外资的深入参与和跨国企业的不断发展壮大，区域内各国之间的经济联系日益紧密，形成了一个互利共赢、共同发展的良好局面。

3. 投资自由化与便利化的深远影响

RCEP 投资自由化和便利化措施的实施，不仅为区域内的资本流动带来了前所未有的机遇和挑战，更对全球经济格局产生了深远的影响。② 一方面，随着区域内资本流动的加速和深化，各成员国之间的经济联系将更加紧密，区域一体化进程将不断加快。这将有助于提升整个区域的国际竞争力和影响力，推动全球经济向更加开放、包容、普惠的方向发展。另一方面，RCEP 投资自由化和便利化措施的实施还将促进区域内的产业升级和结构调整。随着外资的不断涌入和跨国企业的深入参与，区域内的产业结构将更加优化和合理，新兴产业将不断涌现并快速发展壮大。这将为区域内的经济增长提供新的动力源泉，推动区域经济实现更加高质量、可持续的发展。

综上所述，RCEP 投资自由化和便利化措施的实施是区域内资本流动

① 赵玉意，董子晖 .RCEP 投资争端解决机制的选项及中国的政策选择 [J]. 国际贸易，2022（8）：79-88.

② 张晓君，曹云松 .RCEP 区域投资机遇下的风险与应对 [J]. 国际商务研究，2022，45（5）：11-21.

的重要里程碑。它不仅为成员国之间的经济合作提供了更加广阔的空间和机遇，还为全球经济的繁荣与发展注入了新的活力和动力。在 RCEP 的引领下，区域内的资本流动将更加顺畅和高效，各成员国之间的经济联系将更加紧密和牢固，共同谱写区域合作与发展的新篇章。

（四）区域价值链的深化

1. 削减关税与统一规则：构建无缝连接的经济版图

RCEP 的核心在于其广泛的关税削减承诺和统一的贸易规则体系。[①] 这些举措如同破冰船般，打破了以往贸易壁垒的坚冰，使得各国企业能够以前所未有的自由度在区域内灵活布局生产环节。关税的降低直接降低了跨境贸易的成本，而统一规则的制定则为企业提供了更加透明和可预测的营商环境，促进了资源的优化配置和高效利用。

2. 中间产品流动性的飞跃：构建高效协同的生产网络

在 RCEP 的框架下，中间产品的流动性得到了显著提升。这一变化不仅体现在速度上，更体现在成本和质量上。区域内不同经济体具有各自的优势，有的在劳动密集型初级加工方面具有竞争力，有的在高技术含量的中间产品生产方面表现出色，还有的在高端零部件领域处于领先地位。他们彼此合作，共同发展。这种优势互补的合作模式，使得区域内各国能够迅速且低成本地获取所需的中间产品，进行再加工或组装，从而构建起一个高效协同的生产网络。

3. 产业升级的加速器：低成本中间产品的力量

区域内低成本的中间产品流动性的增强，不仅降低了企业的生产成本，更为发展中国家的产业升级提供了强大动力。通过引入先进的生产技术和管理经验，这些国家能够逐步提升制造业水平，实现从低端加工向中高端制造的跨越。这种产业升级不仅带动了当地经济的快速增长，

---

① 魏景赋，阴艺轩 .RCEP 关税削减对中国制造业的贸易影响研究：基于承诺表的 GTAP 模拟预测 [J]. 哈尔滨商业大学学报（社会科学版），2022（2）：114-128.

还提高了产品的附加值和市场竞争力，为区域经济的可持续发展奠定了坚实基础。

4. 实证研究与数据支撑：RCEP 的经济效应显著

多项实证研究和统计数据进一步印证了 RCEP 对区域价值链深化的积极影响。[①] 例如，一项由世界银行发布的报告指出，RCEP 的实施有望使区域内贸易额显著增加，并带动相关产业的快速发展。[②] 同时，该协议将促进区域内资本、技术和人才的自由流动，为区域经济的多元化和包容性增长提供有力支持。

总之，RCEP 的实施标志着区域经济合作进入了一个新的发展阶段。通过削减关税、统一规则、增强中间产品流动性以及促进产业升级等措施，该协议正引领着区域价值链的深化与重构。在 RCEP 的推动下，一个更加开放、包容、协同和繁荣的区域经济新图景正在徐徐展开，各国应携手并进、共谋发展，共同开创区域经济合作的美好未来。

（五）促进区域内企业的跨境运营

1. 大型跨国企业的市场扩展之路

对于中国这样的经济大国中的大型跨国企业而言，RCEP 的签署无疑为他们打开了一扇通往东盟市场的大门。东盟作为一个拥有超过 6 亿人口、经济增长潜力较大的地区，一直是跨国企业竞相追逐的焦点。如今，随着 RCEP 框架下投资便利化措施的逐步落地，这些企业能够更加自由地进入东盟市场，通过投资建厂、设立研发中心等方式，深度融入当地经济体系，从而进一步扩大其产品和服务的全球覆盖范围。

---

① 高越，魏俊华 .RCEP 区域价值链构建及其效应：基于制造业行业层面的研究 [J]. 山东理工大学学报（社会科学版），2023，39（3）：28-44.

② 中国（海南）改革发展研究院发布“RCEP 实施初步评估报告”：共建大市场 共享新机遇 [EB/OL].（2024-05-19）[2024-07-10]. http：//baijiahao.baidu.com/s?id=1799805705729114431&wfr=spider&for=pc.

2. 中小企业跨境扩展的新机遇

与大型跨国企业相比，中小企业在跨境运营中往往面临着更多的挑战和困难。然而，RCEP 的签署却为他们提供了难得的机遇。通过简化跨境贸易和投资规则、提高政策透明度等措施，RCEP 大大降低了中小企业进入跨境市场的门槛。这使得他们能够借助电商平台、金融服务等现代化手段，更加便捷地与其他成员国进行贸易和投资合作。

例如，在电商领域，随着 RCEP 成员国之间电商合作的不断深化，越来越多的中小企业开始通过跨境电商平台拓展海外市场。他们可以利用这些平台提供的多语言服务、国际物流支持等便利条件，将自己的产品销往世界各地。同时，RCEP 鼓励成员国加强在支付结算、知识产权保护等方面的合作，为中小企业提供更加安全、可靠的跨境交易环境。

三、RCEP 给成员国带来的风险与挑战

尽管 RCEP 为成员国带来了贸易和投资机会，但也带来了一些潜在的风险和挑战。这些风险主要与竞争压力、产业结构变化、环境标准、政策协调等方面相关。

（一）区域内竞争加剧

RCEP 降低了成员国之间的关税壁垒，促进了市场的开放和商品、服务的流动。然而，随着市场的开放，区域内竞争加剧是成员国中的中小企业需要面对的一个重大挑战。

中小企业的生存压力：大企业通常更具规模优势，能更好地适应开放市场后的新竞争环境，而中小企业由于资金、技术和管理能力的局限，可能会在区域内自由竞争的背景下遭遇生存压力。

（二）产业结构调整的压力

随着关税壁垒的逐渐减少，各国企业将不得不面对产业结构调整的压力。一些产业可能因进口商品的竞争力增强而遭到冲击，尤其是劳动密集型行业和低附加值产业。

传统制造业可能面临冲击：例如，一些低成本制造业可能无法与较为高效产业竞争，导致产业外流或本地生产活动减少。当地企业和工人可能因无法在全球供应链中占据有利地位而面临失业和产业空心化问题。

需要推动产业升级：对于发展中国家来说，RCEP 的实施会迫使他们加快产业升级，提升产业链的价值，向高科技和高附加值产业过渡。然而，这种升级并非一蹴而就，需要大量的投资、技术转移和人力资本的提升，否则会导致生产力下降和长期经济困境。

（三）环境和劳动标准的冲突

RCEP 成员国之间存在环境和劳动标准的不一致，这可能会带来风险，尤其是在劳工权益保护和环保要求较为宽松的国家中。

环境标准的降低风险：一些国家可能会为了吸引外资，采取降低环境标准的做法，这会导致环境恶化，特别是重工业和能源密集型产业的污染问题。因此，RCEP 的自由化可能会在某些成员国内引发环境保护和可持续发展方面的矛盾和挑战。

劳工权益的保护不足：由于不同国家的劳动法律和监管制度存在差异，某些国家的劳工权益可能会受到影响。低工资和低劳工保护标准可能会吸引跨国公司将生产外包给这些国家，导致劳动力剥削现象加剧。

（四）政策协调和制度差异的挑战

RCEP 成员国经济发展水平和政策制度各异，如何在一个框架内进行政策协调和规制统一是一个长期挑战。这主要体现在以下几个方面：

知识产权保护的差异：RCEP 在知识产权方面有明确条款，但各成员国在实际执行中存在很大差异。部分国家在知识产权保护的执行力度上存在不足，可能导致跨国企业担心技术泄露或知识产权被侵犯，从而影响投资决策。

法律和监管框架的协调问题：由于成员国之间法律制度差异较大，如何协调贸易和投资争端、统一跨国经营的规制仍然是一个重大挑战。RCEP 的争端解决机制虽有规定，但在实际操作中，由于各国司法体系的不同，执行可能会面临障碍。

（五）区域发展不平衡加剧

RCEP 涵盖了包括中国、日本等全球第二大、第三大经济体在内的多个经济体，但同时包含了老挝、柬埔寨等欠发达的东盟国家。区域发展不平衡的问题可能会因 RCEP 的实施而进一步加剧。

强国与弱国之间的差距拉大：发达国家可以更好地利用 RCEP 带来的机会，推动高科技产品和服务的出口，并吸引外国投资，而发展中国家可能会因缺乏竞争力而在全球价值链中被边缘化。这将导致经济不平衡现象更加严重，甚至可能出现财富进一步向发达国家集中的情况。

区域内贫富差距扩大：RCEP 可能会导致区域内贫富差距的扩大，尤其是对于那些经济结构单一、出口依赖性强的发展中国家。如果这些国家未能迅速调整产业结构，或者未能从 RCEP 之中受益，那么他们的经济增长将落后于其他成员国。

（六）主权和经济政策的灵活性受限

RCEP 成员国承诺通过多边协议进行经济合作和政策协调，这可能会限制成员国的主权和经济政策灵活性。

经济政策的独立性受限：成员国需要在贸易、投资和服务方面遵守 RCEP 的规定，这意味着各国在关税、市场准入和投资政策方面的灵活性受到限制，尤其是在面临经济危机或国内经济形势变化时，成员国的政策应对手段将受限。

保护本土产业的政策空间缩小：为了保护本国的某些关键产业，国家通常会采用关税或其他贸易保护措施。然而，RCEP 要求削减关税和减少非关税壁垒，这可能使成员国在保护本土产业方面的政策空间变得更加有限。

（七）外部经济冲击的脆弱性增加

RCEP 的实施使成员国之间的贸易和投资关系变得更加紧密，但这也意味着成员国对外部经济冲击的脆弱性增加。特别是在全球供应链高度整合的背景下，任何一个成员国的经济动荡都可能对整个区域产生溢出效应。

依赖全球供应链的风险：RCEP 的区域内供应链整合使成员国更依赖彼此，但这也意味着一旦某个国家或行业发生生产中断（如自然灾害、疫情或政治冲突），整个供应链都会受到影响。这可能会对区域内的经济发展造成冲击。

RCEP 为成员国带来了显著的经济机遇，但同时带来了包括区域竞争加剧、产业结构调整压力、政策协调困难、发展不平衡加剧等一系列挑战。各国在享受 RCEP 带来的经济红利的同时，需要通过政策调整、产业升级、区域协调机制等手段来应对这些风险，确保 RCEP 的可持续发展。

第四节　对中国的具体影响

RCEP 对中国的经济、贸易、投资、产业和外交等多个方面产生了深远影响。作为重要参与国之一，中国在 RCEP 中既面临新的机遇，也面临诸多挑战。

一、贸易扩展与优化

随着 RCEP 的正式实施，一个涵盖全球近三分之一人口和 GDP 的自由贸易区应运而生。这一协议的签订，对中国与其他成员国的贸易关系产生了深远影响。关税壁垒的显著降低和非关税措施的逐步取消，如同一股强劲的东风，吹动着中国对外贸易的航船驶向更加广阔的海域。

（一）商品出口：量质齐升的新机遇

RCEP 为中国商品出口提供了前所未有的广阔舞台。[①] 随着关税的降低，中国制造的机械设备、电子产品、纺织品以及其他制造业产品在关键市场的竞争力显著提升。这些产品以其高质量和高性价比等优势，迅速占领了市场份额。

例如，在电子产品方面，中国作为电子产品生产大国，其产品在 RCEP 成员国中享有极高的声誉。随着关税的降低，中国电子产品在东盟国家的销量持续攀升，成为当地消费者的首选。同时，中国企业在研发、设计、制造等方面的不断创新，为产品质量的提升注入了源源不断的动力。

此外，RCEP 还为中国企业提供了更多元化的出口渠道。通过加强与成员国之间的贸易合作，中国企业可以更加灵活地调整出口策略，优化出口市场布局。这种多元化的出口结构不仅有助于分散风险，还能为中国企业带来更多的发展机遇。

（二）进口成本降低：国内市场的福音

对于中国市场而言，RCEP 同样带来了诸多利好。通过 RCEP，中国将进口更多高科技产品、能源、矿产和农产品等关键资源，享受成员国间更低的关税待遇。这不仅有助于优化国内供应链结构，降低部分进口商品的成本，还能进一步激发国内消费和制造业的活力。

例如，在高科技产品方面，RCEP 的签订为中国企业提供了更多引进先进技术和设备的机会。这些高科技产品的引进不仅有助于提升中国企业的生产效率和产品质量，还能推动中国制造业向高端化、智能化方向发展。同时，随着进口成本的降低，这些高科技产品的价格将更加亲民，让更多的消费者能够享受到科技进步带来的便利。

---

① 李诚 .RCEP 背景下中国商品出口增长模式：驱动因素与竞争力剖析 [J]. 现代经济探讨，2022（9）：94-106.

此外，RCEP还为中国农产品市场带来了新的机遇。通过加强与东盟等成员国的农产品贸易合作，中国可以引进更多优质的农产品资源，丰富国内市场的供应。同时，中国农产品企业可以借助RCEP的平台拓展海外市场，提升国际竞争力。

（三）区域内贸易多样化：构建更加稳固的贸易网络

RCEP的实施不仅促进了中国与成员国之间的贸易往来，还推动了区域内贸易的多样化发展。通过加强与成员国的贸易合作，中国可以减少对单一市场的依赖程度，优化出口市场布局。这种多样化的贸易结构不仅有助于分散风险，提高贸易稳定性，还能推动与亚洲主要经济体的紧密合作，共同打造更加稳固的贸易网络。

在这一过程中，中国企业将发挥重要作用，中国企业将积极参与RCEP框架下的贸易合作活动，加强与成员国企业的交流合作，共同推动区域内贸易的繁荣发展。中国政府也将继续加强政策支持和服务保障，为企业在RCEP区域内的贸易活动提供更加便捷高效的服务。

综上所述，RCEP的实施为中国对外贸易带来了诸多机遇和挑战。通过抓住机遇，积极应对挑战，中国将不断推动贸易的扩展与优化，以提升在全球贸易中的地位和影响力。

二、吸引外资与投资便利化

RCEP的签署与实施，不仅开启了中国对外贸易的新篇章，还激发了中国投资领域的活力与潜力，RCEP通过提升投资的自由化与便利化水平，增强了中国对外资的吸引力，为国内外企业搭建了更为广阔的合作平台。以下是对这一影响的详细剖析与拓展。

（一）外资进入的机遇井喷

随着RCEP的正式生效，中国市场的准入门槛显著降低，为外资企业铺设了一条更为顺畅的进入通道。[①]在制造业领域，这一趋势尤为显著。中国以其完善的产业链、先进的制造能力和庞大的消费市场，成为众多外资企业的首选之地。在 RCEP 的框架下，关税减让和贸易壁垒的减少，使得外资企业能够以更低的成本进入中国市场，并依托其强大的供应链网络，辐射至整个 RCEP 区域，实现资源的优化配置与市场的深度拓展。例如，某国际汽车制造商，借助 RCEP 的便利条件，在中国设立了新的生产基地，不仅降低了生产成本，还通过中国辐射至东南亚的供应链网络，实现了产品的快速出口与市场的广泛覆盖。

（二）跨国公司供应链的深度整合

RCEP 不仅为外资企业的进入提供了便利，而且促进了跨国公司在区域内的供应链整合与优化。[②]在研发与生产领域，跨国公司纷纷将目光投向中国，设立研发中心或生产基地，以更好地利用 RCEP 带来的关税减让、贸易便利化等优惠政策。这种供应链的深度整合，不仅提升了跨国公司的运营效率与竞争力，还促进了区域内技术、人才与资本的自由流动。以中国为枢纽，跨国公司能够更灵活地调配资源，快速响应市场变化，实现全球化战略的有效落地。例如，某国际电子巨头，在中国设立了研发中心与生产基地，借助 RCEP 的优惠政策与中国的科技实力，不断推出创新产品，赢得了全球市场的广泛认可。

（三）东盟对华投资的显著提升

东盟作为 RCEP 的重要成员，与中国在投资领域的合作日益紧密。[③]RCEP 的签署与实施，为东盟企业在中国投资提供了更为广阔的空

---

① 范德胜，张国利 .RCEP 视角下中国对东盟国家 OFDI 的机遇、挑战和应对策略 [J]. 对外经贸实务，2022（8）：92-96.

② 刘馨蔚 .RCEP 签署加速区域内供应链与产业链融合 [J]. 中国对外贸易，2021（6）：30-32.

③ 王清晨，潘怡辰 . 区域贸易合作日益紧密 区域投资合作逆势上行 [J]. 中国外资，2023（23）：10-14.

间。在制造业与服务业领域，东盟企业纷纷加大在中国的投资力度，寻求与中国市场的深度融合与共同发展。这种投资流动性的增强，不仅促进了中国与东盟之间的经济联系与合作，还为双方企业带来了更多的商业机会与增长空间。

综上所述，RCEP的实施在投资领域为中国带来了前所未有的机遇与挑战。通过投资自由化与便利化的双重推动，中国不仅吸引了更多的外资，还促进了跨国公司在区域内的供应链整合与优化。同时，东盟对华投资为中国与东盟之间的经济合作注入了新的活力与动力。未来，随着RCEP的深入实施与区域合作的不断加强，中国有望在投资领域取得更加辉煌的成就。

三、产业升级与供应链优化

（一）RCEP与产业升级的深度融合

RCEP不仅仅是一个简单的贸易协定，它更像是一个推动区域经济结构转型的催化剂。协定中涉及的投资和贸易规则，如同精准的导航仪，引领中国经济从传统的低端制造模式向高附加值、高技术含量的领域迈进。这种转型不仅是中国经济自身发展的内在需求，也是应对全球经济变化、提升国际竞争力的必然选择。

在制造业方面，RCEP成员国间的供应链整合为中国企业提供了前所未有的便利。通过加强区域内合作，中国可以更加高效地获取来自其他成员国的优质中间产品，从而有效降低制造成本，提升产品竞争力。例如，电子、机械、汽车等行业对供应链的稳定性和效率要求极高。RCEP的实施，使得中国企业在这些领域内的供应链更加稳固，能够更好地应对市场波动和变化。

（二）供应链优化的新篇章

供应链的优化是产业升级的重要支撑。RCEP的签署，为中国企业在区域内的供应链整合提供了更加广阔的空间。①通过加强与成员国之间的合作，中国企业可以更加灵活地调整供应链布局，实现资源的优化配置。同时，RCEP 鼓励成员国之间开展技术交流和合作，共同提升供应链的智能化、绿色化水平。这种合作不仅有助于提升中国制造业的整体水平，也有助于推动整个亚洲地区供应链的协同发展。

（三）高科技产业的崛起

在高科技领域，RCEP 同样为中国带来了前所未有的机遇。RCEP 的实施，使得中国能够引进这些国家的先进技术和设备，推动中国高科技产业的发展。

具体而言，中国可以通过与 RCEP 成员国之间的合作，共同开展高科技研发项目，共享研发成果和知识产权。同时，中国可以利用 RCEP 的优惠政策，吸引更多的高科技企业和人才来华投资兴业。这种合作不仅有助于提升中国高科技产业的创新能力和竞争力，也有助于推动整个亚洲地区高科技产业的协同发展。

总之，RCEP 的签署为中国推动产业升级和供应链优化提供了重要的机遇和平台。通过加强与成员国之间的合作与交流，中国可以更加高效地获取优质资源和技术支持，推动经济结构的转型和升级。同时，中国可以借助 RCEP 的优惠政策和市场优势，吸引更多人才来华投资兴业，为经济发展注入新的活力。未来，随着 RCEP 的深入实施和不断完善，人们有理由相信，中国将在产业升级和供应链优化方面取得更加显著的成就。

四、金融服务与数字经济

RCEP 的签订与实施，不仅标志着亚太地区经济合作迈入了一个全

① 刘馨蔚 .RCEP 签署加速区域内供应链与产业链融合 [J]. 中国对外贸易，2021（6）：30-32.

新的阶段，更为中国的金融服务和数字经济领域带来了前所未有的发展机遇。[①]这一历史性的协议，通过其开放包容的条款设置，使中国在区域内乃至全球的服务贸易竞争中占据了更为有利的地位。接下来，著者将从多个维度深入探讨RCEP如何为中国的金融服务和数字经济插上腾飞的翅膀。

（一）金融服务行业的全面开放与深化合作

RCEP的开放条款如同一道闸门，为中国金融服务行业的全球化布局打开了新的通道。具体而言，银行、证券、保险等核心金融领域将因此获得更多进入其他成员国市场的机会。这不仅意味着中国金融机构能够直接参与更广泛的国际竞争，通过提升服务质量、创新金融产品等方式增强自身竞争力，同时将促进金融资本的跨国流动，为区域内的经济发展注入新的活力。

值得注意的是，RCEP还为中国国内金融服务市场的进一步开放提供了制度保障。[②]在遵循国际规则的前提下，外资金融机构将更加便捷地进入中国市场，与国内机构同台竞技。这种竞争与合作并存的局面，将推动中国金融行业的整体改革与创新，促进金融市场的成熟与完善。

（二）数字经济领域的跨境融合与协同发展

作为全球数字经济的领军者，中国在电子商务、金融科技、跨境物流等领域积累了丰富的经验和技术优势。RCEP中关于电子商务的具体规则，为这些优势的跨境输出提供了坚实的法律基础。[③]通过RCEP的平台，中国的电子商务平台将能够更加顺畅地拓展至成员国市场，实现商

① 洪涛，陶思佳，卢思涵，等.RCEP助推中国数字经济高质量发展的对策研究[J].国际贸易，2022（7）：48-54.

② 刘英.RCEP助推我国高水平制度型开放，开启规则制定新时代[J].中国发展观察，2020（22）：24-26，38.

③ 颜相子，王帅，刘文.RCEP数字贸易规则升级与中国应对与USMCA、TPP、CPTPPA比较的思考[J].开放导报，2024（3）：51-62.

品与服务的无缝对接。

同时，RCEP 将促进金融科技在区域内的广泛应用与深度融合。区块链、大数据、人工智能等前沿技术将助力金融服务的智能化、个性化升级，为区域内的企业和个人提供更加便捷、高效的金融服务体验。此外，跨境物流的协同发展也将为数字经济的跨境流通提供强有力的支撑，推动形成更加完善、高效的全球供应链体系。

综上所述，RCEP 的签订与实施为中国金融服务和数字经济的发展带来了前所未有的机遇。通过全面开放金融服务市场、推动数字经济跨境融合与协同发展等措施，中国将进一步提升其在区域内的服务竞争力，为全球经济的复苏与增长贡献更多“中国智慧”和“中国方案”。

五、区域影响力与外交关系

（一）强化区域外交影响力

1. 深化政治互信与合作

RCEP 的签署，为中国与区域内国家提供了更加广阔的交流平台，促进了政治互信与合作的深化。[①] 通过定期举行的高层对话、部长级会议及专业工作组会议，各国能够就共同关心的国际和地区问题深入交换意见，增进相互理解和支持。例如，在应对气候变化、维护地区和平稳定等全球性议题上，RCEP 成员国之间的协调与合作日益紧密，为中国在国际舞台上发挥更大作用提供了有力支撑。

2. 推动地区安全架构建设

RCEP 不仅是一个经济协定，其背后还蕴含着对地区安全架构的深远考量。随着中国与区域内国家经济联系的日益紧密，共同的安全利益也日益凸显。通过加强经济合作，RCEP 成员国能够在一定程度上减少

① 覃蕾 . 中国 - 东盟政党实现首次对话，促双方政治互信达到新高度 [J]. 中国东盟博览，2020（12）：28-29.

因经济摩擦而引发的政治紧张[①]，为构建和平稳定的地区环境奠定坚实基础。同时，中国积极推动与区域内国家在反恐、禁毒、海上安全等非传统安全领域的合作，共同维护地区安全稳定。

（二）扩大地缘经济影响力

1. 促进贸易与投资自由化便利化

RCEP 通过大幅降低关税壁垒、简化通关程序、促进服务贸易和投资自由化便利化等措施，为中国与区域内国家之间的贸易和投资合作提供了更加便利的条件。据统计，RCEP 生效后，区域内贸易额有望实现显著增长，[②] 为中国企业拓展海外市场、优化资源配置提供了广阔空间。同时，协定中的投资章节还为中国企业“走出去”提供了更加完善的法律保障和投资环境。

2. 加强产业链供应链合作

在经济全球化遭遇逆流的背景下，RCEP 的签署为中国与区域内国家加强产业链供应链合作提供了重要契机。[③] 通过深化产业分工与合作，中国能够进一步巩固在全球产业链供应链中的核心地位，同时带动区域内国家产业升级和经济发展。例如，在电子信息、汽车制造、生物医药等领域，中国与区域内国家已经形成了较为紧密的产业链供应链关系，未来，随着 RCEP 的深入实施，这种合作关系有望得到进一步加强。

3. 引领区域经济一体化进程

RCEP 作为中国主导的重要区域经济合作平台，不仅促进了中国与区域内国家的经济融合，还引领了东亚和东南亚地区经济一体化的进程。通过推动贸易投资自由化便利化、加强经济技术合作、促进可持续发展

---

① 曾婷 . 东亚经济一体化进程与中国的应对策略选择：基于 RCEP 与 TPP 的比较 [D]. 海口：海南大学，2014.

② 商务部：去年 RCEP 区域内部贸易达 5.6 万亿美元 [EB/OL].（2024-06-20）[2025-01-16] .http://ftz.hunan.gov.cn/hnzm/news/list01/202406/t20240620_33332297.html.

③ 刘馨蔚 .RCEP 签署加速区域内供应链与产业链融合 [J]. 中国对外贸易，2021（6）: 3.

等举措，RCEP 为区域内国家提供了共同发展的机遇和平台。随着协定的深入实施，东亚和东南亚地区有望形成一个更加紧密、高效、开放的区域经济共同体，为全球经济增长注入新的动力。

综上所述，RCEP 的签署与实施不仅加强了中国在区域外交和地缘经济中的影响力，还为中国与区域内国家的共同发展提供了重要契机。未来，随着协定的深入实施和不断完善，中国与区域内国家之间的合作将更加紧密、深入和广泛。在 RCEP 的推动下，东亚和东南亚地区将迎来更加繁荣、稳定和可持续发展的美好未来。

六、风险与挑战

RCEP 的正式实施，为中国企业开启了更为广阔的国际市场大门，但同时带来了一定的风险与挑战。

（一）竞争压力加大：全球化舞台上的激烈角逐

随着 RCEP 的生效，一个涵盖约全球三分之一人口、GDP 总量约占全球三成的庞大自由贸易区应运而生。这一历史性举措不仅促进了区域内贸易自由化和便利化，更将市场竞争推向了一个新的高度。对于中国企业而言，尤其是那些已经或计划拓展至东盟、日本、韩国等市场的企业来说，面临的竞争压力可谓前所未有。

例如，在电子产品行业，随着 RCEP 框架下关税的逐步降低，日韩等国的先进电子产品将更加便捷地进入东盟市场。这不仅要求中国企业在产品质量、技术创新上不断突破，还需在营销策略、售后服务等方面进行全面升级，以应对来自四面八方的竞争压力。

（二）法规和标准适应：跨越差异的合规之路

在 RCEP 框架下，不同国家间的贸易规则、法律法规和标准差异成为企业拓展国际市场时的一大障碍。这些差异不仅体现在关税、非关税壁垒等方面，更深入产品安全、环境保护、知识产权保护等多个领域。因此，中国企业要想稳健前行，就必须不断提升自身的合规能力和市场适应能力。

具体而言，中国企业可以采取以下措施：一是加强与国际标准的对接与互认工作，积极参与国际标准的制定与修订；二是建立健全内部合规管理体系，加强对员工的合规培训；三是加强与当地政府、行业协会以及第三方机构的合作与交流，及时掌握前沿的政策法规动态。

总体而言，RCEP 为中国提供了一个提升贸易、吸引投资、推动产业升级和加强区域合作的重要平台，同时带来了相应的竞争压力和挑战。中国需要有效应对这些挑战，充分利用 RCEP 带来的机遇，促进自身的高质量发展。

第三章　新时代贵州高质量发展

贵州在完成脱贫攻坚任务后，将高质量发展作为推动全局工作的核心，依托交通和基础设施的显著改善，以及数字经济、新型工业化等产业革新的内生力量，结合国家层面的政策支持，制定了围绕“四新”和“四化”主战略的发展目标，旨在构建具有贵州特色的现代化产业体系，推动经济实现质的有效提升和量的合理增长，同时保障和改善民生。具体实施策略包括科技创新和产业升级、区域协调发展，以及环境保护和可持续发展，通过这些策略，贵州不仅追求经济总量的增长，更注重经济结构的优化和升级，以及民生的持续改善，从而实现高质量发展。

第一节　新时代贵州高质量发展的背景与意义

一、新时代背景下的贵州发展战略定位

在新时代背景下，贵州聚焦多个关键领域，旨在推动高质量发展。贵州将作为西部大开发综合改革示范区，通过大胆改革激发市场活力，同时作为巩固拓展脱贫攻坚成果样板区，推进乡村振兴和农业农村现代化。[①]作为内陆开放型经济新高地，贵州将统筹国内外市场资源，推进制度型开放。贵州致力成为数字经济发展创新区，深入实施数字经济战略，

① 王淑宜．奋力推进新时代西部大开发[J]．当代贵州，2023（2）：16-19.

强化科技创新，推动数字经济与实体经济融合。同时，作为生态文明建设先行区，贵州坚持生态优先、绿色发展，筑牢生态安全屏障。此外，贵州将推动战略性新兴产业发展，如新能源、大数据、高端制造、山地农业等，提升科技创新能力，培育文化旅游产业，打造世界级旅游目的地，并建设生态文明试验区，探索生态产品价值实现机制。贵州还注重低碳循环发展，推动煤炭清洁高效利用和新能源发展，并在保障和改善民生水平方面，提升就业能力，推动教育高质量发展，推进健康贵州建设，完善公共服务体系，为全面建设社会主义现代化国家贡献力量。

（一）西部大开发综合改革示范区

贵州，在新时代的浪潮中，被赋予了“西部大开发综合改革示范区”的战略定位。这一战略定位，犹如一盏明灯，照亮了贵州未来发展的方向，旨在通过深化改革这一核心引擎，破解深层次体制机制难题，激活市场主体的无限潜能，为高质量发展注入不竭的内生动力。

1. 深化改革：破解难题，激发活力

贵州深知，唯有改革才能破解发展难题，唯有创新才能引领未来发展。因此，贵州将大胆尝试、主动改革，以改革为笔，绘制出一幅幅高质量发展的壮丽画卷。这不仅仅局限于经济领域的革新，更是一场涵盖社会治理、生态文明建设等多方面的深刻变革。贵州将通过一系列制度创新、政策优化和环境改善，为市场主体提供更加公平、透明、高效的竞争环境，让每一个创业者都能在这片热土上茁壮成长，让每一个企业都能在改革中焕发出新的生机与活力。

2. 引领发展：优化环境，推动开放

作为西部大开发综合改革示范区，贵州将充分发挥改革的先导作用，不断优化营商环境，提升政府服务效能，吸引更多的国内外投资者前来投资兴业。同时，贵州将加强与国内外市场的联系，积极融入全球产业链、供应链和价值链，推动制度型开放向纵深发展。通过打造内陆开放型经济试验区的升级版，贵州将实现更高水平的开放合作，为经济社会

发展注入新的强大动力。

3.“四新”主攻“四化”：推动高质量发展

在推进高质量发展的征途中，贵州将坚定不移地以“四新”主攻“四化”，即以新型工业化、信息化、城镇化、农业现代化为主攻方向，推动工业强省、城镇带省、旅游兴省、产业富省战略目标的实现。[①]通过深化大众创业、万众创新，贵州将激发全社会的创新创造活力，形成大企业顶天立地、中小企业铺天盖地、微型企业和个体工商户枝繁叶茂的良好局面，这将为贵州的经济社会发展提供坚实的支撑和强劲的动力。

4.民生改善：共享发展成果

贵州深知，发展的最终目的是增进民生福祉，因此，贵州将始终把保障和改善民生作为工作的出发点和落脚点，通过加大教育、医疗、社保等民生领域的投入力度，提高公共服务水平和质量，让人民群众共享改革发展成果。同时，贵州还将积极推进生态文明建设，为子孙后代留下更加美好的家园。

综上所述，贵州在新时代背景下的发展战略定位是西部大开发综合改革示范区。这一战略定位不仅为贵州的发展指明了方向，更为推进西部大开发形成新格局探索了路径。通过深化改革、优化环境、推动开放、主攻“四化”和保障民生等一系列措施的实施，贵州将在新时代的征程中书写出更加辉煌的篇章，为全面建设社会主义现代化国家做出更大的贡献。

（二）脱贫攻坚成果样板区

贵州作为西部大开发综合改革示范区的定位，旨在通过巩固拓展脱贫攻坚成果，推动乡村振兴，加快农业农村现代化，走出一条具有贵州

① 坚定不移围绕“四新”主攻“四化” 感恩奋进谱写高质量发展新篇章[EB/OL].（2022-02-18）[2024-06-15]. http://www.guizhou.gov.cn/home/gzyw/202202/t20220218_72581849.html.

特色的乡村振兴之路。[①]这一定位强调了贵州在新时代西部大开发中的重要性，以及在推动农业农村发展方面的引领作用。

在这一定位下，贵州将重点实施乡村建设行动，提升农村现代化水平。这包括科学推进村庄规划建设，加大乡村公共基础设施建设力度，加强水利基础设施建设，实施农村人居环境整治提升五年行动，以及加快推进农村公共服务体系建设。

同时，贵州将深化农村改革，增强农业农村发展活力。这涉及加大农村“三变”改革力度，深化农村集体产权制度改革，统筹推进农村综合改革，培养乡村振兴人才队伍，以及加强农技人才队伍建设。

此外，贵州还将全面促进农产品流通和农村消费，加快完善县乡村三级农村物流体系，支持冷链物流建设，促进农村居民耐用消费品更新换代，以及满足农村居民消费升级需求。

通过这些措施，贵州旨在建设巩固拓展脱贫攻坚成果样板区，推动高质量发展，促进共同富裕，实现农业全面升级、农村全面进步、农民全面发展。

（三）内陆开放型经济新高地

贵州正致力构建内陆开放型经济新高地，这一战略定位旨在通过积极参与“一带一路”建设、西部陆海新通道建设，以及主动融入粤港澳大湾区发展，推动更深层次的改革和更高水平的开放。贵州的开放型经济新高地战略着重于以下几个方面：

（1）制度型开放：贵州正着力营造一个市场化、法治化、国际化的营商环境，通过深化改革促进各类要素的自由流动和高效配置，提升对外开放的质量和水平。

（2）基础支撑强化：贵州正在加快提升贵阳国际陆港等对外开放平

① 苟红礼．闯出具有贵州特色的乡村振兴之路：把握好巩固拓展脱贫攻坚成果样板区的重点[J]．当代贵州，2022（9）：58-61．

台的运营水平，推动黔粤班列、西部陆海新通道班列、中欧班列和中老班列的常态化运营，以提高物流效率，降低成本，增强与国际市场的连接。

（3）开放产业培育：贵州正通过实施外贸提质增效行动，针对东南亚、南亚和中亚等地区市场需求，推动新能源电池、白酒、化肥等重点产品出口，同时加快发展服务贸易、加工贸易、跨境电商等新模式，促进外贸主体多元化发展。

（4）外资吸引：贵州致力吸引更多外资，通过优化外商投资服务，探索在香港等地设立贸易投资及旅游推广机构，提升利用外资的质量和效益。

（5）区域合作：贵州正加强与东盟国家的合作，利用其作为中国西南地区的地理优势，推动与东盟国家的经贸合作，加强教育、科技、文化、旅游等领域的交流合作。

（6）开放平台建设：贵州正加快建设高能级的科技创新平台，推动科技成果转化，加强人才培养和引进，为开放型经济发展提供技术和人才支撑。

通过这些措施，贵州旨在打造一个内陆开放型经济新高地，实现经济的高质量发展。

（四）数字经济发展创新区

贵州正加快建设数字经济发展创新区，以数字技术赋能高质量发展。[①]这一战略定位旨在通过推动大数据与实体经济的深度融合，加快构建以数字经济为引领的现代产业体系。贵州的数字经济发展创新区建设主要聚焦以下几个方面：

（1）算力基础设施建设：贵州正着力推动数据中心从“以存为主”

① 韩朱旸．数据赋能产业转型升级：数字经济发展创新区建设的理念和建议[J]．当代贵州，2022（9）：66-69.

向“算存一体、智算优先”升级，建设全国一体化算力网络国家枢纽节点，部署智算芯片，形成了超40EFLOPS的算力规模。[①]

（2）数字产业创新：贵州正以“产业为先、项目为王、效益为本”的原则，深入实施“五大行动”、加快推进“五个创新”，加快建设面向全国的算力保障基地、国家数据生产要素流通核心枢纽，数字经济增加值占GDP比重达到40%以上、增速继续保持全国前列。[②]

（3）数字化治理能力提升：贵州通过数字化手段提升治理效率，如实施“万企融合”大赋能行动，推动企业上“云”、用“云”，大数据与实体经济深度融合发展水平达到46.5，较2020年增长13.1%。[③]

（4）法规标准探索：贵州开展数据要素有关条例立法调研，制定数字经济发展创新区建设法规制度、标准化体系建设规划，推动大数据领域各类标准研制和应用。[④]

（5）数字化公共创新平台建设：贵州建好用好国家级平台，如省部共建公共大数据国家重点实验室，支持龙头企业建设数字经济创新中心，提升服务能力及覆盖面。[⑤]

（6）数字经济人才建设：贵州积极争取国家支持设立大数据类高校，

---

① 贵州扎实推进数字经济发展创新区建设[EB/OL].（2024-08-26）[2024-10-13]. http://www.guizhou.gov.cn/home/gzyw/202408/t20240826_85472895.html.

② 贵州省发布数字经济发展创新区工作要点2023年数字经济增加值占GDP比重超40%[EB/OL].（2023-03-03）[2024-07-21]. http://www.cnii.com.cn/rmydb/202303/t20230303_451227.html.

③ 贵州：抢滩数字经济“新蓝海” 实现高质量发展新跨越[EB/OL].（2024-08-24）[2024-10-13]. http://news.cctv.cn/2024/08/24/ARTIuTdusTAmbtLRJ1Z1ffLm240824.shtml.

④ 贵州扎实推进数字经济发展创新区建设[EB/OL].（2024-08-25）[2024-09-15]. http://www.ce.cn/xwzx/gnsz/gdxw/202408/25/t20240825_39116216.shtml.

⑤ 《贵州省建设数字经济发展创新区2023年工作要点》发布[EB/OL].（2023-02-21）[2024-08-09]. http://dsjj.guiyang.gov.cn/newsite/xwdt/xyzx/202302/t20230221_78261781.html.

筹建铜仁数据职业学院，引进培养重点人才，强化“人才链”与“产业链”对接，建设大数据人才实训基地。[①]

（7）产业数字化转型：贵州实施数字化融合改造的企业超过 1 万家，累计带动 2.5 万家企业“上云用云”，大数据与实体经济深度融合指数达 44.5%，较 2017 年提高 10.7 个百分点。[②]

通过这些措施，贵州的数字经济发展创新区建设正稳步推进，为全省经济社会发展注入新动能。

（五）生态文明建设先行区

贵州作为国家生态文明建设先行区，正着力打造生态文明建设的样板，推动绿色低碳循环发展，并通过一系列创新举措，探索生态产品价值实现机制，努力实现生态环境保护和经济发展的双赢。

贵州正通过实施生态保护和修复工程，提升生态系统质量，如推进石漠化、水土流失综合治理，加强生物多样性保护，筑牢长江、珠江上游的绿色生态屏障。同时，贵州深入打好污染防治攻坚战，实施大气污染防治、水污染防治、土壤污染防治等行动，确保生态环境质量持续改善。

在生态文明制度建设方面，贵州正探索生态产品价值市场化实现机制，与长江、珠江中下游地区建立横向生态保护补偿机制，推进市场化、多元化生态补偿机制建设，并健全生态环境损害赔偿制度。

贵州还通过生态文明贵阳国际论坛等平台，提升生态文明建设的国际影响力，推动生态文明建设的国际合作与交流。

此外，贵州正探索“两山”理念的实践路径，将生态优势转化为经

① 努力建设“数字中国”特色学校：贵州铜仁数据职业学院发展纪实[EB/OL].（2024-03-12）[2024-09-20]. http://www.cfgw.net.cn/202403/12/content_25084953.htm.

② 贵州建设生态文明先行区[EB/OL].（2021-12-01）[2025-01-15].http://paper.ce.cn/pc/content/202310/05/content_281899.html.

济优势，推动绿色产业发展，如发展林下经济、生态旅游等，同时加强生态产品的品牌建设，提升生态产品的市场竞争力。

通过这些措施，贵州正努力成为生态文明建设的先行区，为全国乃至全球的生态文明建设提供可复制、可推广的经验。

（六）战略性新兴产业发展

在新时代背景下，贵州正着力发展战略性新兴产业，以促进产业转型升级和经济高质量发展。[①] 以下是贵州战略性新兴产业发展的几个关键点：

（1）大数据产业：贵州正依托国家大数据（贵州）综合试验区建设，推动大数据硬件、软件、终端、内容与服务产业和数据流通交易的发展。同时，加快人工智能、区块链、物联网等新技术应用，以及互联网经济、平台经济、无接触经济等新业态的培育。

（2）新能源产业：贵州大力发展锂离子电池产业，以及页岩气、煤层气等非常规天然气的勘探开发。同时，光伏产业链的构建是贵州新能源产业发展的重点。

（3）新能源汽车产业：贵州正推动新能源汽车产业集群发展，依托重点项目建设，加快形成完整产业链体系。

（4）特色新材料产业：贵州正发展锰系材料、锂电池材料、铝深加工、钛深加工等新材料产业，推动产业链向高端化、智能化发展。

（5）节能环保产业：贵州致力发展节能环保设备及产品，推动资源循环利用产业和节能环保服务业的发展。

（6）数字与文化创意产业：贵州正推动文化资源的数字化转化，加快文化创意工程的建设。

（7）航空装备制造产业：贵州正推进无人机、教练机等整机制造和

① 贵州：加速构建现代产业体系 深度布局战略性新兴产业[EB/OL].（2024-05-16）[2024-08-20]. http://www.guizhou.gov.cn/home/gzyw/202405/t20240516_84639918.html.

航空配套部件制造能力的提升。

（8）现代中药民族药产业：贵州正推动中药民族药制造业的发展，发展中医药养生保健服务。

（9）磷煤化工产业：贵州正加快精细磷化工产业和现代煤化工产业的发展。

（10）农产品精深加工产业：贵州正推动农产品精深加工业的发展，提升农业特色优势产业的产值。

贵州的“十四五”规划明确了战略性新兴产业集群的发展目标和方向，旨在通过这些产业的发展，推动贵州经济的高质量发展，并在国家产业格局中占据重要地位。

（七）文化旅游产业发展

贵州正着力推动文化旅游产业的高质量发展，以建设多彩贵州旅游强省为目标，打造世界级旅游目的地。[①]通过聚焦资源、客源、服务三大要素，贵州旅游业在2023年展现出强劲的复苏势头，接待旅游人次、旅游总收入、游客人均花费分别恢复到2019年的113%、119%和105%。[②]2024年，贵州继续以旅游为重点扩大消费，通过创新推出“机景联动”和冬季旅游系列产品，整合航空和旅游产业，推动旅游市场“淡季不淡”“旺季更旺”。

贵州文化旅游产业发展的战略定位包括以下几个方面：

（1）传承弘扬长征精神和革命文化：推进长征国家文化公园建设，加强红色文化资源的保护传承，打造红色旅游精品线路。

（2）加强文化遗产保护利用：加强文物和非物质文化遗产的系统性

① 贵州乘势而上推动文旅高质量发展[EB/OL].（2024-03-07）[2024-10-18]. http://xxzx.guizhou.gov.cn/dcgz/dly/202403/t20240307_83895622.html.

② 强劲复苏的2023，开拓创新的2024：贵州持续扩大旅游消费[EB/OL].（2024-01-24）[2025-01-16]. http://www.guizhou.gov.cn/ztzl/2024ngzlh/fxpl/202401/t20240124_83621112.html?isMobile=false.

保护，推进文化创意产品提升工程。

（3）提升艺术创作和公共服务水平：推动文艺精品创作，推进现代公共文化服务体系建设。

（4）推动文化产业和旅游产业数字化发展：推动数字技术在文化和旅游领域的应用，促进文化产业创新发展。

（5）打造“山地公园省·多彩贵州风”旅游品牌：构建高品质旅游产品体系，提升旅游品牌影响力，发展特色文化和旅游产品。

贵州文化旅游产业发展注重多产业融合，通过“旅游+”战略，推动旅游与农业、工业、体育、林业、教育、交通、商业等产业的融合发展，打造国内一流的度假康养目的地。贵州也在推动旅游商品的联动发展，如推动农业与旅游商品的融合发展，加快工业与旅游商品的融合发展，促进文博与旅游商品的融合发展。

此外，贵州还注重旅游商品的创新发展，通过建立旅游商品孵化平台，推动旅游商品与文化艺术的深度融合，提升旅游商品的文化内涵和市场价值。通过这些措施，贵州正努力构建以民族和山地为特色的文化旅游业，推进旅游产业化和乡村振兴，为经济高质量发展贡献力量。

（八）生态文明试验区

贵州作为国家生态文明试验区，正着力打造生态文明建设先行区，推动绿色低碳循环发展，努力在生态文明建设上取得新的进步。贵州的生态文明建设先行区战略定位包括以下几个方面：

（1）生态环境质量持续改善：贵州致力持续保持优良的生态环境质量，通过实施一系列生态保护和修复工程，如石漠化治理、水土流失综合治理、森林抚育和退耕还林等，不断提升自然生态系统的质量。

（2）污染防治攻坚：贵州深入打好污染防治攻坚战，包括大气、水、土壤污染治理，以及固体废物和新污染物的管控，确保生态环境风险得到有效控制。

（3）生态保护补偿机制：贵州探索并实施赤水河流域等跨省流域横

向生态保护补偿机制，建立市场化、多元化的生态保护补偿制度，推进生态产品价值的实现。

（4）绿色低碳循环发展：贵州加快构建绿色低碳循环发展经济体系，推动能源结构优化，提高资源利用效率，促进经济社会发展与生态环境保护的协同并进。

（5）生态文明制度建设：贵州深化生态文明体制改革，建立和完善生态文明制度体系，包括生态环境保护法规标准、执法司法制度、生态产品价值实现机制等。

（6）生态示范创建：贵州推动生态文明建设示范市县、“绿水青山就是金山银山”实践创新基地等创建活动，形成可复制、可推广的生态文明建设经验。

（7）生物多样性保护：贵州加强生物多样性保护，实施珍稀濒危野生动植物拯救保护工程，提升生态系统质量和稳定性。

（8）生态产品价值实现：贵州推动生态产品价值实现机制的建立和完善，将生态产品总值指标纳入高质量发展综合考核体系。

通过这些措施，贵州正努力构建人与自然和谐共生的现代化建设格局，为全国乃至全球的生态文明建设提供可复制、可推广的经验。

（九）低碳循环发展

贵州正致力构建低碳循环发展的经济体系，推动经济社会发展全面绿色转型，努力成为生态文明建设的先行区。[①]这一战略定位包括以下几个方面：

（1）能源结构优化：贵州正推动能源工业绿色低碳转型，加快现代化能源基础设施建设，大力发展新能源，构建清洁低碳、安全高效的现代能源体系。

① 贵州：绿色转型跑出“加速度”[EB/OL].（2024-08-20）[2024-09-15]. http://www.gznw.com/gznjw/kzx/xwrd/snxw/930092/index.html.

（2）工业绿色升级：贵州坚决遏制高耗能、高排放项目盲目发展，加快推动白酒、能源、有色、化工等行业绿色化改造，构建绿色制造体系，建设绿色工厂和绿色工业园区。

（3）农业绿色发展：贵州深入实施农业绿色生产行动，加强绿色食品、有机农产品认证和管理，推进节水型灌区和节水农业示范区创建，推进农药减量增效。

（4）服务业绿色提质：贵州推进旅游业绿色提质，开发多样化的生态旅游产品，鼓励旅游景区使用清洁能源交通工具，打造“全电景区”。

（5）绿色环保产业发展：贵州深入贯彻落实绿色产业指导目录，开展绿色低碳示范建设，加快培育市场主体，推进绿色产业示范基地建设。

（6）绿色物流建设：贵州加速打通北入长江、南下珠江出省水运通道，支持物流企业构建数字化运营平台，推动网络货运产业良性发展。

（7）绿色消费体系：贵州促进绿色产品消费，扩大绿色产品采购范围，推动国有企业将绿色采购纳入企业采购体系。

（8）基础设施绿色升级：贵州推动能源工业绿色低碳转型，加快实现城镇生活污水管网全覆盖，提升交通基础设施绿色发展水平。

（9）生态环境巩固：贵州推进生态保护修复，深化绿色贵州建设，全面实行林长制，实施武陵山区山水林田湖草沙一体化保护修复工程。

（10）绿色技术创新：贵州鼓励绿色低碳技术研发，实施碳达峰碳中和相关领域科技重大专项，培育建设一批绿色技术创新中心。

通过这些措施，贵州正努力构建人与自然和谐共生的现代化建设格局，为全国乃至全球的生态文明建设提供可复制、可推广的经验。

（十）保障和改善民生水平

贵州在保障和改善民生水平方面采取了一系列措施，致力提升群众的获得感、幸福感和安全感。①

（1）就业保障：贵州实施就业优先战略，通过建立就业帮扶基地、返乡入乡创业园等措施，促进高质量充分就业。

（2）教育发展：贵州推进学前教育普及普惠安全优质发展、义务教育优质均衡发展，加强县域高中建设，提升教育质量。

（3）医疗健康：贵州支持建设国家区域医疗中心、省级区域医疗中心，推动市级医院提质扩能和县级医院提质达标，提升基层卫生健康综合保障能力。

（4）社会救助：贵州改革完善社会救助制度，健全社会救助机制，推动慈善事业创新发展，提高残疾人福利和服务水平。

（5）养老服务：贵州推进养老服务体系建设，为老年人提供更全面的生活照料和护理服务。

（6）民族团结：贵州推动民族团结进步事业，加强各民族交流交往交融，促进社会和谐稳定。

（7）民生实事：贵州聚焦民生实事，通过建设惠民生鲜超市等方式，确保基本生活物资供应充足、价格稳定，纾解群众急难愁盼问题。

（8）社会治理：贵州加强和创新社会治理，维护社会稳定，保障人民安居乐业。

（9）兜底保障：贵州完善基本民生兜底保障制度，稳步提高城乡低保标准和特困人员救助供养水平，保障困难群众基本生活。

通过这些措施，贵州正努力构建覆盖全民、城乡统筹、权责清晰、保障适度的民生保障体系，确保民生福祉持续改善，幸福贵州建设取得显著成效。

综上所述，新时代贵州发展战略定位多维而远大，旨在推动贵州在

① 中共贵州省委新闻发布会[EB/OL].（2024-04-23）[2024-10-21]. http://gz.people.com.cn/GB/344723/404620/.

多个关键领域实现高质量发展。

二、高质量发展对于贵州的意义

高质量发展对于贵州的意义深远而重大，主要体现在以下几个方面：

（一）推动经济转型升级

贵州作为欠发达地区，一直面临着诸多严峻的挑战。其起点相对较低，在发展的初始阶段便处于劣势地位；家底颇为薄弱，缺乏雄厚的物质基础和资源储备；短板更是繁多，在基础设施、产业结构、人才资源等多个方面存在着不足。[①]

然而，高质量发展无疑是改变这一现状的必然要求。只有坚定不移地推动经济转型升级，贵州才能够加快构建新发展格局。在这个过程中，贵州可以通过大力发展新兴产业、提升传统产业的科技含量、加强创新驱动等多种方式，实现经济质的有效提升和量的合理增长。这不仅仅是一个经济目标，更是关系到贵州未来走向的关键之举。

高质量发展有助于贵州化解发展不足、质量不高的主要矛盾。只有解决了这些问题，贵州才能够在激烈的市场竞争中站稳脚跟，打造属于自己的竞争新优势。通过不断优化营商环境、加大招商引资力度、加强科技创新等措施，贵州可以吸引更多的优质资源和人才流入，提升自身的核心竞争力。同时，高质量发展也能够为贵州打开发展新局面。在新的发展阶段，贵州可以充分发挥自身的优势，如丰富的自然资源、独特的民族文化等，积极探索新的发展路径，实现经济、社会、文化等多方面的协调发展。

（二）创新驱动

在新时代的浪潮中，高质量发展已成为推动经济社会全面进步的关

① 谌贻琴在中国共产党贵州省第十三次代表大会上的报告[EB/OL].（2022-05-05）[2025-01-15]. http://www.guizhou.gov.cn/home/tt/202205/t20220505_73700245.html.

键引擎。这一理念不仅强调了经济增长的速度与规模，更将科技创新视为引领发展的第一动力。对于贵州这片充满生机与活力的土地而言，高质量发展不仅是时代的呼唤，更是实现跨越式发展的必由之路。

科技创新作为高质量发展的核心要素，其重要性不言而喻。贵州，这片曾经以自然资源丰富而著称的地区，如今正面临着从传统发展模式向创新驱动转型的历史性机遇。在这一背景下，加大对科技研发的投入，不仅是响应国家战略的必然要求，更是贵州自身发展的内在需求。通过持续加大研发力度，贵州可以加速攻克一批关键核心技术，为传统产业插上智能化的翅膀，推动其向数字化、网络化、智能化方向迈进。

具体而言，贵州可以聚焦大数据、云计算、人工智能等前沿科技领域，积极打造具有国际影响力的科技创新平台。这些平台不仅能够为科研人员提供一流的科研条件和资源支持，还能够促进产学研深度融合，加速科技成果的转化和应用。同时，通过优化创新环境，贵州可以吸引更多的高端人才和创新要素汇聚于此，形成创新创业的浓厚氛围。这些高端人才的加入，将为贵州带来新的思维方式和创新理念，为新兴产业的培育和发展提供强有力的智力支撑。

在推动传统产业智能化和数字化转型的过程中，贵州还可以依托自身在自然资源、生态环境等方面的优势，大力发展绿色经济、循环经济等新兴产业。这些产业不仅符合高质量发展的要求，还能够为贵州的可持续发展注入新的动力。例如，贵州可以充分利用其丰富的水电、风电等可再生能源资源，发展清洁能源产业；同时，贵州可以依托其独特的生态环境和旅游资源，发展生态旅游、健康养生等绿色产业。

此外，贵州还可以通过政策引导和市场机制相结合的方式，促进科技创新与产业升级的深度融合。政府可以出台一系列优惠政策，鼓励企业加大研发投入、引进高端人才、开展技术创新等活动；政府还可以建立完善的市场机制，促进科技成果的转移转化和产业化应用。这些措施的实施将有助于形成科技创新与产业升级的良性循环，为贵州的高质量发展提供源源不断的动力。

综上所述，高质量发展为贵州提供了前所未有的发展机遇。通过加大科技研发投入、推动传统产业智能化和数字化转型、培育新兴产业以及优化创新环境等措施的实施，贵州将能够在新时代的征程中展现出更加辉煌的成就。在未来的日子里，贵州将以其独特的魅力和强大的实力成为推动中国经济社会全面进步的重要力量。

（三）民生改善

高质量发展，绝非仅仅聚焦于经济的单一增长，而是有着更为丰富的内涵。它高度关注社会的全面进步，涵盖了教育、医疗、文化、生态等各个领域的协同发展。同时，它较为注重人的全面发展，从物质生活的满足到精神世界的富足，从个人能力的提升到综合素质的培养，无不体现着对人的关怀与尊重。

贵州在坚定推动高质量发展的漫漫征程中，始终将重点置于加强基础设施建设之上。[①] 大力投入交通、能源、通信等基础设施领域，不断优化路网结构，提升能源供应的稳定性和可靠性，推进通信技术的升级换代。[②] 并且，贵州高度重视提高公共服务水平，加大对教育的投入，让优质的教育资源惠及每一个孩子；加强医疗卫生体系建设，提升医疗服务的质量和可及性；丰富文化体育设施，满足人民群众日益增长的精神文化需求。这些努力让广大群众能够切实共享现代化建设所带来的丰硕成果。

（四）促进生态文明建设

贵州以其丰富的自然资源和独特的地理环境，成为生态文明建设的先行区。在这里，百里杜鹃的花海、黄果树瀑布的壮观，都是世界级的

① 贵州省省长李炳军：在进一步全面深化改革中闯新路开新局抢新机出新绩 [EB/OL].（2024-10-14）[2024-10-26]. http://www.rmlt.com.cn/2024/1014/714248.shtml.

② 贵州推动高质量发展迈出坚实步伐 [EB/OL].（2024-03-04）[2024-09-25]. http://gz.people.com.cn/n2/2024/0304/c194831 40763626.html.

自然遗产，它们不仅为人们提供了美丽的自然景观，也为贵州的经济发展提供了宝贵的资源。

对贵州而言，高质量发展意味着贵州在保护这些自然资源的同时，充分挖掘其经济潜力。贵州正致力将这些自然景观转化为生态旅游的亮点，发展休闲农业和乡村旅游，让游客在享受自然美景的同时，为当地经济注入活力。通过这种方式，贵州不仅能够保护其自然资源，还能够实现经济的可持续发展。

此外，贵州还强调生态文明建设的全面性、整体性，推动绿色发展、循环经济和清洁能源产业的发展。这包括加强森林资源的保护和合理利用，提高森林覆盖率，以及推动水能、风能、太阳能等清洁能源的开发利用。通过这些措施，贵州正努力实现经济发展与生态保护的双赢。

贵州的低碳循环发展策略，不仅有助于保护其独特的自然环境，还为实现经济与生态的良性循环提供了有力支撑。通过优化能源结构，推动工业、农业、服务业的绿色转型，贵州正逐步构建起一个绿色、低碳、循环发展的经济体系。

在这一过程中，贵州还注重保障和改善民生水平，通过提升劳动者的就业能力和收入水平，推动教育高质量发展，推进健康贵州建设，完善公共服务体系，确保民生福祉持续增进。

总之，高质量发展对贵州来说，不仅是一个目标，更是一种责任。它要求贵州在现代化建设中，既要充分利用自然资源，又要保护生态环境，实现经济发展与生态保护的和谐统一。通过这样的努力，贵州正逐步成为生态文明建设的典范，为全国乃至全世界提供了宝贵的经验。

（五）融入国家区域发展战略

贵州地处西南地区，与周边省份和地区有着紧密的联系。高质量发展要求贵州积极融入国家区域发展战略，加强与周边地区的合作与交流。通过建设贵广高铁、渝贵铁路等交通基础设施，贵州与周边地区的联系更加紧密。同时，贵州积极参与“一带一路”建设，加强与共建国家和地区的合作与交流。这有助于拓展贵州的发展空间，提升其在国家区域发展中的地位和影响力。

近年来，贵州在国家区域发展战略中扮演着越来越重要的角色。

1. 加强区域合作，共建西部发展新格局

贵州地处西部大开发的重点区域，积极融入成渝地区双城经济圈建设，深化与川渝两地的合作。通过共建交通、能源、大数据等基础设施，实现优势互补，共同打造西部地区高质量发展的新引擎。此外，贵州还加强与云南、广西等西南兄弟省份的合作，共同推进西南地区一体化发展，形成区域合力。

2. 参与国家重大战略，拓展发展空间

“一带一路”倡议：贵州积极参与“一带一路”建设，依托其独特的区位优势和资源禀赋，加强与中亚、东南亚等国家的经贸合作，拓展对外开放的新通道。

长江经济带发展：作为长江上游的重要省份，贵州积极参与长江经济带建设，加强生态环境保护，促进绿色发展，为长江经济带高质量发展贡献力量。

大数据战略：贵州大力发展大数据产业，打造国家级大数据综合试验区。通过与全国各地的大数据企业合作，推动大数据产业的发展，提升贵州的创新能力。

3. 加强交通基础设施建设，促进互联互通

贵州不断加大交通基础设施建设力度，建成了贵广高铁、渝贵铁路等一批重大交通项目，极大改善了贵州的交通条件。这些交通基础设施的建设，不仅缩短了贵州与沿海发达地区的时空距离，而且促进了人员、物资、信息的快速流动，为贵州的经济社会发展提供了有力支撑。

4. 打造特色优势产业，提升竞争力

贵州充分发挥自身优势，大力发展特色优势产业。例如，依托丰富的磷矿资源，发展磷化工产业；依托良好的生态环境，发展生态旅游产

业；依托大数据资源，发展数字经济。通过培育特色产业，提升贵州的产业竞争力，为其高质量发展注入新的动力。

贵州正以更加开放的姿态，积极融入国家发展战略，深化与周边地区的合作。通过加强基础设施建设、培育特色产业、提升创新能力，贵州将不断提升在国家区域发展中的地位和影响力，为实现高质量发展目标奠定坚实基础。

（六）增强文化软实力

贵州作为一个多民族省份，拥有丰富多彩的民族文化资源，这些资源是贵州文化软实力的重要组成部分。苗族、侗族、布依族等少数民族的传统文化独具特色，其音乐、舞蹈、节庆活动等都具有鲜明的民族特色和深厚的文化底蕴。在推动高质量发展过程中，贵州不仅要加快经济发展，还要深入挖掘和保护这些宝贵的民族文化资源，通过文化节庆、民俗表演、手工艺品等方式进行传承和展示，让更多人了解和欣赏贵州的民族文化。[①]

此外，贵州还应将传统文化元素融入城市规划和建筑设计中，打造具有贵州特色的现代化城市风貌。例如，贵州可以在城市公共空间中融入民族图案和符号，建筑设计上借鉴民族建筑的风格和元素，使城市既有现代化的功能，又保留民族文化的特色和韵味。这样的城市不仅更加美丽，也更有文化内涵，能够增强居民的文化自信和归属感。

通过这些措施，贵州不仅能够保护和传承民族文化，还能够提升其文化软实力，增强国内外对贵州的认知和兴趣，提升其在国内外的影响力和知名度。这将有助于吸引更多的游客和投资者，促进贵州经济社会的高质量发展。

综上所述，高质量发展对于贵州而言，无疑具有深远且重大的意义。

---

① 贵州省深入实施推动民族文化传承弘扬工程[EB/OL].(2023-12-21)[2024-10-03]. http://xxzx.guizhou.gov.cn/msfw/wh/202312/t20231221_83382172.html.

这一战略不仅是贵州打破现有格局、实现跨越式发展的必然选择，更是贵州在新时代背景下，提升人民群众生活质量、促进生态文明建设、积极融入国家区域发展战略以及显著增强文化软实力的关键路径。

首先，从改变现状、实现跨越式发展的角度来看，贵州作为中国的内陆省份，长期以来面临着经济基础薄弱、产业结构单一等挑战。然而，高质量发展为贵州带来了前所未有的机遇。通过优化产业结构，推动传统产业转型升级，贵州正逐步构建起以大数据、新能源、新材料等为代表的现代产业体系。这些新兴产业的崛起，不仅为贵州经济增长注入了新的活力，也为贵州实现跨越式发展奠定了坚实基础。例如，贵州在大数据领域的快速发展，已使其成为全球瞩目的“中国数谷”，吸引了众多国内外知名企业入驻，带动了当地经济的快速增长。

其次，高质量发展对于提升贵州人民群众的生活水平具有至关重要的作用。随着经济的快速发展和产业的不断升级，贵州居民的收入水平显著提高，生活质量得到了明显改善。同时，贵州注重教育、医疗、养老等民生领域的投入，努力构建覆盖城乡的公共服务体系。这些举措使得贵州人民在享受经济发展成果的同时，感受到了实实在在的民生福祉。

再次，高质量发展是贵州促进生态文明建设的有效手段。贵州拥有得天独厚的自然资源和生态环境，这是贵州最宝贵的财富。在高质量发展的引领下，贵州坚持绿色发展理念，加大生态环境保护力度，推动经济社会与生态环境协调发展。通过实施退耕还林、石漠化治理等生态工程，贵州的生态环境得到了显著改善，空气质量、水质等环保指标均位居全国前列。这不仅为贵州人民提供了更加宜居的生活环境，也为全国生态文明建设树立了典范。

从次，高质量发展还是贵州融入国家区域发展战略的重要途径。在国家实施“一带一路”倡议、长江经济带发展等区域发展战略的背景下，贵州积极发挥自身优势，加强与周边省份及国际社会的交流合作。通过参与区域合作、共建产业园区等方式，贵州不仅扩大了对外开放格局，也提升了自身在全国乃至全球的影响力。

最后，高质量发展对于增强贵州文化软实力具有深远影响。贵州拥有丰富的民族文化和历史遗产，这是贵州独特的文化瑰宝。在高质量发展的推动下，贵州注重挖掘和传承本土文化，推动文化与旅游、科技等产业的融合发展。通过举办国际文化节、建设文化产业园等举措，贵州不仅提升了自身的文化软实力，也为国内外游客提供了更加丰富多彩的文化体验。

综上所述，高质量发展对于贵州而言具有深远且重大的意义。它不仅为贵州带来了经济、社会、生态等多方面的全面进步，也为贵州在新时代背景下实现更高水平的发展奠定了坚实基础。在未来的日子里，贵州将在高质量发展的道路上越走越远，创造出更加辉煌的成就。

三、国家政策的支持与地方实践的互动

在国家政策的支持下，贵州正通过一系列地方实践，实现经济的转型升级和可持续发展。国家政策的支持为贵州提供了方向和动力，而地方实践则是将这些政策落到实处，推动贵州经济社会发展的具体行动。

（一）国家政策支持

《国务院关于支持贵州在新时代西部大开发上闯新路的意见》中明确了贵州在新时代的战略定位和发展目标，为推动贵州高质量发展提供了政策支持和方向指引。

国家政策的支持对贵州高质量发展的意义主要体现在以下几个方面：

（1）战略定位提升：国家政策赋予贵州“西部大开发综合改革示范区”“巩固拓展脱贫攻坚成果样板区”“内陆开放型经济新高地”“数字经济发展创新区”和“生态文明建设先行区”等战略定位，这为贵州发展指明了方向，赋予了其新的历史使命。

（2）改革创新：国家政策鼓励贵州大胆试、大胆闯、主动改，解决深层次体制机制问题，激发市场活力，为西部大开发探索新路径。

（3）乡村振兴：贵州将推动脱贫攻坚成果同乡村振兴有效衔接，大力发展现代山地特色高效农业，提升乡村公共服务水平。

（4）内陆开放型经济：国家政策支持贵州打造内陆开放型经济新高地，推动制度型开放，探索建设内陆开放型经济试验区。

（5）数字经济：政策支持贵州深入实施数字经济战略，激活数据要素潜能，推动数字经济与实体经济融合发展。

（6）生态文明建设：政策鼓励贵州坚持生态优先、绿色发展，筑牢长江、珠江上游生态安全屏障。

（7）保障和改善民生：国家政策支持贵州提升劳动者就业能力和收入水平，推动教育高质量发展，推进健康贵州建设，完善公共服务体系。

通过这些国家政策的支持，贵州正加速推动经济社会发展，在新时代实现更大作为。

（二）贵州地方实践

贵州在实施高质量发展的实践中，采取了一系列创新举措和政策支持，以促进经济社会的全面进步。以下是一些关键实践和成就：

在当今这个全球化、信息化快速发展的时代，贵州凭借其独特的自然条件和政策优势，正以前所未有的速度推动着多个领域的全面发展，展现了勃勃生机。以下是对贵州在多个方面取得显著成就的深入剖析：

（1）推动大数据产业发展：贵州被誉为“中国数谷”，凭借其得天独厚的自然条件，成为全国乃至全球瞩目的数据中心聚集地。近年来，贵州积极吸引国内外知名互联网企业入驻，共同构建了一个庞大的大数据生态体系。在大数据存储、云计算、大数据应用等领域，贵州不仅实现了技术上的突破，更在商业模式、应用场景等方面进行了积极探索与创新。目前，贵州已建成多个超大型数据中心，数据存储能力位居全国前列，为数字经济的蓬勃发展奠定了坚实基础。

（2）加强生态文明建设：贵州始终秉持“绿水青山就是金山银山”的发展理念，将生态环境保护作为经济社会发展的前提和保障。通过实施退耕还林、水土保持、石漠化治理等一系列生态工程，贵州的生态环境得到了显著改善。昔日荒芜的石漠化地区如今披上了绿装，清澈的河流穿城而过，蓝天白云成为常态。这些变化不仅提升了贵州的生态环境质量，更为其可持续发展注入了强大动力。同时，贵州积极探索生态产品价值实现机制，将绿水青山转化为金山银山，实现了生态效益与经济效益的双赢。

（3）发展特色农业：贵州独特的地理和气候条件孕育了丰富的农业资源，为发展特色农业提供了得天独厚的条件。近年来，贵州充分利用这一优势，大力发展茶叶、中药材、精品水果等特色农产品。通过品牌建设和市场营销，贵州特色农产品的知名度和市场占有率不断提升。例如，贵州的绿茶以其独特的口感和品质赢得了国内外消费者的青睐；中药材产业则依托丰富的野生资源和先进的种植技术实现了快速发展；而精品水果（如猕猴桃、火龙果）更是以其鲜美可口、营养丰富的特性成为市场上的热销产品。这些特色农业产业的发展不仅促进了农民增收致富，更为贵州的乡村振兴注入了新的活力。

（4）推进文化旅游融合：贵州拥有丰富的自然景观和民族文化资源，是国内外游客向往的旅游胜地。近年来，贵州通过整合资源、打造精品旅游线路和提升旅游服务水平等措施，推动了文化旅游产业的快速发展。从黄果树瀑布的壮观到西江千户苗寨的古朴，从荔波小七孔的秀美到梵净山的神秘，贵州的自然景观和民族文化交相辉映，为游客提供了丰富多彩的旅游体验。同时，贵州注重保护和传承民族文化，通过举办民族文化节庆活动、开发民族文化旅游产品等方式促进了民族文化产业的繁荣发展。这些举措不仅提升了贵州旅游的知名度和美誉度，更为其经济社会发展注入了新的动力。

（5）深化改革开放：贵州不断深化改革，扩大开放，优化营商环境，吸引外资和内资企业投资。通过简化审批流程、降低企业成本、加强知识产权保护等措施，贵州的营商环境得到了显著改善。同时，贵州积极融入国家“一带一路”倡议和RCEP等区域合作机制，加强与周边国家和地区的经贸合作与交流。这些举措不仅为贵州带来了更多的发展机遇和合作空间，也为其经济社会发展注入了新的活力。

（6）推动教育和科技创新：贵州高度重视教育和科技创新工作，将其作为推动经济社会发展的重要支撑。通过加大对高等教育和职业教育的投入力度，贵州培养了一大批适应新时代发展需要的高素质人才。贵州还鼓励科技创新，支持高新技术企业发展，提升区域创新能力和竞争力。目前，贵州已建成多个国家级和省级科技创新平台，在大数据、智能制造、新材料等领域取得了一系列重要成果。这些成果不仅为贵州的产业升级和转型提供了有力支撑，更为其经济社会发展注入了新的动力。

（7）实施乡村振兴战略：贵州积极推进乡村振兴战略，通过发展特色产业、改善基础设施、提升公共服务等措施促进农村经济社会发展，提高农民生活水平。在特色产业方面，贵州注重挖掘和培育具有地方特色的优势产业，如茶叶、中药材、乡村旅游等，通过品牌建设和市场营销提升产品附加值和市场竞争力。在基础设施方面，贵州大力加强农村道路、水利、电力等基础设施建设，改善农村生产生活条件。在公共服务方面，贵州注重提升农村教育、医疗、文化等公共服务水平，以便农民群众共享改革发展成果。这些举措不仅促进了农村经济社会的发展，更为贵州的乡村振兴注入了新的活力。

（8）加强基础设施建设：贵州深知基础设施建设对于经济社会发展的重要性，因此，贵州大力加强交通、水利、能源等基础设施建设。在交通方面，贵州积极推进高速公路、铁路、航空等交通网络建设，形成了便捷高效的交通网络体系。在水利方面，贵州注重加强水资源保护和开发利用，建设了一批重点水利工程，为农业生产和城乡供水提供了有力保障。在能源方面，贵州积极发展清洁能源，如风能、太阳能等，推动能源结构优化升级。这些基础设施建设的加强，不仅改善了区域发展条件，更为贵州的经济社会发展提供了有力支撑。

通过这些实践，贵州在促进经济结构优化、提升区域竞争力、改善民生福祉等方面取得了显著成效，为实现高质量发展奠定了坚实基础。未来，贵州将继续依托自身优势，深化改革开放，推动经济社会持续健康发展。

（三）互动效应

贵州在实现高质量发展的过程中，国家政策与地方实践的互动发挥了重要作用。《国务院关于支持贵州在新时代西部大开发上闯新路的意见》为贵州发展提供了政策支持和方向指引，明确了贵州的战略定位和发展目标。

贵州围绕“四新”主攻“四化”，即在新时代西部大开发上闯新路、在乡村振兴上开新局、在实施数字经济战略上抢新机、在生态文明建设上出新绩，推动新型工业化、新型城镇化、农业现代化、旅游产业化。

（1）新型工业化：贵州以十大工业集群化发展为主抓手，推动工业在规模总量、结构优化、技术创新等方面实现大突破。

（2）新型城镇化：以“3 个 100 万”为抓手，构建大中小城市协调发展格局，推动城镇综合承载能力提升。

（3）农业现代化：大力发展现代山地特色高效农业，保障粮食安全，提升农业特色优势产业的产值。

（4）旅游产业化：充分发挥贵州旅游资源优势，推动旅游与文化、体育等产业融合发展，加快建设多彩贵州旅游强省。

同时，贵州注重生态文明建设，坚持生态优先、绿色发展，筑牢长江、珠江上游生态安全屏障，深入打好污染防治攻坚战，推动绿色低碳循环发展。

在推动高质量发展的过程中，贵州还加强了科技创新和人才培育，建设高能级科技创新平台，加强关键核心技术攻关，加快科技成果转化，聚焦产业发展需要，加强人才培育和引进。

此外，贵州还持续推动绿色低碳发展，加强污染治理和生态修复，推动节能降碳，加快完善生态文明制度。

通过这些实践，贵州正逐步实现更高质量、更有效率、更加公平、更可持续、更为安全的发展，为全面建设社会主义现代化国家贡献力量。

第二节　贵州高质量发展的总体布局与目标

贵州在高质量发展的总体布局与目标上，致力构建以大数据、电子信息、先进装备制造等战略性新兴产业为引领的现代产业体系，同时注重传统产业升级和农业现代化，推动特色产业发展。在生态文明建设方面，贵州坚持绿色发展，加强生态环境保护，实施重点生态工程，以实现生态产品价值的创新；深化改革开放，优化营商环境，吸引内外资投资，扩大对外开放，特别是加强与“一带一路”国家和RCEP成员国的经贸合作；推动城乡融合发展，实施乡村振兴战略，提升农村基础设施和公共服务水平，促进公共资源均衡配置；同时，提升公共服务水平，加强教育、医疗、文化等体系建设，实施人才强省战略；加强基础设施建设，提高区域连通性和支撑能力。在发展目标上，贵州旨在保持经济持续健康发展，实现地区生产总值和人均收入稳步增长，产业结构持续优化，生态环境质量显著改善，公共服务体系更加完善，对外开放水平显著提升，以及人民生活水平持续提高，基本实现共同富裕，致力成为西部地区高质量发展的示范区。

一、“四新”与“四化”的内涵

在推动高质量发展的过程中，贵州提出了“四新”与“四化”的发展战略，这两个概念是指导贵州经济社会发展的重要理念。[①]

（一）“四新”

新时代新征程，贵州以坚定的步伐和前瞻的视野，全面贯彻落实创新、协调、绿色、开放、共享的新发展理念，这一理念犹如一盏明灯，照亮了贵州经济社会发展的前行之路。

1. 新发展理念：引领贵州经济社会发展的航标

创新是引领发展的第一动力。为此，贵州不断加大科技创新投入，积极引进高端人才，推动科技成果转化，培育出了一批具有核心竞争力的创新型企业。例如，贵州大数据产业的蓬勃发展，正是得益于对创新的不懈追求。同时，贵州注重制度创新，通过深化改革，破除体制机制障碍，为经济社会发展注入了新的活力。

协调是持续健康发展的内在要求。贵州在发展过程中，始终坚持区域协调、城乡协调、经济与社会协调等原则，努力缩小发展差距，实现共同繁荣。在区域协调发展方面，贵州积极推动黔中经济区、毕水兴经济带等区域协调发展，形成了优势互补、互利共赢的发展格局。

绿色是永续发展的必要条件。贵州拥有得天独厚的生态环境优势，但面对经济发展的压力，贵州没有以牺牲环境为代价换取短期利益。相反，贵州坚持走绿色发展之路，大力实施生态文明建设，推动绿色低碳循环发展。通过加强生态环境保护、推进能源革命等措施，贵州实现了经济发展与环境保护的双赢。

开放是国家繁荣发展的必由之路。贵州积极融入国家对外开放大局，以更加开放的姿态迎接世界。在“一带一路”倡议的引领下，贵州加强与共建国家的经贸合作和文化交流，不断拓展区域开放合作的广度和深度。同时，贵州积极参与 RCEP 等区域经济合作机制建设，为贵州企业

① 贵州：围绕“四新”主攻“四化”　奋力推动高质量发展 [EB/OL].（2021-12-09）[2024-09-28]. http://gz.cnr.cn/yaowen/20211209/t20211209_525682287.shtml.

走向世界提供了更加广阔的平台。

共享是社会主义的本质要求。贵州始终坚持发展为了人民、发展依靠人民、发展成果由人民共享的理念，在教育、医疗、社保等民生领域不断加大投入力度，提高公共服务水平；在脱贫攻坚战中取得决定性胜利后继续巩固拓展脱贫攻坚成果同乡村振兴有效衔接；在促进就业创业方面出台了一系列政策措施支持创新创业者……这些举措都充分体现了贵州对人民群众福祉的深切关怀和坚定承诺。

2. 新经济形态：贵州数字经济发展的璀璨篇章

在数字经济时代的大潮中，贵州勇立潮头，以大数据为引领推动数字经济快速发展。贵州大数据产业从无到有、从小到大、从弱到强，如今已成为贵州经济发展的重要引擎和支撑力量。

在推动传统产业升级方面，贵州充分利用大数据、云计算等现代信息技术对传统产业进行深度改造和升级，提高了产业附加值和市场竞争力。例如，贵州的白酒产业通过引入智能酿造、智能包装等先进技术，实现了从原料采购到产品销售的全链条智能化管理；贵州的煤炭产业则通过建设智能矿山、推广清洁能源等方式，实现了转型升级和绿色发展。

在培育新兴产业方面，贵州瞄准未来产业发展方向，积极布局人工智能、区块链、物联网等前沿领域。通过建设一批高水平的科技创新平台和产业园区，贵州吸引了一批国内外知名企业入驻，形成了良好的产业集聚效应和示范带动作用。

此外，贵州还注重发展现代服务业和文化旅游业等多元化经济结构。通过提升服务质量、丰富产品供给等方式，满足了人民日益增长的美好生活需要。例如，贵州的旅游业通过打造一批具有地方特色的旅游品牌和项目，吸引了大量国内外游客前来观光旅游；贵州的金融业则通过创新金融产品和服务方式为实体经济发展提供了有力支持。

3. 新发展格局：贵州内陆开放型经济新高地的崛起

在国家“一带一路”倡议的引领下，贵州积极融入国家对外开放大局，加强与 RCEP 成员国的经贸合作，推动内陆开放型经济新高地建设。通过完善交通基础设施、优化营商环境、提升服务水平等措施，贵州不断提升对外开放的能力和水平。

在交通基础设施建设方面，贵州加快构建现代综合交通运输体系，实现了与周边省市和国家的互联互通。例如，贵州的高铁网络已经覆盖全省多个城市并与全国高铁网实现无缝对接；贵州的航空运输也取得了长足发展，拥有多个国际航班和航线。

在优化营商环境方面，贵州深入推进"放管服"改革，降低企业制度性交易成本，提高政务服务效率。通过建立完善的市场监管体系、加强知识产权保护等措施，为企业营造了良好的发展环境。

在提升服务水平方面，贵州注重提升口岸通关效率和服务质量，推动贸易便利化。通过加强与海关、税务等部门的合作，实现了一站式服务和一网通办，大大提高了企业的满意度和获得感。

4. 新治理模式：贵州社会治理现代化的生动实践

在社会治理方面，贵州积极推动政府职能转变，强化法治建设，提高治理能力和治理水平现代化。通过构建多元化社会治理体系，加强社会协同和公众参与等方式，实现了政府与社会、市场之间的良性互动和优势互补。

在推动政府职能转变方面，贵州注重简政放权、放管结合、优化服务。通过减少审批事项、优化审批流程等措施，提高了政府工作效率和服务水平；通过加强事中事后监管等措施，确保了市场秩序的规范有序。

在强化法治建设方面，贵州坚持依法治国、依法执政、依法行政共同推进。通过加强法治宣传教育、完善法律法规体系等措施，提高了全社会的法治意识和法律素养；通过加强司法公正和执法规范化建设等措施，维护了社会公平正义和长治久安。

在加强社会协同和公众参与方面，贵州注重发挥社会组织、企事业单位和人民群众在社会治理中的积极作用。通过建立完善的社会组织管理制度和志愿服务体系等措施，激发了社会组织的活力和创造力；通过加强社区治理和基层民主建设等措施，提高了人民群众的参与度和满意度。

综上所述，贵州在新发展理念、新经济形态、新发展格局和新治理模式等方面都取得了显著成效。未来，随着时代的不断发展和进步，贵州将继续坚持创新发展之路，推动经济社会持续健康发展，为实现中华民族伟大复兴的中国梦贡献更多的智慧和力量。

（二）“四化”

“四化”作为贵州省的核心战略举措，正引领着这片古老而又充满活力的土地迈向更加辉煌的未来。[①]

工业化作为经济社会发展的基石，贵州深知其重要性。为此，贵州致力推进工业结构的全面优化与升级，将目光聚焦于先进制造业的发展。通过引入高新技术和先进设备，贵州的传统工业正经历着一场深刻的变革，焕发出新的生机与活力。同时，贵州积极培育新兴产业，如新能源、新材料、生物医药等，力求在新一轮的产业竞争中抢占先机。这些努力共同构建了一个具有强大竞争力和广阔发展前景的工业体系，为贵州的经济腾飞奠定了坚实的基础。

在城镇化方面，贵州坚持以人为核心的新型城镇化道路。这不仅仅意味着城镇规模的扩大和人口的集中，更重要的是城镇功能的提升和城乡融合发展的推进。贵州通过优化城镇布局，加强基础设施建设，提高公共服务水平，努力打造宜居宜业宜游的现代化城镇。同时，贵州注重促进城乡之间的要素流动和资源共享，推动城乡经济社会的协调发展。这种以人为本的城镇化理念，不仅提升了人民群众的生活质量，也为贵州的可持续发展注入了强大的动力。

① 谋“四新”抓“四化” 贵州以实干开新局[EB/OL].（2021-08-15）[2024-08-30]. http://gz.people.com.cn/n2/2021/0815/c222152-34867917.html.

信息化则是贵州推动经济社会发展的重要力量。在这个数字时代，大数据、云计算、物联网等新一代信息技术正以前所未有的速度改变着人类世界。贵州敏锐地捕捉到了这一趋势，大力发展信息技术产业，推动信息技术与经济社会各领域的深度融合。通过建设数据中心、云计算平台等基础设施，贵州为各行各业的数字化转型提供了有力支撑。同时，贵州积极推动电子政务、智慧城市等应用项目的落地实施，让人民群众切实感受到了信息化带来的便利与高效。

农业现代化则是贵州实现乡村振兴的关键所在。面对农业供给侧结构性改革的挑战与机遇，贵州坚持创新驱动发展战略，大力发展现代农业。通过加强农业科技创新和推广应用先进适用技术，贵州的农业生产效率得到了显著提升。同时，贵州注重培育新型农业经营主体和服务主体，推动农业产业化经营和一、二、三产业融合发展。这些努力不仅提高了农业综合生产能力和可持续发展水平，也为农民增收致富开辟了新的途径。

综上所述，“四新”与“四化”作为贵州在新时代背景下推动经济社会高质量发展的战略举措，正引领着贵州走向更加繁荣富强的未来。通过实施这些战略举措，贵州不仅实现了经济结构的优化升级和经济社会的全面进步，还提升了人民群众的生活水平。

二、新时代西部大开发的新路探索

在新时代的西部大开发浪潮中，贵州以其独特的地理位置、丰富的资源禀赋和坚定的改革决心，积极探索出一条符合自身实际、具有鲜明特色的高质量发展之路。

（一）综合改革：深化改革，激发活力

贵州作为西部大开发综合改革示范区，勇于担当，敢于先行先试。通过深化行政体制改革，简化审批流程，提高政府服务效率，贵州有效解决了长期困扰发展的体制机制问题。同时，积极营造公平、透明、可

预期的营商环境，吸引了大量国内外企业投资兴业，市场活力显著增强。[①] 据统计，近五年来，贵州新增市场主体数量年均增长率超过 20%，为高质量发展注入了强劲动力。[②]

（二）乡村振兴：特色发展，全面振兴

贵州深知巩固拓展脱贫攻坚成果同乡村振兴有效衔接的重要性。在全面推进乡村产业、人才、文化、生态、组织振兴的过程中，贵州注重发挥自身生态优势，大力发展特色产业，如茶叶、中药材、生态果蔬等，形成了一批具有市场竞争力的农产品品牌。同时，贵州加强农村人才培养和引进，提升农民技能水平，为乡村振兴提供了有力的人才支撑。此外，贵州还注重保护和传承乡村文化，挖掘乡村旅游资源，推动乡村旅游与文化产业融合发展，让乡村焕发出新的生机与活力。

（三）内陆开放型经济：统筹资源，推动开放

贵州地处内陆，但并未因此束缚住发展的手脚。相反，贵州充分利用自身优势，积极建设内陆开放型经济新高地。通过统筹国内外市场和资源，贵州不断拓展对外开放的空间和领域。在制度型开放方面，贵州大胆创新，推出一系列便利化措施，吸引外资参与贵州经济社会发展。同时，贵州加强与周边省份及国际市场的合作，打造内陆开放型经济试验区升级版，为贵州乃至整个西部地区的发展注入了新的活力。

（四）数字经济：创新驱动，融合发展

在数字经济时代，贵州敏锐地捕捉到了这一历史机遇。通过深入实施数字经济发展战略，贵州不断强化科技创新支撑，激活数据要素潜能，

① 贵州：蹄疾步稳推动改革 加快构建高质量发展的体制机制[EB/OL].（2023-05-29）[2024-09-26]. http: //baijiahao.baidu.com/s?id=1767232894608897941&wfr=spider&for=pc.

② 贵州提出到 2025 年市场主体总量突破 550 万户 年均增长 10% 以上[EB/OL].（2022-04-28）[2024-09-19]. http: //sdxw.iqilu.com/share/YS0yMS0xMjI1NDM0Mw.html.

推动数字经济与实体经济深度融合发展。在大数据、云计算、人工智能等领域，贵州取得了一系列重要成果，不仅为自身发展提供了有力支撑，也为全国乃至全球的数字经济发展贡献了贵州智慧和力量。此外，贵州还积极探索数字经济与乡村振兴、社会治理等领域的深度融合，为产业转型升级和数字中国建设积累了宝贵经验。

（五）生态文明建设：绿色发展，守护生态

贵州坚持生态优先、绿色发展理念不动摇，将生态文明建设作为高质量发展的重中之重。通过科学推进石漠化综合治理、加强水源地保护等措施，贵州有效筑牢了长江、珠江上游生态安全屏障。同时，不断完善生态文明制度体系，推动形成绿色发展方式和生活方式。在生态文明建设方面取得的显著成效不仅为贵州赢得了“生态之州”的美誉，也为全国乃至全球的生态文明建设提供了有益借鉴。

（六）产业升级：数字引领，提质升级

贵州加快构建以数字经济为引领的现代产业体系。通过实施数字产业强链行动、提升科技创新能力等措施，贵州不断推动传统产业提质升级和新兴产业快速发展。在大数据、智能制造、新能源等领域形成了一批具有国际竞争力的产业集群和企业群体。同时加强与国内外知名企业和科研机构的合作与交流，推动产学研深度融合和科技成果转化应用，为贵州产业升级注入了强大动力。

（七）区域合作：对接融入，协同发展

贵州积极对接融入粤港澳大湾区建设等国家重大战略部署中，探索与大湾区的合作模式与路径。通过加强与大湾区在产业、科技、金融等领域的合作与交流，推动贵州经济社会实现更高质量发展。同时，贵州深度融入长江经济带发展加强与沿江省份在交通、能源、环保等领域的合作，推动区域协调发展取得新成效。

（八）公共服务提升：民生为本，共享发展

贵州始终坚持以人民为中心的发展思想，致力提升劳动者就业能力

和收入水平，推动教育高质量发展，推进健康贵州建设，完善公共服务体系。通过实施一系列民生工程和政策措施，贵州让人民群众在发展中得到更多实惠和福祉。在教育领域，加强师资队伍建设，优化教育资源配置，提升教育教学质量；在医疗领域，加强基层医疗卫生机构建设，提高医疗服务水平；在社会保障领域，完善社会保障体系、提高社会保障水平等举措有效保障了人民群众的基本生活需求和健康福祉。

（九）安全保障和风险防范：筑牢防线，守护安全

面对复杂多变的国内外形势和自然灾害等风险挑战，贵州始终绷紧安全这根弦。通过提高水安全保障和洪涝灾害防治水平、提升能源安全保障能力、防范化解债务风险等措施，贵州有效筑牢了安全防线，守护了人民群众生命财产安全，维护了经济社会稳定发展大局。

综上所述，贵州在新时代西部大开发的新路探索中取得了显著成效和宝贵经验。这些探索和努力不仅推动了贵州自身实现更高质量的发展，也为西部大开发形成新格局贡献了重要力量。展望未来，贵州将继续秉持创新、协调、绿色、开放、共享的新发展理念，坚定不移地走高质量发展之路，为实现中华民族伟大复兴的中国梦贡献更多贵州智慧和力量！

三、乡村振兴的新局面开启

贵州在乡村振兴方面采取了一系列措施，以确保农业现代化和农村全面发展。①

（1）确保粮油和重要农产品的供给安全：贵州坚持稳定粮食播种面积，通过科学规划和合理布局，确保耕地资源得到充分利用。同时，贵州致力提高单产水平，通过推广先进的种植技术和优良品种，实施粮油

① 贵州：多措并举扎实推进乡村全面振兴[EB/OL].（2022-10-18）[2024-09-23]. http://www.gz.chinanews.com.cn/jjgz/20221018/docihcfcura1432636.shtml.

生产能力提升行动，旨在增强农田的产出能力。

此外，贵州积极推进主要粮油作物的大面积单产提升行动，通过实施高标准农田建设项目，改善农田基础设施，提高农田的灌溉和排水能力，从而为作物生长创造更佳的条件。同时，贵州注重农业科技创新，鼓励和支持农业科研机构和企业开展新品种、新技术的研发和推广，以提高作物的抗病虫害能力和适应性。

通过这些综合措施，贵州不仅确保了粮食安全，还为农民增收和农业可持续发展奠定了坚实的基础。这些努力不仅有助于保障省内居民的粮食需求，也为国家粮食安全做出了积极贡献。

（2）防止返贫动态监测帮扶：贵州持续开展防止返贫的动态监测和帮扶工作，通过集中排查的方式，对可能存在的返贫风险进行全面梳理和识别。同时，贵州不断强化帮扶措施的落实，确保各项帮扶政策和资源能够精准到位，及时有效地解决贫困群众的实际困难。此外，贵州还建立了长效机制，通过定期跟踪监测和动态调整帮扶策略，确保脱贫成果的稳定性和可持续性，从而及时消除返贫和致贫的风险，保障脱贫户的生活水平不下降，巩固拓展脱贫攻坚成果。

（3）提升乡村产业发展水平：贵州省以品种改良、品质提升和品牌建设为核心，全面推进农产品的标准化生产、规模化经营、绿色化发展和市场化营销。通过这些措施，旨在加快特色农业产业的发展壮大，进一步促进农村第一产业（农业）、第二产业（加工业）和第三产业（服务业）的深度融合，实现产业多元化和农民增收。贵州通过实施这些策略，不仅提高了农产品的市场竞争力，还增强了农村经济增长的内生动力，为乡村振兴战略的实施奠定了坚实的基础。

（4）加强农业基础设施建设：贵州积极推进高标准农田的建设工作，通过实施一系列的农田改造项目，旨在提高农田的质量和产出效率。同时，贵州致力加强水利基础设施的建设，通过修建和维护灌溉系统、水库、排水渠道等水利设施，确保农业用水的充足和高效利用。此外，贵州还注重提升农业防灾减灾救灾的能力，通过建立和完善农业灾害预警系统、加强灾害应急响应机制、提高农民的防灾减灾意识和技能，以减少自然灾害对农业生产的影响，保障农民的收入和农业的可持续发展。这些措施共同作用，不仅增强了农业的综合生产能力，也为贵州的农业现代化和乡村振兴战略的实施奠定了坚实的基础。

（5）为了有效促进农民的收入增长，贵州采取了一系列深入的措施，实施了针对脱贫人口的增收专项行动。这些措施旨在持续壮大乡村富民产业，通过发展多元化的农业经济，增强农民的经营性收入。政府通过提供政策支持、技术培训和市场拓展服务，帮助农民提高农产品的附加值，同时鼓励农民参与乡村旅游、电子商务等新兴产业，拓宽收入来源。贵州还注重加强农村基础设施建设，改善农业生产条件，降低生产成本，提高农业生产效率，从而进一步增加农民的收入，确保农民能够稳定脱贫，实现持续增收。通过这些综合措施，贵州正致力构建一个更加繁荣的农村经济体系，为农民创造更多的经济机会，提升他们的生活水平。

（6）为了进一步提升人力资源的开发水平，贵州积极实施了一系列具有地方特色的培训工程，旨在培养和提升本地人才的专业技能和综合素质。[①] 这些工程包括“贵州技工”“黔菜师傅”“黔灵家政”以及“黔旅工匠”等，它们不仅涵盖了工业、餐饮、家政服务和旅游等多个行业，而且紧密结合了贵州的地域文化和经济发展需求。

在“贵州技工”项目中，重点培养具备现代工业技能的技术人才，以满足贵州及其周边地区快速发展的工业需求。通过提供系统的技能培训和实践机会，这些技工能够掌握先进的生产技术和管理知识，从而提高整体的工业生产效率和产品质量。

“黔菜师傅”项目则专注于弘扬和发展贵州省独特的饮食文化，培养

① 贵州实施特色产业技能人才培育工程[EB/OL].（2020-07-30）[2024-08-28]. http：//finance.sina.com.cn/roll/20200730/dociivhuipn5792773.shtml.

一批精通黔菜烹饪技艺的厨师。这些厨师不仅能够传承和创新黔菜的制作方法，还能通过他们的专业技能，提升贵州餐饮业的服务质量和市场竞争力。

“黔灵家政”项目旨在提升家政服务人员的专业水平，通过系统的培训，使他们掌握现代家政服务理念和技能，更好地满足家庭对于高质量家政服务的需求。这不仅有助于提升家政服务行业的整体形象，也为贵州省的劳动力市场提供了更多就业机会。

“黔旅工匠”项目致力培养旅游行业的专业人才，包括导游、酒店管理和服务人员等。通过强化他们的专业技能和服务意识，这些工匠能够为游客提供更加专业、细致和个性化的服务，从而推动贵州省旅游业的持续健康发展。

通过这些培训工程的实施，贵州不仅促进了乡村人才的振兴，也为当地经济的转型升级和可持续发展提供了强有力的人才支持和智力保障。这些举措有助于构建一个更加和谐、繁荣的社会，同时为贵州的长远发展奠定了坚实的基础。

（7）提升乡村治理水平：贵州致力提升乡村治理水平，通过开展社会主义核心价值观宣传教育活动，在城市与乡村地区传播正能量，弘扬主旋律。这些活动旨在深化村民对社会主义核心价值观的理解和认同，进一步推动新时代文明实践向乡镇、村、寨（组）延伸，让文明之风吹遍每一个角落。同时，贵州注重建设平安乡村，通过完善乡村治理体系，强化法治教育和道德建设，提高村民的自我管理、自我服务、自我教育、自我监督能力，确保乡村社会的和谐稳定。这些举措不仅提升了乡村治理水平，也为乡村振兴战略的实施奠定了坚实的社会基础。

（8）为了进一步推进大数据技术在乡村振兴战略中的应用，贵州积极实施了“数智黔乡”工程，旨在通过大数据赋能，加速农村地区的网络基础设施建设，实现农村网络的普及覆盖与技术升级换代。这一举措不仅包括了农村互联网的建设，还涵盖了电信网与广电网的融合，通过

“三网”融合，提升农村地区的通信服务质量，缩小城乡数字鸿沟。通过这样的综合措施，贵州希望能够有效促进农村经济的发展，提高农民的生活质量，同时为乡村振兴注入新的动力，实现农业现代化和农村社会的全面进步。

（9）为了进一步强化对农业农村发展的支持，贵州将确保农业和农村发展成为一般公共预算中的优先保障领域。这意味着政府将稳步提升土地出让收入中用于农业农村发展的比例，确保更多的财政资源能够流向农村地区，以促进农业现代化和农村经济的全面发展。同时，贵州将通过发行地方政府债券的方式，为乡村建设提供资金支持，这将有助于改善农村基础设施，提升农民的生活质量，以及推动农村地区的社会经济发展。通过这些措施，贵州旨在构建一个更加坚实的政策和资金支持体系，以确保农业农村的可持续发展和农民的福祉。

（10）深化农村改革：在贵州，政府正致力加大农村“三变”改革的力度，即资源变资产、资金变股金、农民变股东的改革模式，以此激发农村经济活力。同时，贵州在深化农村集体产权制度改革，旨在明晰农村集体资产产权归属，保障农民权益，促进农村集体经济的健康发展。贵州还统筹推进农村综合改革，包括土地制度改革、农村金融改革等多个方面，以全面提升农村治理体系和治理能力现代化水平。为了实现乡村振兴战略，贵州还特别重视培养乡村振兴人才队伍，通过教育培训、政策扶持等措施，吸引和培养一批懂农业、爱农村、爱农民的新型职业农民和农村实用人才，为乡村振兴提供强有力的人才支撑。

这些措施体现了贵州在乡村振兴方面的努力，旨在推动农业现代化、增加农民收入、改善农村生活环境和提升乡村治理能力。

四、数字经济战略的新机遇抢占

贵州在实施数字经济战略上正积极抢占新机遇，通过一系列措施推动数字经济实现新突破。[①]

（1）推动数字经济和实体经济深度融合：贵州依托其独特的地理和气候优势，围绕算力资源的开发与应用、技术赋能以及产业生态的构建这三个核心要素，致力打造一个服务全国乃至全球的算力保障基地。该基地的建设不仅旨在提供强大的计算能力支持，而且还将通过技术创新和产业升级，为区域经济发展注入新的活力，塑造新的增长动能。

2024 年，贵州省《政府工作报告》中明确指出，要充分利用人工智能技术带来的重大发展机遇，推动本省数字经济实现质的飞跃。《政府工作报告》提出，通过持续的努力和政策支持，力争使数字经济在全省 GDP 中的占比达到 45% 以上，并且在规模上实现突破性增长，达到一万亿元人民币的宏伟目标。这一战略规划不仅体现了贵州对于数字经济重要性的深刻认识，也展示了其在推动区域经济转型和高质量发展方面的坚定决心。通过这样的发展策略，贵州将能够更好地融入国家发展大局，为全国乃至全球的数字经济发展贡献自己的力量。

（2）数字赋能更广更深：贵州持续深化实施“万企融合”大赋能行动，通过创新融合路径，聚焦新型工业化领域的 8 个重点行业，以及城镇智慧化改造、乡村数字化建设、旅游场景化创新、政务便捷化提升 4 个关键领域。该行动旨在通过智能化手段提升产业质量，利用数字化技术加速产业转型升级，从而赋能各行各业实现快速的蜕变和发展。通过这一系列的举措，贵州正致力打造一个更加智能化、数字化的新型产业生态，推动经济结构的优化和产业的高质量发展。

（3）数字产业聚链成群：贵州正积极加速推进“东数西算”工程的实施，旨在充分利用西部地区的资源优势和东部地区的数据资源，通过跨区域的算力调配和优化，发挥区域算力规模效应。该工程的推进不仅

① 贵州全力以赴在实施数字经济战略上抢新机[EB/OL].(2021-05-19)[2024-08-23]. http://www.chinafarmernet.com/index.php?s=cngzpd&c=show&id=46309.

有助于提升算力服务的品质和效率，而且对于构建一个面向全国的算力保障基地具有重要意义。通过这样的战略布局，贵州将能够为全国提供稳定、高效的数据处理与计算服务，从而推动数字经济的高质量发展，为区域经济转型升级注入新的动力。同时，这将促进东西部地区的协同发展，实现资源共享、优势互补，进一步促进区域经济的均衡发展。

（4）抢滩产业发展新赛道：贵州地区紧跟当前行业的发展趋势，依托自身的产业基础和丰富的自然资源，前瞻性地培育了北斗导航、区块链技术、云计算等新兴领域产业，这些产业都是以强大的计算能力作为支撑的“新赛道”。通过这样的战略布局，贵州旨在打造数字经济新增长极，为区域经济的转型升级注入新的活力。这些“新赛道”产业不仅能够促进当地经济的多元化发展，还能够吸引更多的高科技企业和人才，进一步推动贵州在数字经济时代的快速发展。

（5）优化数字基础设施：贵州计划通过一系列措施来优化其数字基础设施，旨在构建一个全新的数据算力服务高地。这一战略性的举措将涉及多个方面，包括但不限于对现有网络基础设施的升级改造，以及对数据中心和云服务能力的大幅提升。通过这些努力，贵州希望能够为数字经济的蓬勃发展提供坚实的支撑和保障。

具体来说，贵州将致力提升其网络基础设施的质量和覆盖范围，确保高速、稳定、安全的网络连接，为数字经济的各个领域提供强有力的基础支撑。同时，贵州将重点发展数据中心，通过建设一批高标准、高效率的数据中心，为数据存储、处理和分析提供强大的硬件支持。此外，提升云服务能力也是贵州优化数字基础设施的重要一环，通过增强云计算服务的灵活性、可扩展性和可靠性，为各类企业提供定制化的云服务解决方案，从而促进企业数字化转型和创新。

通过这些综合性的措施，贵州不仅能够为本地数字经济的发展提供有力支撑，还能够吸引更多的国内外企业和投资者关注和参与，进一步推动区域经济的转型升级和高质量发展。

（6）创新数字治理模式：贵州正致力创新数字治理模式，旨在打造数字治理示范的新高地。贵州通过数字化转型，推动生产方式、生活方式以及治理方式的全面变革。在这一过程中，贵州不仅注重技术的应用，还强调数据的整合与分析，以实现更高效、更智能的治理效果。通过构建数字化平台，贵州能够更好地收集和处理各类信息，从而为决策提供科学依据，提高公共服务的质量和效率。同时，数字化转型促进了当地经济的转型升级，为贵州的可持续发展注入了新的动力。通过这些举措，贵州正逐步建立起一套完善的数字治理体系，为其他地区提供了可借鉴的经验和模式。

（7）深化数据价值探索：贵州正致力深化对数据价值的探索，旨在全面激发数据要素在流通领域的全新活力。通过实施数据共享、交换和开放策略，以及推动数据资源的有效开发利用，贵州力图充分发挥数据资源在经济和社会发展中的巨大潜力。这不仅包括提升数据资源的经济价值，促进产业升级和经济增长，还包括增强数据资源在社会治理、公共服务等领域的社会价值，以实现数据资源价值的全面释放，为贵州乃至全国的数字化转型和高质量发展贡献力量。

（8）强化人才引进培育：贵州正致力打造一个全新的数字人才培养体系，旨在通过创新和丰富人才培养模式，拓宽人才的引进渠道，并且优化和提升人才服务的质量，从而为贵州数字经济的蓬勃发展提供坚实的人才支持。这一举措将涉及教育体系的改革，包括高等教育和职业教育，以及与企业的合作，共同开发符合市场需求的课程和培训项目。同时，政府将采取措施吸引国内外优秀人才，通过提供优惠政策和良好的工作环境，鼓励他们来到贵州发展。此外，人才服务的优化将包括提供职业规划、创业指导、生活配套等全方位服务，确保人才能够在贵州安心工作和生活，为数字经济的繁荣贡献自己的力量。通过这些综合措施，贵州期望能够培养出一批既懂技术又懂市场的复合型数字人才，为推动当地经济转型升级和高质量发展奠定坚实的人才基础。

（9）保障措施：贵州将采取一系列措施，以确保其数字经济发展规划得到有效实施。首先，贵州将加强组织协调工作，确保各级政府部门、企业和社会组织之间的沟通与合作顺畅无阻，形成推动数字经济发展的强大合力。其次，贵州将强化政策支持，通过制定和实施一系列优惠政策，为数字经济的发展提供有力的政策保障，包括税收减免、资金扶持、人才引进等方面。同时，贵州将优化营商环境，简化行政审批流程，降低企业成本，提高行政效率，为数字经济的快速发展创造良好的外部条件。最后，贵州将深化督促考核，建立健全数字经济发展的考核评价体系，对各级政府和相关部门的工作进行定期评估和监督，确保各项任务落到实处，推动数字经济持续健康发展。通过这些综合措施，贵州旨在打造一个更加繁荣、创新和可持续的数字经济环境。

通过这些措施，贵州正努力成为全国数字经济发展的创新区，推动数字经济成为驱动经济发展的主引擎。

五、生态文明建设的新成就展现

贵州在生态文明建设方面取得了显著成就，[①] 这些成就体现在以下几个方面：

（1）生态环境质量持续改善：贵州在生态环境保护方面取得了显著的成就，这一点从一系列令人瞩目的数据中得到了充分的体现。首先，贵州的森林覆盖率已经达到了令人印象深刻的61.51%，这不仅意味着贵州拥有丰富的绿色资源，也表明了贵州在植树造林和森林保护方面所做的不懈努力。其次，县级以上城市的空气质量优良天数比率高达99.4%，这一数据凸显了贵州在大气污染防治方面的卓越表现，为居民提供了清新的空气和健康的生活环境。最后，主要河流出境断面水质优良率保持

① 贵州省生态环境保护取得明显成效[EB/OL].（2024-06-04）[2024-10-09]. http://www.zgswcn.com/news.html?aid=191058.

在 100%，这不仅展现了贵州在水环境保护方面的卓越成就，也确保了下游地区的水资源安全和生态平衡。这些数据共同证明了贵州在生态环境保护方面的坚定决心，为其他地区提供了宝贵的经验和借鉴。

（2）绿色经济占比提升：贵州近年来的经济发展速度在全国范围内一直保持着领先地位，连续多年实现了显著的经济增长。这一成就的取得，不仅得益于贵州在传统产业发展上的努力，更在于其对绿色经济的重视和推动。绿色经济在贵州省 GDP 中的占比已经达到了 42%，这一比例在全国范围内都是相当可观的。这不仅反映了贵州在经济发展模式上的转变，也体现了其对生态环境保护的坚定承诺。

贵州的绿色经济发展战略的提出以其得天独厚的自然生态资源和环境优势为基础。贵州拥有丰富的生物多样性、清新的空气和优美的自然风光，这些都是发展绿色经济的宝贵资产。通过大力发展生态农业、绿色能源、生态旅游等产业，贵州不仅为当地居民提供了更多的就业机会，也为全国乃至全球的绿色发展贡献了力量。

为了进一步巩固和扩大绿色经济的发展成果，贵州制定了明确的发展目标，计划到 2025 年将绿色经济在 GDP 中的比重提升至 50%。这一目标的实现，将意味着贵州的经济发展将更加注重可持续性和环境友好性，同时将为其他省份提供可借鉴的经验和模式。

贵州在推动绿色经济发展的过程中，不仅注重经济增长与环境保护的平衡，还积极引导和鼓励企业采用绿色技术和生产方式，以减少对环境的影响。此外，贵州还加大了对绿色产业的投资力度，通过政策扶持和资金支持，促进了绿色产业的快速发展。

总之，贵州在绿色经济发展的道路上已经取得了显著的成绩，并且正在朝着更高的目标迈进。通过依托其生态优势，贵州正努力打造一个绿色、健康、可持续发展的经济体系，为全国乃至全球的绿色发展贡献中国智慧和中国方案。

（3）生态产品价值实现：贵州通过实施一项创新的单株碳汇生态产

品价值机制，赋予了当地群众通过出售“空气”这一独特资源来获取收益的机会，从而有效地将生态保护的成果转化为经济价值。这一机制不仅能鼓励群众参与生态保护，而且通过市场化的手段，让群众直接从改善的生态环境中获得了实实在在的经济利益。此外，贵州还积极启动了新一轮的八大流域横向生态保护补偿机制，这一举措进一步强化了对水资源和水质的保护。作为全国首个实施水质和水量双补偿的省份，贵州通过这一机制，不仅提升了流域生态系统的整体健康水平，还促进了区域经济的可持续发展。这些措施共同作用，不仅为贵州省的绿色发展提供了有力支撑，也为其他地区提供了可借鉴的经验和模式。

（4）生态文明制度创新：贵州在深化生态文明制度创新方面不断探索，致力在多个关键领域取得显著成就。首先，贵州努力提升生态系统质量，通过实施一系列生态修复和保护项目，确保生物多样性和生态系统的稳定性。其次，在污染防治方面，贵州加大了攻坚力度，采取了更为严格的环境保护措施，有效减少了工业污染和城市污染，改善了空气和水质。最后，贵州还积极推动绿色低碳转型，通过发展清洁能源和推广节能减排技术，加快产业结构的优化升级。

在拓宽“两山”转化路径方面，贵州通过探索生态产品价值实现机制，将生态优势转化为经济优势，促进了生态与经济的协调发展。

在绿色制度创新方面，贵州不断完善生态文明建设的政策法规体系，建立了更加科学合理的生态环境管理机制。同时，贵州注重弘扬生态文化，通过教育和宣传活动，提高公众的生态文明意识，倡导绿色生活方式，形成了全社会共同参与生态文明建设的良好氛围。

通过这些措施，贵州在生态文明建设方面取得了新的成绩，为全国生态文明建设提供了可借鉴的经验和模式。

（5）生态保护和修复：贵州近年来积极推行了一系列旨在保护和修复生态环境的重要举措，这些举措不仅体现了当地政府对生态文明建设的高度重视，也展现了对自然生态系统的深刻理解和尊重。其中，乌蒙山区山水林田湖草生态保护修复试点工程是一项综合性生态修复项目，它通过科学规划和精准施策，对乌蒙山区的山水林田湖草等自然资源进行了全面的保护和修复。这一工程的实施，不仅改善了当地的生态环境，还有效提升了区域生态系统的服务功能，为当地居民提供了更加宜居的生活环境。

与此同时，武陵山区山水林田湖草沙一体化保护和修复工程也是一项规模宏大、意义深远的生态工程。该工程着眼于武陵山区独特的自然条件和生态系统，采取了一系列创新性的保护和修复措施，旨在实现山水林田湖草沙等自然资源的和谐共生。这一工程的实施，不仅增强了区域生态系统的稳定性和抗风险能力，还促进了生物多样性的保护，为维护区域生态平衡和促进可持续发展奠定了坚实的基础。

这些生态保护和修复工程的实施，不仅体现了贵州省在生态文明建设方面的坚定决心和实际行动，也为其他地区提供了宝贵的经验和借鉴。通过持续的努力，贵州正逐步构建起更加健康、稳定、可持续的生态系统，为子孙后代留下一片绿水青山。

（6）污染防治攻坚：贵州正深入推进污染防治攻坚战，不断加强环境保护和生态建设，致力保持和提升其生态环境的优良品质。贵州省通过实施一系列科学有效的措施，确保了环境空气质量优良天数比率以及水质的优良率能够持续保持在一个较高的水平。这不仅体现了贵州对生态环境保护的高度重视，也展现了其在生态文明建设方面的坚定决心和显著成效。通过这些努力，贵州不仅为当地居民提供了更加宜居的生活环境，也为全国乃至全球的生态环境保护贡献了积极的力量。

（7）绿色低碳发展：贵州在追求高质量发展的道路上，始终将绿色化和低碳化作为核心战略，贯穿经济社会发展的各个层面。贵州致力提升生态环境质量，通过实施一系列环保政策和措施，不断提高“含绿量”，即增加绿色生态空间，推广绿色生产方式，以及提升绿色生活品质。同时，贵州在努力降低“含碳量”，即减少温室气体排放，优化能源结构，提高能源使用效率，以实现碳排放的减量目标。

为了实现这一目标，贵州积极推动传统产业的转型升级，通过技术创新和产业重构，促进传统产业向更加环保、高效的方向发展。例如，通过推广清洁能源的使用，减少对化石能源的依赖，以及通过智能化改造，提高工业生产的自动化和信息化水平，减少生产过程中的能源消耗和污染排放。

此外，贵州还加快培育绿色增长新动能，通过发展绿色产业，如生态农业、绿色能源、生态旅游等，打造新的经济增长点。这些绿色产业不仅有助于提升地区的生态环境质量，也为当地居民提供了更多的就业机会，促进了社会经济的可持续发展。

总之，贵州正通过一系列综合措施，将绿色化、低碳化理念融入高质量发展的各个方面，旨在构建一个环境友好、资源节约、经济繁荣的现代化社会。

（8）生态示范创建：贵州正致力推进生态文明示范创建工作的深入开展，通过一系列创新举措和实践活动，多个地区成功获得了国家生态文明建设示范区以及“绿水青山就是金山银山”实践创新基地的荣誉称号。这些荣誉不仅是对贵州在生态文明建设方面所取得成就的肯定，也充分展示了贵州在生态环境保护和可持续发展方面所做出的努力和取得的显著成果。贵州通过实施绿色发展战略，加强生态环境治理，推动了生态与经济的和谐共生，为全国生态文明建设提供了宝贵经验。

这些成就展现了贵州在生态文明建设上的新进展和新局面，体现了贵州坚持生态优先、绿色发展的导向，以及在保护生态环境、推动绿色发展方面的决心和行动。

六、新型工业化、新型城镇化、农业现代化、旅游产业化的发展规划

贵州在新型工业化、新型城镇化、农业现代化、旅游产业化方面的

发展规划如下：

（一）新型工业化

贵州正致力加速推进其现代化产业体系的构建，为此提出了“3533”奋斗目标。[①]这一战略规划的核心内容包括大力建设新型综合能源基地，充分利用当地丰富的自然资源，发展成集能源生产、转换和储备于一体的现代化能源中心；打造全国重要的资源精深加工基地，通过提升资源利用效率和附加值，促进产业链的延伸和升级；发展新能源动力电池及材料研发生产基地，以科技创新为驱动，推动新能源产业的快速发展；构建面向全国的算力保障基地，为数字经济的发展提供坚实的计算能力支撑；巩固和提升全国重要的白酒生产基地的地位，依托传统工艺和品牌优势，拓展国内外市场；建立全国重要的产业备份基地，增强产业的抗风险能力和持续发展能力。这些基地的建设和发展，不仅将为贵州工业经济的壮大提供强有力的支撑，还将为全省经济的稳定增长和产业结构的优化升级注入新的活力，为实现高质量发展奠定坚实的基础。

（二）新型城镇化

《贵州省“十四五”新型城镇化发展规划》（以下简称《规划》）明确提出了六大重点任务，旨在推动以人为核心的新型城镇化进程。首先，《规划》强调了推进农业转移人口市民化的重要性，这意味着将有更多的农村居民转变为城市居民，享受城市提供的各项公共服务和社会福利。其次，《规划》提出了优化城镇化空间布局和形态的任务，这涉及合理规划城市空间，提升城市功能，打造宜居宜业的城市环境。再次，《规划》着重于推进城市高质量发展，这不仅包括经济发展的质量，还包括生态环境保护、社会和谐稳定等方面。此外，提高城市治理水平是《规划》中的又一重点任务，这要求贵州通过创新治理模式和手段，提升城市管

① 贵州：锚定“3533”目标 产业向“新”求“质”[EB/OL].(2024-10-02)[2024-11-03]. http://www.guizhou.gov.cn/home/gzyw/202410/t20241002_85784420html.

理的效率和效能，确保城市运行更加有序、高效。最后，《规划》还强调了加快推进城乡融合发展的重要性，这旨在缩小城乡差距，促进城乡要素自由流动和公共资源均衡配置，实现城乡经济社会一体化发展。通过这些重点任务的实施，贵州将能有效推进新型城镇化，促进经济社会全面协调可持续发展。

（三）农业现代化

为了进一步推进山地农业的现代化进程，实现农业产业的转型升级，打造现代山地特色高效农业强省，贵州制定了一系列详细的发展规划。[①]这些规划的核心目标是提升粮食和重要农产品的供给能力，确保区域粮食安全和农产品的稳定供应。同时，规划强调要做大做强农业特色优势产业，通过科技创新和产业升级，增强农产品的市场竞争力和品牌影响力。

此外，规划还特别提出要积极发展生态畜牧业，这不仅包括传统畜牧业的现代化改造，还包括推广生态养殖模式，提高畜牧业的可持续发展能力。加快发展林业产业和林下经济也是规划中的重要内容，通过合理利用林业资源，发展林下种植、养殖和森林旅游等多元化经济活动，促进农民增收和林业产业的综合发展。

这些重点任务的实施，将有助于贵州农业产业结构的优化升级，推动农业向高质量发展转型，为农民增收和乡村振兴提供强有力的产业支撑。通过这些措施，贵州将能更好地发挥其山地资源优势，打造具有地方特色的现代农业体系，为全省乃至全国的农业现代化贡献力量。

（四）旅游产业化

《贵州省“十四五”旅游商品发展规划》明确提出了若干具体的发展

① 贵州出台《关于加快山地农业现代化推进农业高质量发展的实施意见》农业为高质量发展提供基础支撑[EB/OL].（2021-08-09）[2024-09-06]. http://www.gznw.com/gznjw/kzx/xwrd/snxw/830368/index.html.

目标，旨在进一步推动当地文化旅游产业的繁荣发展。[①] 这些目标包括精心打造100个具有贵州特色的文化旅游系列商品，以展现贵州丰富的文化内涵和旅游资源。同时，《贵州省“十四五”旅游商品发展规划》还旨在扶持100个文化旅游商品的设计、生产加工以及销售企业，通过政策支持和资金投入，帮助这些企业做大做强，成为推动地方经济发展的新动力。此外，《贵州省“十四五”旅游商品发展规划》还提出了培育50个文化旅游商品生产基地的目标，通过集中资源和优化布局，形成规模化、集约化的生产模式，提升商品的市场竞争力。

为了实现这些目标，《贵州省“十四五”旅游商品发展规划》中还详细提出了多项具体措施。首先，进行产业规划与空间布局，合理规划旅游商品产业的发展区域，优化资源配置，促进产业的集聚发展。其次，培育旅游商品市场主体，通过政策引导和市场机制，激发企业的创新活力和市场竞争力。再次，推进旅游商品进景区，将更多优质的旅游商品引入各大旅游景区，方便游客购买，同时为景区增加新的收入来源。从次，积极发展旅游商品线上销售，利用互联网平台，拓宽销售渠道，提升商品的市场覆盖率和知名度。最后，建设一批现代旅游商品街区，打造集购物、休闲、娱乐为一体的综合性旅游消费场所，为游客提供更加丰富多样的旅游体验。

与此同时，贵州省委、省政府印发的《关于推动旅游业高质量发展加快旅游产业化建设多彩贵州旅游强省的意见》（以下简称《意见》）中，也提出了推动旅游业高质量发展的宏伟目标。《意见》中明确提出要推进全域旅游示范省的建设，通过全面提升旅游服务质量和管理水平，打造全域旅游发展的新格局。此外，《意见》还强调要加快形成齐抓共管的新局面，通过政府、企业和社会各界的共同努力，推动旅游业的全面发展。

---

① 省文化和旅游厅关于印发《贵州省“十四五”旅游商品发展规划》的通知[EB/OL].(2023-02-03)[2024-10-13]. http://whhly.guizhou.gov.cn/zfxxgk/fdzdgknr/ghxx/202302/t20230203_78088388.html.

在具体任务方面，《意见》强调要积极发展以民族和山地为特色的文化旅游业，充分挖掘和利用贵州独特的民族文化和山地资源，打造具有地方特色的文化旅游产品。同时，加快推动“中国温泉省”和“山地索道省”的建设，通过打造特色鲜明的旅游产品，吸引更多的游客。此外，《意见》还提出要打造特色旅游带，通过串联起省内各个旅游景点和文化地标，形成特色鲜明的旅游线路，提升旅游的吸引力和体验感。《意见》强调要加快“旅游+”多产业融合发展，通过将旅游业与农业、工业、文化等其他产业相结合，推动产业的转型升级，实现旅游业与其他产业的协同发展，为建设多彩贵州旅游强省贡献力量。

这些政策文件体现了贵州在推动经济社会全面发展方面的战略意图和行动纲领，旨在实现更高质量、更有效率、更加公平、更可持续、更为安全的发展。

第三节　特色产业与经济结构优化

贵州在推进高质量发展的过程中，注重特色产业的发展与经济结构的优化，展现了多方面的成就。

一、特色小镇与小城镇建设

贵州的特色小镇与小城镇建设在政策支持、产业发展、配套设施、文化传承、改革创新和城乡融合等方面取得了积极进展，为贵州的经济社会发展和新型城镇化建设做出了重要贡献。[①]

① 推动贵州特色小镇和小城镇高质量发展[EB/OL].（2019-10-28）[2024-10-25]. http://zfcxjst.guizhou.gov.cn/jszx/jqdt/201910/t20191028_8261699.html.

（一）产业特色化发展

贵州在特色小镇与小城镇建设中的产业特色化发展方面采取了多项措施，以推动高质量的发展。

（1）分类推进：贵州正致力推动100个示范小城镇的提档升级工作，并且计划培育并创建100个省级特色小镇和特色小城镇。[①] 这些小镇和小城镇的发展战略将紧密结合它们各自独特的地理环境、文化特色以及资源优势，从而形成多样化的、具有鲜明特色的不同类型。例如，有的小镇可能会发展成为"市郊镇"，即位于城市郊区，能够充分利用城市资源同时保持乡村特色；有的则可能成为"市中镇"，即位于城市中心地带，通过改造提升，成为城市中的绿色生态亮点；还有的小镇可能会依托产业园区，发展成为"园中镇"，成为产城融合的典范；另外，一些具有深厚文化底蕴的小镇可能会发展成为"镇中镇"，即在保持传统风貌的同时，融入现代元素，成为文化旅游的新亮点。通过这样的差异化发展路径，贵州旨在打造一批具有示范效应的小镇和小城镇，不仅能够促进当地经济社会发展，还能为居民提供更加宜居的生活环境，同时为游客提供独特的旅游体验。

（2）规划引领：贵州高度重视规划在特色小镇和小城镇发展中的核心作用，明确提出要通过科学合理的规划，推动这些地区经济社会的全面进步。贵州致力在2022年年底之前，实现省级特色小镇和特色小城镇规划的全面覆盖，以确保这些地区能够沿着可持续发展的道路稳步前行。通过这一举措，贵州可以促进特色小镇和小城镇的特色产业发展，提升基础设施建设，优化公共服务，同时保护和传承地方文化，确保经济社会发展与生态环境保护相协调。这样的规划不仅有助于提升小镇的综合竞争力，还能为居民创造更加宜居的生活环境，为游客提供独特的旅游

① 贵州百个示范小城镇将提档升级[EB/OL].（2019-10-21）[2024-10-15]. http://drc.guizhou.gov.cn/xwzx/zwyw/201910/t20191021_25865392.html.

体验，从而推动贵州整体经济的均衡发展。

（3）发展特色产业：贵州依托其独特的小镇和小城镇资源，积极探索并推进“小城镇+”的创新发展模式。[①]贵州坚持因地制宜、分类指导的原则，充分发挥各地的比较优势，通过科学规划和精准施策，促进工业、农业、旅游和商贸物流等不同产业的融合发展。在这一过程中，贵州致力打造一批具有鲜明地方特色和产业特色的工业小镇、农业小镇、旅游小镇和商贸物流小镇，以此来推动城镇产业的转型升级和经济结构的优化。

具体而言，对于那些拥有良好工业基础和资源禀赋的小镇，贵州鼓励发展与之相适应的工业产业，如特色制造业、高新技术产业等，以此来增强小镇的工业实力和竞争力。对于农业资源丰富的小镇，贵州则重点发展现代农业，推广高效生态农业模式，打造集种植、养殖、加工、销售于一体的农业产业链，提升农业的附加值和可持续发展能力。

在旅游小镇的建设上，贵州依托其丰富的自然景观和深厚的文化底蕴，发展以生态旅游、文化旅游、乡村旅游等为主题的特色旅游小镇，通过完善旅游基础设施和服务设施，提升旅游服务质量和游客体验，打造成为国内外知名的旅游目的地。

对于商贸物流小镇，贵州则利用其区位优势和交通便利条件，发展现代物流业，建设区域性商贸物流中心，促进商品流通和市场繁荣，为小镇经济注入新的活力。

通过这种“小城镇+”的发展模式，贵州不仅促进了小镇经济的多元化发展，还有效带动了周边农村地区的经济社会进步，实现了城乡一体化发展的目标，为当地居民创造了更多的就业机会和更好的生活条件。

① 省人民政府办公厅关于加快推动特色小镇和小城镇高质量发展的实施意见[EB/OL].（2019-10-08）[2024-09-30]. http：//www.guizhou.gov.cn/zwgk/zcfg/szfwj/qfbf/201910/t20191008_70473679.html.

（4）完善配套功能：贵州积极推行“8+X”配套设施提升工程，[①]这一举措旨在全面加速基础设施的建设进程，以切实解决人民群众面临的各种民生难题。这一系列的工程的实施，不仅能够提升基础设施的质量和效率，还能进一步推动城乡公共服务的均等化，确保城乡居民都能享受到公平、优质的公共服务资源。这不仅有助于缩小城乡差距，促进社会公平正义，而且对于提升居民的生活质量、增强人民群众的幸福感和获得感具有重要意义。贵州通过这一系列的举措，展现了其在推动经济社会发展、改善民生福祉方面的坚定决心。

（5）彰显文化特色：贵州正致力深入研究和保护其独特的山水形态、传统民居、丰富的民族风情以及宝贵的文化遗产。为了更好地传承和弘扬这些文化，贵州在特色小镇和小城镇的规划建设过程中，积极融入多元文化元素。这种方式不仅增强了这些地区的文化内涵，还提升了它们的可阅读性和可识别性，使得每个小镇都具有独特的文化魅力和辨识度。这种做法不仅有助于保护和传承贵州的文化遗产，同时为游客提供了更加丰富多彩的旅游体验，促进了当地经济的发展和文化的繁荣。

（6）改善人居环境：贵州正积极推进城镇生活污水处理设施以及生活垃圾无害化处理设施的建设工作，致力提升全省的环境质量。为了实现这一目标，贵州不仅在规划和设计上精益求精，而且在实施过程中也严格把控质量，确保每一个环节都符合环保标准。

（7）深化改革创新：贵州在深化“放管服”改革的过程中，积极采取措施推进扩权强镇战略，旨在进一步激发小城镇的发展潜力和活力。贵州省通过探索实施小城镇“三变”改革，即“资源变资产、资金变股金、农民变股东”，旨在转变传统的发展模式，推动资源的合理配置和高效利用，促进农民增收和农村经济的多元化发展。

---

① 贵州出台新政策推动小城镇高质量发展[EB/OL].（2019-10-09）[2024-10-11]. http：//www.gov.cn/xinwen/201910/09/content_5437590.htm.

同时，贵州还致力开展信息化平台建设，通过构建现代化的信息网络系统，提高政府服务效率和透明度，为特色小镇和小城镇的发展提供强有力的技术支撑和信息保障。这一系列举措不仅有助于提升小城镇的综合竞争力，还能够促进城乡一体化进程，为贵州的经济社会发展注入新的活力。

（8）促进城乡融合：贵州积极推广“1+N”镇村联动发展模式，通过实施一系列综合性措施，旨在促进小城镇与美丽乡村的和谐共进。这一模式的核心是“1+N”，其中“1”代表以小城镇为中心，“N”则代表周边的多个乡村，通过这种模式，实现规划编制、产业发展、基础设施建设、公共服务提升、生态环境保护以及镇村管理等方面的全面联动。

在规划编制方面，贵州注重科学规划，确保镇村发展与区域发展战略相协调，同时兼顾地方特色和实际需求，制定出既符合长远目标又切实可行的发展蓝图。产业发展方面，通过打造特色产业集群，促进农业现代化和农村经济多元化，增强乡村的内生增长动力，实现农民增收和农村繁荣。

基础设施建设是镇村联动发展的物质基础，贵州着力改善交通、水利、电力等基础设施，提升乡村的互联互通水平，为镇村融合发展提供坚实的支撑。在公共服务方面，通过建设教育、医疗、文化等公共服务设施，提高乡村居民的生活质量，缩小城乡差距。

生态环境保护是镇村联动发展的重要内容，贵州坚持绿色发展理念，加强生态环境治理，保护和改善乡村生态环境，实现经济发展与环境保护的双赢。在镇村管理方面，贵州通过创新管理模式，提高治理效能，确保镇村联动发展有序进行。

通过这些联动措施，贵州致力推动小城镇与美丽乡村的融合发展，实现城乡一体化，促进区域经济的均衡发展，为乡村振兴战略的实施奠定坚实基础。

（9）政策支持：贵州积极采取多项措施，从财政、金融、用地、产业以及人才等多个维度提供全方位的支持，旨在推动特色小镇和小城镇的持续健康发展。在财政方面，政府通过设立专项资金、提供税收优惠等方式，为特色小镇和小城镇的基础设施建设、公共服务设施完善以及产业发展提供必要的资金保障；在金融支持方面，贵州鼓励金融机构创新金融产品和服务，为特色小镇和小城镇的建设项目提供信贷支持，降低融资成本，拓宽融资渠道；在用地政策上，政府通过优化土地使用规划，合理安排建设用地指标，确保特色小镇和小城镇的建设用地需求得到满足。在产业支持方面；贵州依托当地资源优势，引导和支持特色小镇和小城镇发展特色产业，打造特色产业集群，增强小镇的经济活力和竞争力。在人才政策上，政府通过实施人才引进计划、提供职业培训等方式，吸引和培养一批专业人才，为特色小镇和小城镇的发展提供智力支持和人才保障。通过这些综合措施的实施，贵州致力打造一批具有地方特色、经济活力和文化魅力的特色小镇和小城镇，促进区域经济的均衡发展和社会的全面进步。

（10）典型引路：贵州致力挖掘和推荐那些在发展模式上具有创新性、在发展成效上表现突出，并且其经验具有普遍适用性的特色小镇和特色小城镇。通过深入的调研和分析，贵州总结提炼出一系列具有代表性的成功经验，并以多种有效方式在全省范围内进行推广。这些典型经验不仅展示了特色小镇和小城镇的发展潜力，而且为其他地区提供了可借鉴的实践案例，从而在全省范围内发挥引领示范和带动作用，推动了全省特色小镇和小城镇的整体发展水平的提升。

通过这些措施，贵州旨在推动特色小镇和小城镇的高质量发展，促进城乡融合发展，提升当地居民的生活质量，并为全省的经济增长注入新动力。

（二）文化旅游融合

贵州在特色小镇与小城镇建设中，大力推动文化旅游融合，以促进地方经济发展和文化遗产的保护传承。[①]

（1）规划布局：贵州通过调研摸底，找准发展定位，着力发展一批休闲度假型、健康养生型、民宿体验型、文化艺术型、非遗技艺型、景区依托型等特色文旅乡村。同时，将乡村旅游与传统村落、少数民族特色村寨融合发展纳入各级发展规划，推动集中连片保护发展。

（2）基础设施提升：贵州支持传统村落、少数民族特色村寨完善游客服务点、生态停车场、旅游厕所、特色游览步道、标识标牌等公共服务设施，鼓励建设风景道、骑行道等道路。

（3）丰富旅游业态：贵州依托传统建筑、民族文化、非遗技艺、田园风光等特色资源，发展农事体验、文化体验、乡村演艺、健康养生、避暑度假等旅游业态。同时，支持人们利用闲置房屋、老旧房屋等打造一批等级民宿和客栈，依托民族特色餐饮、有机生态农业等，打造一批高等级农家乐。

（4）文化传承与创新：充分挖掘文化潜力，有效利用乡村文物古迹、传统村落、民族特色村寨等，开展富有现代艺术气息的文化娱乐活动。同时，依托传统民族民间工艺，打造一批旅游商品和文创产品。

（5）服务保障与质量提升：贵州通过各级各类媒体宣传特色小镇和小城镇，积极营造良好社会环境和舆论氛围。同时，加强招商引资引智，招引一批优强企业，打造精品工程。

（6）非遗与旅游融合：贵州推动非遗保护传承，振兴传统工艺，推出“吃、玩、赏、购”非遗体验游、研学游、村寨游等新业态，促进非遗活态传承与乡村振兴。例如，丹寨万达小镇将当地非遗融入吃、住、行、游、购、娱全要素中，成为全国非遗与旅游融合发展的典范。

（7）旅游＋多产业融合：贵州围绕“四新”主攻“四化”，将旅游

---

① 省人民政府办公厅关于加快推动特色小镇和小城镇高质量发展的实施意见[EB/OL].（2019-10-31）[2024-11-15]. http://www.guizhou.gov.cn/zwgk/zcfg/szfwj/qfbf/201910/t20191008_70473679.html.

产业化与新型工业化、新型城镇化、农业现代化有机融合，推动“旅游+多产业”融合发展，如文旅、体旅、桥旅、商旅、酒旅等，释放文旅消费潜力。

（8）民族特色村寨+旅游：贵州推动民族特色村寨与旅游产业化、农业现代化协同发展，为乡村振兴和经济高质量发展贡献力量。通过“民族特色村寨+”发展旅游产业，如“旅游+文化体验”“旅游+乡村休闲”“旅游+健身康养”等，提升旅游发展能力。

（9）支持政策：文化和旅游部、国家文物局联合印发《支持贵州文化和旅游高质量发展的实施方案》，从传承弘扬长征精神和革命文化、加强文化遗产保护利用、提升文艺创作和公共服务水平、推动文化产业和旅游产业数字化发展、打造“山地公园省·多彩贵州风”旅游品牌等五个重点领域着力推动贵州文化和旅游高质量发展。

通过这些措施，贵州的特色小镇与小城镇建设在文化旅游融合方面取得了显著成效，为地方经济发展注入了新的活力，同时为文化遗产的保护和传承提供了有力支撑。

（三）生态宜居环境打造

贵州在特色小镇与小城镇建设中，着力打造生态宜居环境，[①]具体措施和成就包括以下几个方面：

（1）生态保护与修复：贵州坚定践行人与自然和谐共生的绿色发展之路，通过实施一系列生态修复项目，如草海湿地的综合治理，显著提升了生物多样性，改善了当地居民的生活环境。贵州还完成了长江经济带废弃露天矿山的治理，有效遏制了生态破坏，维护了两江上游的生态屏障。

（2）绿色小城镇建设指南：贵州发布了《贵州省绿色小城镇建设指

① 贵州：加快推动特色小镇和小城镇高质量发展[EB/OL].（2021-09-13）[2024-11-10]. http：//gznw.guizhou.gov.cn/gznjw/kzx/njzx/nwtt/643268/index.html.

南（试行）》和《贵州省绿色小城镇人居环境整治提升技术指引》，为小城镇的绿色建设提供了指导和技术支持，旨在提升小城镇的人居环境质量。

（3）特色产业培育：贵州通过培育特色产业、特色生态、特色文化，打造美丽乡村新图景。例如，化屋村依托乌江源的自然风光发展旅游业，实现了从贫困到富裕的转变。

（4）规划引领：贵州强调规划在特色小镇和小城镇发展中的重要性，力争实现省级特色小镇和特色小城镇规划全覆盖，确保可持续发展。

（5）配套功能完善：贵州实施“8+X”配套设施提升工程，加快基础设施和公共服务设施建设，着力解决民生问题，并推进城乡公共服务均等化。

（6）文化特色彰显：贵州加强山水形态、传统民居、民族风情、文化遗产的研究和保护，把多元文化融入特色小镇和小城镇规划建设中，提高其可阅读性和可识别性。

（7）人居环境改善：贵州深入开展城镇生活污水处理设施建设和生活垃圾无害化处理设施建设，确保建制镇生活污水垃圾处理设施全覆盖，生活污水处理率和生活垃圾无害化处理率均达到一定标准。

（8）生态产品价值实现：贵州的生态资源优势为发展积累了后劲，通过生态保护成果的变现，生态资本越积越厚，为特色小镇和小城镇的生态宜居环境打造提供了有力支撑。

通过这些措施，贵州的特色小镇与小城镇建设在生态宜居环境方面取得了显著成效，为居民提供了更加优美、和谐的生活环境。

二、大数据产业发展

贵州大数据产业发展态势良好，产业规模增长迅速，2023 年大数据电子信息产业年总产值达 2200 亿元且软件和信息技术服务业增速居全国前列。[1]贵州的基础设施不断完善，开通国家级互联网骨干直联点、国际互联网数据专用通道，贵安数据中心集群成为全球超大型数据中心集聚度最高的地区之一。贵州推出多项政策，有资金扶持、项目奖励等举措，还创新推出“算力券”政策。数据要素市场逐步成熟，贵阳大数据交易所发布首套数据交易规则体系并上线价格计算器，数据流通交易活跃。

（一）数据中心建设

贵州在数据中心建设方面取得了显著成就，成为全国一体化算力网络国家枢纽节点，吸引了众多科技巨头在此建立数据中心。

（1）政策支持：贵州地区因其独特的地理位置和气候条件，得到了国家层面的政策的大力支持，这为其数据中心的建设和发展创造了得天独厚的条件。[2]贵州的气候温和宜人，四季分明，冬季没有极端的严寒，夏季也不存在酷热难耐的情况，年平均气温保持在23度左右，这种温和的气候为数据中心的自然冷却提供了理想环境。在这样的气候条件下，数据中心可以利用自然温差来调节内部温度，大幅度减少了对空调等人工冷却设备的依赖，从而有效降低了能源消耗，节省了大量的运营成本。此外，贵州的湿度适中，空气清新，这也有助于减少设备的腐蚀和延长其使用寿命，进一步提升了数据中心的稳定性和可靠性。因此，贵州不仅在政策上获得了国家的支持，其自然环境也为数据中心的建设和高效运营提供了有力保障。

（2）数据中心集聚：贵安新区作为国家级新区，已经迅速崛起成为全国范围内集聚超大型数据中心数量最多的地区之一。得益于其优越的地理位置和政策优势，贵安新区成功吸引了多家国内外知名企业的大型

---

① 贵州：以大数据为引领的电子信息产业快速发展[EB/OL].（2024-04-16）[2024-11-30]. http://xxzx.guizhou.gov.cn/gzdsj/202404/t20240416_84216670.html.

② 从“以存为主”向“算存一体”转变！贵州已汇聚48个数据中心[EB/OL].（2024-07-30）[2024-11-10]. http://www.gog.cn/zonghe/system/2024/07/30/018602601.shtml.

数据中心落户。这些企业的加入，不仅为新区带来了先进的技术和管理经验，还极大地促进了当地经济的发展和产业结构的升级。

同时，贵安新区致力培育本土的大数据领军企业，这些企业通过不断创新和研发，已经在大数据领域取得了显著的成就。它们的发展不仅为贵安新区增添了新的经济增长点，也为当地提供了大量的就业机会，进一步提升了贵安新区在全国乃至全球大数据产业中的地位和影响力。

贵安新区的大数据产业布局，不仅体现了中国政府推动数字经济发展的决心，也展示了中国在大数据技术领域的强大实力和广阔前景。随着更多企业和人才的加入，贵安新区有望成为全球大数据产业的重要一极，为中国的数字化转型和全球数字经济的发展做出更大的贡献。

（3）绿色节能：贵州在建设数据中心的过程中，特别强调了绿色节能的理念，充分利用了当地的自然环境优势。通过采用自然风冷却技术，这些数据中心大幅度减少了对传统空调冷却设备的依赖，从而有效降低了能源消耗。这种做法不仅有助于减少碳排放，还降低了运营成本，实现了经济效益与环境保护的双赢。

此外，贵州的数据中心还采用了多种节能措施，如利用地热、太阳能等可再生能源，以及优化数据中心内部的空气流通设计，进一步提高了能源利用效率。这些措施的实施，不仅提升了数据中心的运行效率，也为贵州乃至全国的绿色数据中心建设树立了标杆，推动整个行业向更加环保、高效的方向发展。

（4）数字经济占比高：在贵州，数字经济已经成为推动经济增长的重要引擎，其在地区生产总值中所占的比重已经达到了惊人的42%。[①]这一数字不仅展示了贵州在数字化转型方面的显著成就，而且也反映了贵州在数字经济领域的强劲发展势头。更值得注意的是，贵州的数字经济

① 2023年贵州GDP增长4.9% 数字经济增速保持全国前列[EB/OL].(2024-01-24)[2025-01-15].http://dsj.guizhou.gov.cn/xwzx/snyw/202401/t20240124_86423701.html.

增速已经连续六年领跑全国，这无疑为贵州的经济发展注入了强大的活力和持续的动力。

贵州之所以能在数字经济领域取得如此显著的成绩，与其数据中心的集聚效应密不可分。数据中心作为数字经济的重要基础设施，为各类数字应用提供了强大的数据处理能力和存储空间，从而支撑起了包括云计算、大数据分析、人工智能等在内的众多高科技产业的发展。这些产业的蓬勃发展不仅吸引了大量的投资，还创造了大量的就业机会，进一步促进了当地经济的多元化和高质量发展。

此外，贵州在发展数字经济方面的政策支持和战略规划也起到了关键作用。政府通过制定一系列优惠政策和措施，鼓励和支持数字经济相关产业的发展，为数字经济的快速增长提供了良好的外部环境。同时，贵州积极打造数字经济发展示范区，通过建设高标准的数据中心和创新平台，吸引国内外高科技企业入驻，形成了良好的产业生态。

综上所述，贵州的数字经济不仅在 GDP 中占据了相当大的比重，而且其增速之快、发展势头之猛，都显示出贵州省在这一领域具有巨大的发展潜力和广阔的发展前景。随着数字经济的不断深入发展，贵州有望成为全国乃至全球数字经济的重要一极，为中国的经济发展贡献更多的力量。

（5）基础设施完善：贵州在信息基础设施建设方面取得了显著的成就，特别是在 5G 基站的建设以及互联网出省带宽的提升方面，这些举措为数据中心的高效运行和数字经济的蓬勃发展奠定了坚实的基础。随着 5G 技术的广泛应用，贵州的通信网络得到了极大的改善，不仅提高了数据传输的速度和质量，还扩大了网络的覆盖范围和增强了网络的稳定性。同时，互联网出省带宽的增加，使得贵州与外界的信息交流更加畅通无阻，为远程教育、远程医疗、电子商务等新兴服务提供了强有力的技术支撑。这些信息基础设施的不断完善，不仅为当地居民的生活带来了便利，也为吸引外部投资、促进产业升级和经济结构的优化提供了有力保障，进一步推动了贵州经济的高质量发展。

（6）目标规划：到 2025 年，贵州计划将其数据中心的服务器数量提升至 400 万台，同时致力将平均能源使用效率降低至 1.3 以下。这一目标的实现，将进一步巩固贵州作为国内领先的数据中心集聚地的地位，同时将推动该地区在大数据产业方面的发展，为当地经济的转型升级提供强有力的支持。通过这一系列的规划和建设，贵州不仅能吸引更多的投资，还能促进相关产业链的完善，为当地居民创造更多的就业机会，从而实现经济的可持续增长。

（7）产业生态培育：贵州不仅重视数据中心的建设和发展，还积极致力培育和打造一个成熟的大数据产业生态系统。贵州通过一系列政策支持和创新举措，推动大数据技术与实体经济的深度融合，促进了传统行业的转型升级。同时，贵州在政府治理领域积极应用大数据技术，提高了政府服务的效率和透明度，增强了政府决策的科学性和精准性。在民生服务方面，大数据的应用使得公共服务更加个性化、便捷化，提升了民众的生活质量。

此外，贵州还通过举办大数据博览会等活动，吸引了国内外众多企业和人才的关注，进一步促进了大数据产业的交流与合作。这些努力不仅为当地经济注入了新的活力，也为全国其他地区提供了可借鉴的经验。通过这些综合措施，贵州成功打造了一个具有全国竞争力的数字产业集群，成为推动中国大数据产业发展的重要引擎。

综上所述，贵州在数据中心建设方面的发展态势强劲，已经成为中国重要的数据中心集聚区，为推动数字经济的发展和区域经济的转型升级做出了重要贡献。

（二）云计算平台应用

贵州在云计算平台应用方面取得了显著进展，形成了以数据中心为依托的云计算产业生态链。[①]

（1）建立云上贵州系统平台：云上贵州系统平台作为全国首个省级政府、企业和事业单位数据整合管理以及互通共享的云服务平台，其重要性不言而喻。该平台的建立，标志着中国在云计算领域已经具备了自主建设和运营大型云服务平台的能力。通过采用超大规模通用计算操作系统和国产硬件产品，云上贵州系统平台不仅实现了技术上的突破，还为政府、企业以及事业单位提供了全方位的云计算服务。

具体来说，云上贵州系统平台提供了一系列的服务，包括但不限于云计算、云存储、数据库管理以及云安全服务。这些服务都是基于确保数据的安全性、可靠性和高效性的原则而设计和实施的。通过这样的平台，政府机构能够更加高效地处理和分析数据，企业能够获得更加灵活和可扩展的 IT 资源，事业单位则可以更好地实现数据的互通和共享，从而提升整体的工作效率和服务质量。

此外，云上贵州系统平台的建设，还体现了国家对于数据安全和自主可控的高度重视。在当前信息技术快速发展的背景下，数据安全已经成为国家安全的重要组成部分。通过使用国产硬件产品，该平台不仅保障了数据处理的高效性和稳定性，还确保了数据的安全性和自主可控性，这对于维护国家信息安全具有重要意义。

总的来说，云上贵州系统平台的建立，不仅为贵州乃至全国的政府、企业和事业单位提供了一个高效、安全、可控的云服务平台，而且在推动中国云计算技术的发展、保障国家数据安全等方面发挥了重要作用。随着技术的不断进步和应用场景的不断拓展，云上贵州系统平台有望成为推动中国数字化转型的重要力量。

（2）数据中心集聚：贵州作为中国西南地区的重要省份，近年来在

① 追“云”逐“数”贵州奋力让奔腾算力化为蓬勃生产力 [EB/OL].（2024-05-07）[2024-11-14]. http://district.ce.cn/newarea/roll/202405/07/t20240507_38993800.shtml.

信息技术领域取得了显著成就，已经成为全国一体化算力网络国家枢纽节点之一。这一地位的确立，得益于贵州得天独厚的自然环境和政策支持，吸引了国内外知名科技企业的目光，他们纷纷在此布局建设数据中心。这些数据中心的建立，不仅为贵州带来了先进的技术和管理经验，还极大地促进了当地计算产业的快速发展。

贵州的气候条件对于数据中心的运营具有天然优势，凉爽的气候有助于降低数据中心的散热成本，同时，贵州省政府在政策方面的支持，为数据中心的建设和运营提供了良好的环境。这些因素共同作用，使贵州成了一个理想的大型数据中心集聚地。

随着这些科技企业的加入，贵州的计算产业生态链得到了进一步的完善和发展。这些知名科技企业在贵州的数据中心不仅为自身提供了强大的计算能力，也为当地的经济发展注入了新的活力。这些数据中心的建设和运营，带动了周边产业链的发展，包括硬件制造、软件开发、数据处理、网络安全等多个领域，形成了一个完整的计算产业生态链。

此外，贵州还积极发展云计算、大数据等新兴产业，通过建设高标准的数据中心，为国内外企业提供稳定、高效的计算服务。这些举措不仅提升了贵州在全国乃至全球信息技术产业中的地位，也为当地经济的转型升级提供了强有力的支撑。

总之，贵州凭借其独特的地理和政策优势，成功吸引了众多科技企业的投资，建立了完善的计算产业生态链，成为全国一体化算力网络的关键一环。未来，随着技术的不断进步和产业的持续发展，贵州有望在全球信息技术领域发挥更加重要的作用。

（3）政策支持：为了推动全国一体化算力网络国家（贵州）枢纽节点的建设，贵州积极出台了一系列激励政策。这些政策旨在全面支持和促进算力中心的建设工作，包括但不限于数据的归集、流通以及交易环节，同时鼓励算力产业的发展壮大。此外，政策还着重开放算力应用场景，以促进技术创新和应用实践的深度融合。为了培育和壮大市场主体，贵州提出了一系列措施，旨在激发市场活力，增强企业的竞争力。

在科技创新方面，贵州致力营造一个良好的创新氛围，通过政策引导和环境优化，吸引更多的科技人才和创新团队。同时，为了加大财政金融的支持力度，贵州制定了一系列金融优惠政策，包括税收减免、财政补贴、融资担保等，以降低企业运营成本，提高资金使用效率。

在要素保障方面，贵州通过优化资源配置，确保算力中心建设所需的土地、能源、人才等关键要素的供应。此外，政策还强调了加强政策服务的水平，通过简化行政审批流程、提供一站式服务等措施，提高行政效率，为企业和项目提供更加便捷高效的服务。

综上所述，贵州出台的这些激励政策，不仅涵盖了算力中心建设的各个方面，还通过财政金融支持、要素保障和政策服务等多维度措施，为算力产业的发展提供了全方位的支持，旨在将贵州打造成为全国一体化算力网络的重要枢纽，推动数字经济的快速发展。

（4）数据共享交换平台：贵州成功打造了云上贵州数据共享交换平台，这一平台的建立标志着贵州在数字化转型方面迈出了重要一步。通过这一平台，政府部门之间能够高效地进行数据共享与交换，打破了以往信息孤岛的局面，促进了跨部门、跨层级的信息流通。这不仅提高了政府部门之间的协同工作效率，还极大地提升了政务治理的透明度和效率，为社会公众提供了更加便捷、高效的服务。

云上贵州数据共享交换平台的实施，使得政府能够更好地整合和利用各类数据资源，为决策提供了科学依据，同时为公众提供了更加精准和个性化的服务。通过这一平台，政府能够及时响应社会需求，快速处理各类社会事务，有效提升了政府的公共服务水平和应急响应能力。此外，数据共享交换平台的建立还有助于加强数据安全和隐私保护，确保在数据共享过程中，个人信息和敏感数据得到妥善处理，维护了公众的合法权益。

总之，云上贵州数据共享交换平台的建立，不仅优化了政府内部的数据管理和服务流程，还为构建智慧政府、推动社会治理现代化奠定了坚实的基础，展现了贵州在数字化建设方面的决心。

（5）政府数据开放平台：政府数据开放平台基于互联网统一对外开放，提供实时的、可下载、可进行二次开发的数据集。

（6）典型应用案例：贵州的两个项目，即“贵州枢纽节点算力调度平台实践融入全国一体化算力网规划”以及“绿色智能算力‘铁三角’赋能千行万业”，因其在推动全国一体化算力网络建设中的突出贡献和创新实践，成功入选为全国一体化算力网应用的优秀案例。这些案例不仅展示了贵州在算力调度和绿色智能算力方面的先进技术和管理经验，而且也体现了贵州在推动全国算力网络一体化进程中的重要作用和积极贡献。

“贵州枢纽节点算力调度平台实践　融入全国一体化算力网规划”案例，通过构建高效、灵活的算力调度平台，实现了算力资源的优化配置和高效利用，为全国一体化算力网络的规划实施提供了有力支撑。该平台的实践不仅提升了贵州在国家算力网络中的枢纽地位，也为其他省份提供了可借鉴的经验和模式。

而“绿色智能算力‘铁三角’赋能千行万业”案例，则是通过绿色能源、智能算法和高效算力的有机结合，形成了一个强大的“铁三角”赋能体系。这一创新体系不仅有效降低了算力运营的能耗，提升了算力服务的智能化水平，而且为各行各业提供了强大的算力支持，促进了数字经济的快速发展。通过这一案例，贵州展示了其在推动绿色智能算力发展方面的领先地位，以及在赋能传统产业转型升级和新兴产业培育方面的巨大潜力。

这两个案例的成功入选，不仅证明了贵州在算力网络建设和智能算力发展方面的实力和影响力，也为全国其他地区提供了宝贵的经验和启示，有助于推动全国一体化算力网络的进一步发展和完善。

（7）数字化治理：贵州利用云计算平台推动数字化治理，提升政府管理、社会治理、民生服务能力，如通过云上贵州系统平台实现政府部门间的数据共享，提升政务服务效能。

（8）产业数字化：贵州正致力推动大数据技术与工业、农业以及服务业的深度融合，通过充分利用云计算平台，促进传统产业的转型升级。例如，贵州正通过工业互联网平台，积极引导工业企业进行智能化改造，以提高生产效率和产品质量。这种转型不仅涉及技术层面的革新，还包括管理模式和经营理念的创新，旨在构建一个更加高效、环保、智能的工业体系。同时，贵州在积极探索如何将大数据应用于农业领域，通过精准农业技术，实现农作物种植的智能化管理，提高农业产出和可持续发展能力。在服务业方面，大数据的应用有助于提升服务质量和客户体验，推动服务业向更加个性化、精细化的方向发展。通过这些措施，贵州正逐步建立起一个以大数据为支撑的现代产业体系，为区域经济的持续健康发展注入新的动力。

（9）数字经济占比提升：贵州近年来在数字经济领域取得了显著的发展成就，其增速连续多年在全国范围内名列前茅。这一成绩的取得，得益于贵州在云计算平台建设方面的积极投入和创新应用。数字经济在贵州的 GDP 中占据了相当大的比重，这不仅体现了贵州对数字经济的高度重视，也展示了其在推动经济转型升级方面的坚定决心。云计算平台作为数字经济的重要基础设施，为贵州的数字经济发展提供了强大的支撑，促进了人数据、人工智能、物联网等新兴产业的蓬勃发展，为当地经济的持续增长注入了新的活力。。

（10）人才培养和引进：贵州鼓励省内高校、职业院校优化和开设人工智能、大数据等专业，建立相关产业学院、研究院、联合实验室等，开展“订单、定向、定量”人才培养。

通过这些措施和应用案例，贵州的云计算平台应用不断深化，为全省经济社会高质量发展提供了有力支撑。

（三）互联网＋行动计划

贵州的“互联网＋”行动计划是一项全面的战略，旨在通过互联网技术推动经济和社会的全面发展。[①]以下是贵州在“互联网＋”行动计划中的一些关键点和实施情况：

（1）“互联网＋”现代农业：贵州利用互联网提升农业生产、经营、管理和服务水平，培育便捷化、精细化、个性化的现代农业发展新模式。2015—2018年实施了25个重大示范项目，累计完成投资18亿元以上，[②]构建了新型农业生产经营体系，并加快推进生产方式精准化。

（2）“互联网＋”高效物流：贵州通过互联网实现物流信息和供需信息的互通共享，提升仓储自动化、智能化水平，着力解决物流配送“最后一公里”问题。2015—2018年实施了36个重大示范项目，累计完成投资313亿元以上，初步建成了以智慧物流为重点的信息化网络体系。[③]

（3）“互联网＋”绿色生态：贵州深入推进互联网与生态文明建设深度融合，加强资源环境动态监测，建立绿色环保服务体系，促进生产生活方式绿色化。2015—2018年实施了28个重大示范项目，累计完成投资约1亿元，基本建成了具有喀斯特地貌特色的资源环境承载能力立体监控系统。[④]

（4）“互联网＋”人工智能：贵州深入推进互联网与机器人、智能终端等领域深度融合，加快人工智能核心技术突破，培育发展人工智能新

---

① 贵州实施12项“互联网＋”专项行动[EB/OL].（2015-12-11）[2024-10-15]. http://district.ce.cn/zg/201512/01/t20151201_7242440.shtml.

② 贵州省“互联网＋”现代农业专项行动计划[EB/OL].（2016-03-18）[2025-01-16]. http://nynct.guizhou.gov.cn/zwgk/xxgkml/zcjd/201702/t20170206_23836429.html.

③ 贵州：未来3年将建“智慧物流云”和“智能公路港”[EB/OL].（2015-03-16）[2025-01-16]. http://m.huanqiu.com/article/9CaKrnJIQP1.

④ 省人民政府关于推进“互联网＋”行动的实施意见[EB/OL].（2015-10-30）[2025-01-16].http://www.guizhou.gov.cn/zwgk/zcfg/szfwj/qff/201709/t20170925_70477174.html.

兴产业。2015—2018 年实施了 11 个重大示范项目，累计完成投资 5 亿元以上，建成了 10 个以上“互联网 +”人工智能系统。①

（5）“互联网 +”创业创新：贵州整合大数据产业优势资源，推动各类要素资源集聚、开放和共享，营造大众创业、万众创新的良好环境。2015—2018 年实施了 4 个重大示范项目，累计完成投资约 5 亿元，建成一批线上线下结合的创业创新公共服务平台网络。②

（6）“互联网 +”协同制造：贵州加快推进互联网与制造业的融合创新发展，实现贵州制造向“贵州智造”转变。到 2018 年，实施了 40 个重大示范项目，完成投资 27 亿元以上，推动贵州工业云公共服务平台的深度融合应用。③

（7）“互联网 +”普惠金融：贵州深化互联网与银行、证券、保险、基金的融合创新，提供丰富、安全、便捷的金融产品和服务，全面提升互联网金融服务能力和普惠水平。2015—2018 年实施了 3 个重大示范项目，累计完成投资 102 亿元以上。④

（8）“千兆黔省、万兆筑城”行动计划（2024—2025 年）：贵州计划将全省城镇、农村基本实现千兆光网、5G 网络全覆盖，贵阳市光纤网络具备“万兆到户”、移动网络具备万兆下行能力，网络接入能力、覆盖能力跻身全国第一方阵，将贵州省建设成“千兆黔省”，贵阳市打造成

① 省人民政府办公厅关于印发《贵州省推动人工智能高质量发展行动方案（2025—2027 年）》的通知 [EB/OL].（2015-01-17）[2025-01-16]. http://dsj.guizhou.gov.cn/zwgk/zcwj/fgwj/202501/t20250107_86589754.html?isMobile=false.

② 省政府出台关于推进“互联网 +”行动的实施意见 [EB/OL].（2015-12-04）[2025-01-16]. http://tyj.guizhou.gov.cn/zwgk/zfxxgk/fdzdgknr/zcfg/fgwj/201608/t20160804_73416393.html.

③ 贵州省“互联网 +”协同制造专项行动计划 [EB/OL].（2016-02-29）[2025-01-16]. http://www.100ec.cn/detail--6314997.html.

④ 省政府出台关于推进“互联网 +”行动的实施意见 [EB/OL].（2015-12-04）[2025-01-16].http://tyj.guizhou.gov.cn/zwgk/zfxxgk/fdzdgknr/zcfg/fgwj/201608/t20160804_73416393.html.

“万兆筑城”。[①]

（9）“十四五”数字经济发展规划：贵州明确了“十四五”数字经济增加值万亿倍增的总体目标，计划到2025年，大数据电子信息产业总产值突破3500亿元，全省数字经济增加值实现倍增，在GDP中的占比达到50%左右。[②]

（10）建设数字经济发展创新区2024年工作要点：贵州计划在2024年加快发展新质生产力，全力以赴在算力、赋能、产业“三个关键”上实现新突破，数字经济增速继续保持全国前列，数字经济增加值占GDP比重达到45%以上、规模突破万亿元。[③]

这些行动计划体现了贵州在推动互联网与各行业深度融合、促进经济社会高质量发展方面的战略决心和实际行动。

三、农业现代化进程

贵州农业现代化正以前所未有的速度推进。随着科技的进步和政策的支持，贵州农业正逐步实现从传统向现代的转变。[④]

（一）现代高效农业园区建设

贵州在现代高效农业园区建设方面采取了多项措施，以推动农业现代化和乡村振兴。以下是一些关键点和成就：

（1）园区数量和投资：自2013年启动“5个100”工程以来，贵州

---

① 贵州：两年内建成“千兆黔省”“万兆筑城”[EB/OL].（2024-11-01）[2025-01-15]. http://www.guizhou.gov.cn/home/gzyw/202411/t20241101_86009016.html.

② 贵阳市“十四五”数字经济发展专项规划（2021-2025年）[EB/OL].（2022-09-01）[2025-01-16].http://www.guizhou.gov.cn/ztzl/gzsswgh/szsswgh/gys/202209/t20220901_76315173.html.

③ 贵州省：抢占智算、行业大模型培育、数据训练“三个制高点”[EB/OL].（2024-02-19）[2025-01-16].http://www.cnii.com.cn/rmydb/202402/t20240219_544437.html .

④ 朱江．贵州农业现代化的现状，问题及对策研究[J]. 现代农业，2022（4）：27-31.

省级农业园区已达到385个，累计完成总投资3473.6亿元，基本上每个乡镇都建起了农业园区，成为发展山地现代农业的重要平台。①

（2）产业引领：农业园区引领蔬菜、花卉、茶叶、药材等特色山地农业迈向规模化、产业化、市场化、品牌化，园区年产值已达数千亿元。

（3）绿色发展：贵州农业园区成为绿色发展新动力，有效带动山区近500万农民就地创业就业、脱贫增收。②

（4）基础设施建设：贵州推进水、电、路、通信、环保等基础设施建设，推广应用智能温室、钢架大棚、喷滴灌等配套装备设施，提升园区生产能力和现代化水平。

（5）公共服务体系：贵州构建园区公共服务体系，配套建设农产品加工、包装、冷链物流设施，延伸产业链条，推动信息化技术运用，提升传统农业生产和管理方式。

（6）科技支撑：贵州强化科技支撑，搭建园区产业发展科技平台，与高校、科研院所合作，聘请专家教授、技术骨干指导园区建设。

（7）市场流通：贵州投资建设农产品交易中心，设立食品配送、冷冻企业，供销系统销售门面和仓储用地覆盖全县乡镇，确保农业园区产品及时流通。

（8）主体培育：贵州开办农企、农民专业合作社，带动园区发展，完成无公害农产品和无公害产地认证，打造农产品品牌。

（9）模式创新：贵州探索推进“三变”改革新模式，激活沉睡资源、集中分散资金、拓宽农民增收途径。

（10）政策支持：贵州出台了《关于促进全国一体化算力网络国家

① 省人民政府关于支持“5个100工程”建设政策措施的意见[EB/OL].（2020-06-17）[2024-11-18]. http://www.guizhou.gov.cn/zwgk/zfgb/gzszfgb/202006/t20200617_70523946.html.

② 贵州农业园区成为绿色发展新动力[EB/OL].（2024-12-05）[2025-01-16]. http://www.guizhou.gov.cn/home/gzyw/202109/t20210913_70092371.html.

（贵州）枢纽节点建设的若干激励政策》等政策文件，支持算力中心建设、数据归集和数据流通交易、算力产业发展等。

（11）农业园区建设规划：贵州制定了《贵州省 100 个现代高效农业示范园区建设 2013 年工作方案》，明确了园区建设的总体规划、责任单位、完成园区建设规划编制工作、推进园区基础配套建设、构建园区公共服务体系、加强园区建设指导工作以及保障措施等方面的具体要求。

（12）特色优势产业巩固提升：贵州省农业农村厅发布了《贵州省 2022 年特色优势产业巩固提升行动方案》，旨在巩固提升产业结构调整成果，确保特色优势产业提质增效，推动农业农村现代化。

通过这些措施，贵州的现代高效农业园区建设取得了显著成效，为农业现代化和乡村振兴提供了有力支撑。

（二）农产品加工产业链延伸

贵州在农产品加工产业链延伸方面采取了多项措施，以推动农业现代化和乡村振兴。以下是一些关键点和成就：

（1）农产品加工提质增效：贵州大力实施农产品加工业提质增效行动，支持农产品加工企业改进技术工艺、升级设施装备、建设智能化生产线，聚焦主导产业，集成政策、集聚要素、集合服务，打造集标准化原料基地、集约化加工生产、便利化服务网络于一体的农产品精深加工集聚区。推动农产品加工业由“初字号”转向“精字号”，加快农产品深加工高成长企业培育，通过 3 年左右，把首批 16 个单品、18 家企业打造为有知名度和影响力的龙头企业，把生态“黔货”打造为时尚潮品。[①]

（2）技术升级激发创新活力：贵州的农产品加工企业通过引入先进的技术设备，如全自动真空包装设备、X 光机等，极大地提升了生产效

① 贵州加快推进农产品加工业高质量发展[EB/OL].（2022-08-29）[2025-01-16]. http://www.guizhou.gov.cn/home/gzyw/202208/t20220829_76270638.html?isMobile=false.

率和产品品质。

（3）引导农业走优质高效之路：贵州的农产品加工企业在农民和市场之间架起一座桥梁，引导农民根据市场的需要进行农产品生产，带动农业结构调整，引导农业走优质、高效的路子，实现农业的市场化、标准化、专业化、规模化和产业化。

（4）线上线下发力助推黔货出山：贵州省的农产品加工企业通过线上线下渠道，推动黔货出山。

（5）特色优势产业巩固提升：贵州发布了《贵州省2022年特色优势产业巩固提升行动方案》，旨在巩固提升产业结构调整成果，确保特色优势产业提质增效。方案中提出了优化提升特色种植业、稳步发展生态畜牧渔业、推动农产品加工提质增效、提升产业标准化水平、做大做强农产品品牌、培育壮大经营主体、扩大农业对外开放、打造高质量发展平台、创新金融服务方式、加强产业项目管理、优化利益联结机制等主要任务。

通过这些措施，贵州的农产品加工产业链得到了有效延伸，为农业现代化和乡村振兴提供了有力支撑。

（三）农村电商与品牌塑造

贵州在农村电商和品牌塑造方面采取了多元化的策略，以促进农业现代化和乡村振兴。

（1）农村电商赋能“黔货出山”：黔西南布依族苗族自治州通过发展农村电商，利用直播等方式，帮助当地农产品走向全国市场。

（2）品牌强农战略：贵州大力实施品牌强农战略，打造了一批全国知名的农产品区域公用品牌，提高了产品的市场认知度和竞争力。

（3）农村电商直播大行动：贵州计划开展农村电商直播大行动，通过一系列直播活动，培育农村电商直播带头人，孵化农村直播电商主体，推出农村直播场景及网红打卡点，打造农村直播网货“爆品”，并推动建设农村电商直播基地（服务中心）。

（4）人才培养和物流配送系统优化：为了深化农村电商发展，贵州注重专业人才培养和物流配送系统的优化。通过建立信息交流平台、新型人才培养体系和加强经营实践培训，提升农村电商商家的整体素质和工作效率。

（5）"黔系列"品牌建设：贵州通过整合地方特色生态农产品和民族文化资源，打造了"黔系列"品牌，如"黔茶""黔酒""黔织"等，推动资源优势转化为经济发展优势。这些品牌通过电商平台进行展示和销售，拓宽了销售渠道，增加了产品附加值。

（6）现代山地特色高效农业品牌建设：贵州利用独特的地貌和气候条件，发展现代山地特色高效农业，打造了一批品质独特的农产品品牌，提升了农产品的市场价值。

通过这些措施，贵州的农村电商和品牌塑造工作取得了显著成效，不仅提升了农产品的市场竞争力，也为农民增收和乡村振兴提供了有力支撑。

第四节　创新驱动发展战略

贵州正通过创新驱动发展战略，积极构建数字经济创新区，实现数字经济增速连续七年全国第一的显著成就。[①] 在政策的支持下，贵州聚焦数字产业、数字基建、数字治理和数字生态，推动高质量发展新动能加速壮大。《贵州省"十四五"科技创新规划》明确，到 2025 年，区域创新能力力争进入全国前 15 位，综合科技创新水平力争进入全国前 20 位，基本建成开放、协同、高效的科技创新体系。通过培育科技型企业、引导企业加大研发投入、构建企业主导的融通创新生态、增强高等学校和

① 贵州数字经济增速　连续七年排名全国第一[EB/OL].(2022-07-11)[2024-11-15]. http://www.guizhou.gov.cn/home/gzyw/202207/t20220711_75494009.html.

科研院所的创新能力、加强科技人才队伍建设、建设高水平科技创新平台、促进区域创新协调发展以及推进全方位开放创新等措施，贵州正努力走出一条有别于东部、不同于西部其他省份的差异化创新路子，为推动经济社会高质量发展提供强大动能。

一、科技创新体系建设

贵州的科技创新体系建设在“十四五”期间取得了显著进展，形成了一个开放、协同、高效的科技创新体系。贵州的区域创新能力从2015年的全国第22位提升至2020年的第20位，综合科技创新水平指数也从全国第30位提升至第27位。科技进步贡献率达到51.01%，万人发明专利拥有量达到3.47件，研发投入强度增长到0.86%，高新技术产业产值年均增长10.84%，高新技术企业数量达到1897家，是2015年的5倍，技术合同成交额达到241.12亿元，是2015年的10倍。[①]

贵州的科技创新体系不断完善，通过优化创新环境、推行科技创新供给侧结构性改革、技术榜单制、专职科技特派员等创新举措，进一步激发了创新创业活力。国家重大科技基础设施500米口径球面射电望远镜（FAST）的建成使用，成为贵州的创新名片。同时，贵州科学城的建成投入运营，加速了创新资源的聚集，省级高新区实现市（州）全覆盖，提升了政府治理能力。

在科技创新支撑经济社会发展方面，贵州深度参与脱贫攻坚战，推动农业技术转移，实施重大科技项目，选派科技人员作为科技特派员赴基层开展服务。同时，贵州聚焦重点产业，发展关键核心技术，推动贵州煤炭回采实现100%机械化，促进新一代信息技术产业发展。

此外，贵州还积极推动科技成果转移转化，强化科技成果转化市场

① 数说“十三五”贵州科技工作成就1：贵州科技创新综合实力提升[EB/OL].（2020-12-21）[2024-11-23]. http://kjt.guizhou.gov.cn/xwzx/dtyw/202012/t20201221_65659227.html.

化服务，建立健全技术转移组织体系，完善创新创业孵化体系，提高科技成果转移转化效率。通过这些措施，贵州的科技创新体系建设取得了显著进展，为推动经济社会高质量发展提供了强大动能。

（一）高新技术企业培育

贵州高度重视高新技术企业的培育和发展，采取了一系列政策措施来推动高新技术产业的增长和提升企业的创新能力。以下是贵州在高新技术企业培育方面的一些关键措施和成效：

（1）政策支持与激励：贵州出台了多项政策，如《关于推进全省高新技术产业开发区高质量发展的实施方案》，旨在推动高新区高质量发展，充分发挥其示范引领和辐射带动作用。此外，贵阳高新区还出台了《贵阳国家高新区关于进一步加快高新技术企业培育的政策实施细则》，为高新技术企业提供了详细的政策支持和操作指引。

（2）高新技术企业数量增长：贵州高新技术企业数量在“十三五”期间增长近四倍，2020 年达到 1897 家。① 这一显著增长得益于贵州省科技厅以高企培育为重要抓手，推动高新技术进步、熟化和产业化，落实创新政策，汇聚创新资源，充分释放创新成效。

（3）培育和壮大市场主体：贵州实施了《贵州省培育壮大市场主体行动方案（2022—2025 年）》，其中包括大力培育科技型企业，实施“十年百企千人”培育行动，发掘培育爆发式新经济企业和源头式先发优势企业。

（4）科技研发和产业化项目支持：贵州支持科技研发产业，提供了一系列惠企政策，如对购买发明专利技术和核心技术到贵州进行产业化并取得实效的项目，给予企业购买专利费用的 20%、最高不超过 200 万

① “十三五”期间贵州省高新技术企业增长近四倍 [EB/OL].（2021-01-20）[2025-01-17]. http://kjj.taian.gov.cn/art/2021/1/20/art_47954_10284080.html.

元补助。[①]

（5）企业创新能力提升：贵州推动企业联合省内外高校、科研院所开展技术研发，支持高新区技术创新、标准化、知识产权和产业化深度融合。

（6）科技型企业培育：贵州聚焦产业关键节点，大力培育聚集创新能力强的高新技术企业和科技型中小企业，在细分行业领域培育一批龙头骨干企业，孵化一批科技型创业团队和初创企业。

通过这些措施，贵州的高新技术企业培育工作取得了显著成效，为全省经济社会高质量发展提供了有力支撑。

（二）科技成果转化平台

贵州在科技成果转化平台建设方面采取了多项措施，以促进科技成果的转化和产业化。[②]以下是一些关键点和实施情况：

（1）政策支持与项目申报：贵州省科技厅发布了《省科技厅关于发布2025年贵州省科技成果转化及产业化计划项目（含临床专项）申报指南的通知》，旨在加速推动科技成果转化应用，形成新质生产力。该计划项目分为成果转化一般项目（支持额度不超过100万元）、成果转化重大项目（支持额度100万元以上，不超过1000万元）和临床专项（支持额度5万元）。此外，还新增了科技成果转化"揭榜挂帅"项目，以解决供需双方对接不畅的问题。

（2）科技成果转化平台建设：贵州正在构建科技成果转化项目库，整合科技成果信息资源，提供科技成果信息查询、筛选推介等公益服务。同时，加强重点领域知识产权服务，支持企业开展知识产权预警分析，

① 贵州省支持科技研发产业惠企政策摘要汇编[EB/OL].（2024-10-04）[2025-01-16]. http://www.guizhou.gov.cn/ztzl/gqt/zck/202112/t20211208_71970308.html.

② 省人民政府办公厅关于印发贵州省促进科技成果转移转化实施方案的通知[EB/OL].（2017-09-05）[2024-11-19]. http://www.guizhou.gov.cn/zwgk/zfgb/gzszfgb/201709/t20170905_70523099.html.

加强科技成果转化服务机构和模式建设。

（3）技术转移组织体系：贵州加强了贵州技术市场建设，支持知识产权与科技成果交易中心建设，健全技术产权、价值评估、流转交易、价值担保、诚信监督的综合服务体系。

（4）科技金融协同：贵州探索建立科技成果转化项目库，整合科技成果信息资源，提供科技成果信息查询、筛选推介等公益服务。同时，加强重点领域知识产权服务，支持企业开展知识产权预警分析。

（5）提升高校科技成果转移转化能力：贵州省教育厅印发了《贵州省普通本科高校科技成果转移转化能力提升行动方案（2024—2026年）》，旨在全方位推动高校科技成果转移转化能力提升，助力贵州新型工业化发展。

（6）创新协调机制：贵州创新科技政策协调机制，深入探访创新主体技术发展需求，剪断阻碍成果转化的体制机制“细绳子”，推进政府、企业、高校、院所、融资机构等多重力量相互交融、合作共赢的协同创新。

通过这些措施，贵州的科技成果转化平台建设取得了显著进展，为科技成果的转化和产业化提供了有力支撑。

（三）研发投入与人才引进

贵州在研发投入和人才引进方面采取了以下措施：

（1）高层次创新型人才遴选培养计划：贵州启动了第七批高层次创新型人才遴选培养计划和第十四批优秀青年科技人才计划，旨在贯彻落实中央和省委人才工作会议精神，加大对重点前沿领域、重点产业和解决“卡脖子”技术问题的急需紧缺人才的支持力度。

（2）研发投入增长：贵州研发投入强度打破长期徘徊0.6%的局面，

2019年增长到0.86%，前四年研发经费投入年均增速全国第一。[①]这表明贵州在研发方面的投入逐年增加，为科技创新提供了资金支持。

（3）科技成果转化及产业化计划项目：贵州发布了《省科技厅关于发布2025年贵州省科技成果转化及产业化计划项目（含临床专项）申报指南的通知》，旨在加速推动科技成果转化应用，形成新质生产力。

（4）人才引进政策：贵州省委、省政府发布了《中共贵州省委关于加强人才培养引进加快科技创新的指导意见》，提出了建设"中国人才创业首选地"的目标，并强调人才总量不足、科技创新能力弱是贵州实现同步小康的主要瓶颈。贵州计划通过一系列措施，包括提供厂房、科技专项资金支持、减免行政规费等，孵化培育一批创新型领军企业和重大创新项目。

（5）科技人才队伍建设：贵州在《贵州省"十四五"科技创新规划》中强调了科技人才队伍建设的重要性，提出了加大高层次人才培养力度、加大创新型人才引进力度、完善科技人才评价激励机制以及促进科技人才向基层流动等措施。

通过这些措施，贵州省在提升科技创新能力，促进科技成果转化，加强人才队伍建设，以支持和推动全省的科技创新和经济社会发展。

二、教育与人才培养

在贵州创新驱动发展战略中，教育与人才培养被视为推动科技进步、产业升级和经济增长的核心要素。贵州通过多种方式加强教育体系建设和人才培养机制，以适应新时代西部大开发的需求，并促进全省的高质量发展。

首先，贵州积极推动高等教育与职业教育的深度融合与发展，注重

① 贵州省"十四五"科技创新规划[EB/OL].（2022-08-30）[2024-11-19]. http：//www.guizhou.gov.cn/ztzl/gzsswgh/zxgh/202208/t20220830_76282027.html.

提升教育质量，培养具有创新能力的专业人才。例如，遵义职业技术学院等高等院校正通过提升办学水平，致力培养高素质的职业技术人才，以满足地方经济发展的实际需求。贵州一些职业院校也在强化党建引领，力求全方位地提升职业教育的质量，确保毕业生能够实现高质量就业。

其次，为了吸引和留住更多的高层次人才，贵州某大学贵阳创新驱动发展战略研究院等机构发挥了重要作用，它们作为跨学科、专业化、开放型的非营利性智库，不仅承担着市委、市政府委托的重大调研课题，还积极参与创新人才的培养。此外，贵州某医科大学等高校通过召开学科竞赛动员大会等形式，激发学生的创新潜能，强化科教融合，为学生提供展示才能和实践创新的平台。

再次，贵州出台了一系列支持政策，如《贵州省高层次创新型人才遴选培养实施办法（试行）》，旨在选拔和培养一批高层次创新型人才。国务院印发了《关于支持贵州在新时代西部大开发中闯出新路的意见》，进一步明确了对贵州教育的支持方向，尤其是针对人才引进和培养的重点领域提出了具体措施。

最后，在乡村教育方面，贵州通过各种形式的活动，如贵州省某市乡村教育助力乡村振兴现场推介会暨教育高质量发展论坛，提升乡村学校的管理水平和教学质量，推动教育资源均衡分布，为乡村振兴战略提供坚实的智力支持。

总之，贵州在创新驱动发展战略框架下，通过优化教育体系、强化人才培养机制、落实相关政策以及促进教育资源均衡分布等措施，旨在构建一个能够持续支持高质量发展的教育与人才生态系统。

（一）构建高质量教育体系

在创新驱动发展战略中，贵州构建高质量教育体系的关键在于提升教育质量和促进教育公平。以下是贵州在教育体系构建方面的一些重要措施和发展目标：

（1）优质均衡的基础教育：贵州坚持优质均衡的发展理念，增加普惠性学前教育资源，实施城乡义务教育均等化推进工程，推动城乡义务教育一体化发展。通过实施公办强校计划和县域义务教育优质均衡县创建，提升农村教育水平，扩大优质公办资源供给。

（2）职业教育的扩容提质：贵州大力推进现代职业技术教育体系的建设，实施中职“强基”工程和高职“双高”工程，提升职业教育的办学质量和服务地方发展的能力。通过“黔匠”培养工程，每年定向培养输送技术技能人才，并开展相关职业技能培训。

（3）高等教育的创新人才培养：贵州加快构建开放多元的高等教育创新人才培养体系，加快“双一流”建设，优化学科和学位点布局，建设一流大学，推进医学教育改革创新，建设一流本科教育，加强研究生教育。

（4）终身学习体系的构建：贵州推动各级各类教育高质量发展，构建普惠便利的终身学习体系，完善弹性学习制度，加强省市县三级开放教育，丰富终身教育资源。

（5）教育服务地方发展能力的提升：贵州加快推进本科学校“双一流”和高职院校“双高”建设，引导部分普通本科高校向应用型转变，推行“校农结合”，服务地方经济发展。

（6）教育治理体系和治理能力的现代化：贵州优化公办教育资源配置，支持和规范社会力量兴办教育，落实学校办学自主权，深化教育督导体制机制改革，深化教育评价机制改革。

（7）教师队伍建设：贵州全面建设高素质专业化创新型教师队伍，加强师德师风建设，启动实施“强师工程”，增强教师队伍活力。

（8）教育信息化水平的提升：贵州推进教育信息化标准体系建设，建设教育专用网络，建设安全高效的教育行业数据安全防护和密码应用体系，建设教育数据中心。

通过这些措施，贵州旨在建设高质量教育体系，为推动经济社会高质量发展提供人才和智力支撑。

（二）校企合作与产学研结合

贵州在校企合作和产学研结合方面采取了多元化的策略[①]，以促进教育链、人才链、产业链和创新链的深度融合。以下是一些关键措施和实践案例：

（1）产业导师制度：贵州鼓励高校设立产业导师流动岗位，计划到2025年，从企业、科研院所等选聘800名科技创新人才、高技能人才和管理人才担任高校产业导师。[②]这一措施旨在推动高校与企业、科研院所联合培养人才、共建研发载体、开展科研项目合作，实现产教融合发展。

（2）科技成果转化项目：贵州省科技厅发布了《省科技厅关于发布2025年贵州省科技成果转化及产业化计划项目（含临床专项）申报指南的通知》，支持高校、科研院所与企业联合开展科研项目合作，推动科技成果的转化应用。

（3）校企合作平台：贵州通过建立校企合作平台，如贵州省教育厅与省工商联签署的协作框架协议，整合双方优势资源，围绕人才培养、科技创新、产教融合、民企高校促就业等方面展开合作，以教育科技创新助力民营企业新质生产力发展。

（4）产学研结合示范基地：贵州认定了一批产学研结合示范基地，涉及生物技术、装备制造、医药及电子信息等领域，推动省内企业与高校院所的产学研合作。

（5）教育高质量发展服务：贵州省教育厅印发了《关于推动教育高质量发展服务“四新”“四化”的意见》，聚焦新型工业化、新型城镇化、农业现代化、旅游产业化实施四大工程，推动教育高质量发展。

---

① 校企合作 定向培养：贵州通过产教融合拓宽技能成才新赛道[EB/OL].（2024-03-25）[2024-11-05]. http://www.guizhou.gov.cn/home/gzyw/202403/t20240325_83986790.html.

② 贵州：产业导师让产学研用更“亲密”[EB/OL].（2024-08-07）[2025-01-15]. https://finance.sina.com.cn/jjxw/2024-08-07/doc-inchuqsi9239461.shtml.

（6）国际产学研用合作会议：贵州举办了国际产学研用合作会议，现场签订了多项校企战略合作协议，推动产学研用的结合，搭建了高层次、宽领域的交流合作平台。

（7）产教融合共同体：贵州推动了多家龙头企业和高水平高等学校、职业学校牵头的行业产教融合共同体的成立，如全国大数据行业产教融合共同体，促进产教布局高度匹配、服务高效对接、支撑全行业发展。

（8）技能人才培养：贵州通过开展“项目制”培训，定向培养技术技能人才，促进群众就业、创业。同时，推进技工教育与职业教育融合发展，建立全省统一的职业教育招生平台，推动职业技能等级与相应学历双向比照认定。

（9）对外交流技能“出口”：贵州的高职院校通过开展国际交流合作，为外国提供农业科技培训，推动“技能贵州”培训品牌“出口”，促进联合办学和科研合作。

通过这些措施，贵州在校企合作和产学研结合方面取得了积极成效，为地方经济发展和产业升级提供了强有力的人才和技术支持。

（三）终身学习体系建设

贵州在构建终身学习体系方面采取了多项措施，以促进教育的普及和质量提升，确保教育服务的均等化，并增强教育对地方发展的支持能力。

（1）优质均衡的基础教育：贵州计划到 2025 年，实现更高水平、更有质量的教育普及，学前三年毛入园率、九年义务教育巩固率、高中阶段毛入学率、高等教育毛入学率分别达到 94%、95% 以上、93%、50%。[①]

（2）终身学习体系的构建：贵州正在构建普惠便利的终身学习体系，通过提供丰富的终身教育资源，确保学习条件更加完备、灵活开放，以

① 贵州教育“十四五”规划 预计建设10个省级示范性职业教育集团[EB/OL].(2021-12-01)[2025-01-17].http://edu.sina.com.cn/l/2021-12-01/doc-ikyamrmy6114755.shtml.

满足不同群体的学习需求。

（3）教育信息化建设：贵州加快信息化时代教育变革，加强智能化教育基础设施建设，建设教育专用网络，推进数字校园规范建设，实施网络学习空间普及应用工程，以及智慧教育创新工程和“阳光校园”工程，提升教育信息化水平。

（4）社区教育和老年教育：贵州通过举办社区教育成果展示大赛等活动，推动社区教育和老年教育的发展，提高社区居民和老年人的学习能力和生活质量。

（5）教师队伍建设：贵州加强师德师风建设，实施“强师工程”，增强教师队伍活力，提升教师专业化水平，为终身学习体系提供有力的师资支持。

（6）教育对外开放：贵州利用中国—东盟教育交流周等平台，推动教育对外开放，吸引留学生，提升教育国际化水平，为学习者提供交流机会。

通过这些措施，贵州的终身学习体系建设取得了积极进展，为实现教育现代化和建设特色教育强省奠定了坚实基础。

第五节　对外开放与区域合作

贵州在对外开放与区域合作方面实施了多项战略举措，以促进区域协调发展和经济一体化。贵州与北京大学签署了战略合作协议，加强在科技、教育、人才等领域的合作，推动省校合作迈上新台阶。同时，通过举办2024贵州省国际友好城市交流合作会议，与国际友城签署合作协议，旨在与国际友城在多领域开展务实交流合作，服务国家外交大局推动全省高质量发展。贵州还出台了《关于建立更加有效的区域协调发展新机制的实施意见》，明确了加快融入国家重大区域战略、深化东西部扶贫协作成果、完善毗邻区域省际合作机制等方面的措施。此外，贵州积极参与成渝地区双城经济圈建设，推动交通、能源、大数据、文化和旅游等领域的合作，同时加快融入“一带一路”和粤港澳大湾区发展，构建全方位开放发展新格局。贵州还深化与周边省份（如重庆、四川、湖南、广西、云南）的合作，推动交通基础设施互联互通，加强脱贫攻坚、能源、大数据等领域合作，共同提升开放型经济发展水平。

一、对外经贸合作

贵州在对外经贸合作方面采取了多项措施，以促进区域经济一体化和提升开放型经济发展水平。[①] 贵州正积极融入国家重大区域战略。

（一）参与“一带一路”建设

贵州在参与“一带一路”建设中取得了显著成就，通过加强基础设施互联互通、深化产业合作、推动贸易投资自由化便利化、创新资金融通模式、加强民心相通等措施，积极融入国家战略，推动了地方经济的高质量发展。

（1）基础设施互联互通：贵州作为西部陆海新通道的重要节点，积极参与通道建设，促使贵州毕节至四川叙永铁路全线铺轨完成，西部陆海新通道建设加快。贵州还开通了中欧班列，推动了云上贵州大数据协同创新中心的建设，加强了与共建“一带一路”国家的数字经济合作。

（2）产业合作：贵州企业在“一带一路”建设中发挥了重要作用，推动了贵州产品走向世界。贵州轮胎、洗衣助剂等产品通过“云贵·澜湄线”国际货运专列首发，密切了贵州与 RCEP 国家的联系。

（3）贸易投资自由化便利化：贵州通过改善区域内和各国营商环境，拓宽了贸易领域、优化了贸易结构，推动了与共建国家的经贸关系发展。

① 贵州省国家内陆开放型经济试验区建设成果新闻发布会图文实录[EB/OL].（2021-01-14）[2024-11-15]. http：//fgw.guizhou.gov.cn/jdhy/xwfb/202101/t20210114_66141893_mobile.html.

（4）资金融通：贵州积极开展金融合作，推动了政策性金融、开发性金融、商业性金融、合作性金融支持“一带一路”建设，构建了长期、稳定、可持续、风险可控的投融资体系。

（5）民心相通：贵州与共建“一带一路”国家在生态文明建设、科技创新、教育等领域合作交流，形成了多元互动的人文交流新格局。贵州科学院与多个共建国家建立了友好合作关系，推动了国际科技交流合作。

（6）教育合作：贵州通过中国－东盟教育交流周等平台，加强了与共建“一带一路”国家的文化交流和教育合作，为“一带一路”建设工作储备了人才。

通过这些措施，贵州在“一带一路”建设中标注了新的“空间坐标”，实现了从内陆腹地到西部重要陆海连接点的转变，开放发展迎来了全新天地。

（二）扩大对外贸易与投资

贵州在扩大对外贸易与投资方面采取了多项措施，以促进开放型经济的高质量发展。以下是一些关键点：

（1）基础设施互联互通：贵州积极参与西部陆海新通道建设，加密中欧班列，加快畅通“成渝地区双城经济圈—贵州—粤港澳大湾区”大通道，加快建设联通东南亚货运通道，畅通北上长江、南下珠江水运通道，为全省对外开放蓄势能、增动能。

（2）对外贸易增长：从2020年到2024年，贵州的进出口总值呈现了稳步增长的趋势。2020年，贵州的货物贸易进出口总值达到546.5亿元，较前一年增长了20.6%，其中出口额为431.6亿元，增长了31.9%，进口额有所下降，为114.9亿元，下降了8.9%。[①] 到了2021年，进出

① 国家统计局贸易外经统计司．中国贸易外经统计年鉴[M]．北京：中国统计出版社，2021：653-654.

口总额进一步增长至654.16亿元，较2020年增长了19.7%，出口额为487.11亿元，增长了13.0%，而进口额大幅上升至167.05亿元，增长了44.6%。[①]进入2023年，贵州的进出口总额达到759.7亿元，较2022年增长了11.5%，其中出口额为520.5亿元，增长了22.6%，进口额为239.1亿元，略有下降，减少了6.8%。[②]尽管具体年度的进口和出口数据有所波动，但整体来看，贵州的对外贸易表现出了积极的增长态势。贵州通过创新协作联动机制、优化外贸发展环境、解决企业融资难题等措施，推动外贸高质量发展。

（3）投资贸易便利化：贵州深入开展贸易投资便利化改革创新，打造全国首个综保型国际陆港，破解口岸功能缺失、物流通道不畅、资源整合不足等问题，推动高水平对外开放。

（4）抢抓RCEP机遇：贵州积极抢抓RCEP新机遇，推动企业进一步扩大出口、勇闯海外，享受关税优惠、提高通关效率。

（5）优化营商环境：贵州对标国际国内一流营商环境水平，打造更高水平的营商环境，持续降低企业制度性交易成本，激发经营主体活力。

（6）培育外贸高质量发展动能：贵州出台稳外贸政策，推动跨境电商、海外仓等新业态新模式健康发展，提升外贸运行效率，保障产业链供应链畅通运转。

（7）加快融入“一带一路”：贵州加快融入“一带一路”建设，推动与共建国家的产业合作、文化交流，共谋合作发展空间，从内陆逐渐走向开放前沿。

（8）深化国际合作：贵州与多个国家和地区建立了经贸关系，累计

---

① 国家统计局贸易外经统计司．中国贸易外经统计年鉴[M]．北京：中国统计出版社，2022：633-634.

② 贵州省2023年国民经济和社会发展统计公报[EB/OL].(2024-04-30)[2025-02-11]. http://www.guizhou.gov.cn/zwgk/zfsj/tjgb/202404/t20240430_84385915.html.

设立外商投资企业 3100 余家，推动了对外贸易和投资的增长。[①]

通过这些措施，贵州正积极构建全方位开放发展新格局，推动区域协调发展，提高开放型经济发展水平。

（三）推动跨境电商发展

贵州正通过一系列措施推动跨境电商的发展，以扩大对外贸易和投资。[②]

（1）跨境电商综合试验区建设：贵州的贵阳市和遵义市作为国家跨境电商综合试验区，通过创新探索，推动了跨境电商业务的快速发展。贵阳综保区利用其区位、政策、开放优势，推动了贵州产品走向世界，同时吸引了全球优质商品进入贵州市场。

（2）基础设施和物流体系完善：贵州通过完善交通网络和物流体系，为跨境电商提供了坚实的基础设施支持。贵阳国际陆港成功开行了发往广州南沙港、深圳盐田港的测试班列，中欧班列的开行为贵州铁路运输提供了新的机遇。

（3）政策支持和企业孵化：贵州省政府出台了一系列扶持政策，支持跨境电商企业的发展。贵阳综保区建立了跨境联合产业园和保税展示中心，吸引了众多配套企业入驻，形成了完整的跨境电商生态链。

（4）拓展国际市场：贵州通过举办绿色贸易产销对接会等活动，拓展了国际市场。这些活动不仅为贵州的优质产品打开了国际市场，也为本地企业创造了更多的商业机会。

（5）跨境电商平台建设：贵阳综保区推出了“贵州 export”的独立

---

① 向“外”拓 向“新”进：贵州省奋力构建全方位开放发展新格局[EB/OL].（2024-03-11）[2025-01-16]. http://www.guizhou.gov.cn/home/gzyw/202403/t20240311_83907424.html?isMobile=false.

② 开放之门 越开越大：贵州省持续推进跨境贸易便利化激发外贸新活力激发市场活力稳住经济增长[EB/OL].（2024-08-28）[2024-11-17]. http://www.guizhou.gov.cn/ztzl/jfschlwzjjzz/dtyw/202408/t20240828_85485340.html.

站平台，为海外市场提供了直接下单的便捷渠道。该平台展示了贵州的制造业实力、服务贸易能力和品牌魅力。

（6）人才培养和教育合作：贵州注重跨境电商人才的培养，与高校合作开展人才培训计划，以满足行业发展对专业人才的需求。

（7）优化营商环境：贵州通过优化营商环境，降低企业开展跨境电商业务的门槛，提供了一站式服务的跨境电商平台，支持企业更高效地进行跨境贸易。

通过这些措施，贵州的跨境电商发展迅速，为当地经济发展注入了新动能，同时为全球消费者提供了更多的选择。

二、区域协同发展

贵州在区域协同发展方面采取了多项措施，旨在通过与周边地区的合作，实现优势互补、良性互动，推动区域经济的共同进步。①

（一）贵州与其他省份的战略合作

贵州在推动与其他省份的战略合作方面采取了多项措施，以促进区域协调发展和经济一体化。以下是一些关键点和实施情况：

（1）建立区域协调发展新机制：贵州省委、省政府出台了《关于建立更加有效的区域协调发展新机制的实施意见》，明确了加快融入国家重大区域战略、深化东西部扶贫协作成果、完善毗邻区域省际合作机制等方面的措施。

（2）深度融入"一带一路"建设：贵州积极参与西部陆海新通道建设，主动融入粤港澳大湾区发展，加快沿着"一带一路"走出去，以开放促改革、促发展。

（3）融入成渝地区双城经济圈：贵州加速融入成渝地区双城经济圈，

① 潘家华，李萌．贵州：跨区域协同发展的实施路径探索[EB/OL].（2021-09-22）[2024-11-19]. http://difang.gmw.cn/gz/202109/22/content_35180692.htm.

以川、渝、黔为一体化区域协同发展的“西三角”经济圈，推动交通、能源、大数据、文化和旅游等领域的合作。

（4）与北京大学签署战略合作协议：2024 年 10 月，贵州与北京大学在京举行工作会谈并签署战略合作协议，双方将在战略决策咨询、科技、教育、人才、医疗卫生等领域开展合作。

（5）与上海市嘉定区签订合作框架协议：贵州省安顺市与上海市嘉定区签订合作框架协议，双方将在航空产业、低空经济应用场景、生物医药产业、绿色算力等方面加强合作。

（6）积极融入国家区域发展战略：“十四五”期间，贵州将深度融入“一带一路”、长江经济带、粤港澳大湾区、成渝地区双城经济圈等国家区域发展战略，加强与周边省份合作，扩大对内对外开放。

通过这些措施，贵州正积极构建全方位开放发展新格局，推动区域协调发展，提升开放型经济发展水平。

（二）跨区域重大项目共建

贵州在推动跨区域重大项目共建方面采取了以下措施：

（1）融入国家重大区域战略：贵州正全力推动新时代西部大开发形成新格局，主动融入“一带一路”建设，深度参与长江经济带发展，积极融入粤港澳大湾区建设，积极对接长江三角洲区域一体化发展，主动对接京津冀协同发展。这些战略的实施有助于贵州在区域协调发展中发挥更大的作用。

（2）深化东西部扶贫协作成果：贵州通过完善与东部对口帮扶城市扶贫协作机制，深入推进产业合作帮扶，健全劳务协作机制，深化扶贫协作成果。

（3）完善毗邻区域省际合作机制：贵州正在深化与重庆、四川、湖南、广西、云南等省份的合作，推动交通基础设施互联互通，加强脱贫攻坚、能源、大数据等领域合作。

（4）建立完善基础设施建设运营联动机制：贵州正在推动交通基础设

施互联互通，全力参与西部陆海新通道建设，并推动新型基础设施建设。

（5）健全开放发展平台和市场体系：贵州正在构建多层次对外开放平台，推动区域市场一体化建设，加快贵阳—遵义国家级跨境电子商务综合试验区建设。

（6）优化省内区域合作机制：贵州正在强化城市群都市圈带动作用，加快发展县域经济，并完善基本公共服务标准化均等化机制。

（7）重大项目建设扩大有效投资：贵州省人民政府办公厅印发了《贵州省进一步加快重大项目建设扩大有效投资的若干措施》，从全力加快产业投资进度、加大产业配套基础设施投资等方面明确了具体措施。

（8）融入成渝地区双城经济圈：贵州加速融入成渝地区双城经济圈，推动交通、能源、大数据、文化和旅游等领域的合作，形成“西三角”经济圈。

（9）长三角的优质“合伙人”：贵州面向长三角、珠三角、京津冀等重点区域全方位开展“走出去”“请进来”招商引资活动，成功引进多个产业项目。

通过这些措施，贵州正积极推动跨区域重大项目共建，促进区域协调发展和经济一体化。

（三）产业转移与承接机制

贵州在产业转移与承接机制方面采取了以下措施：

（1）优化产业空间布局：贵州通过科学制定产业承接规划，优化产业空间布局，引导转移企业向产业园区集聚，增强重点区域产业集聚能力。

（2）推进承接产业转移示范园区建设：贵州支持重点开发区扩区调位升级，积极探索建立以企业为主体的产业园区开发管理机制，鼓励联合建设产业园区。

（3）建立多元化投入机制：贵州建立多元化投资机制，多渠道解决产业集聚区基础设施建设资金问题，逐步实现由依靠政府投入向自我滚动发展转变。

（4）加强资源节约和环境保护：贵州坚持区域生态功能定位，严把产业准入门槛，大力发展循环经济，推进资源节约集约利用，推行清洁生产，着力改善生态环境。

（5）发展职业教育：贵州加大职业教育基础能力建设投入，鼓励国内高校到产业集聚区联合办学，兴办分校或独立学院，建设实训基地。

（6）完善就业和社会保障服务：贵州建立健全覆盖产业集聚区全体劳动者的公共就业服务体系，加强对人力资源市场的建设和管理，引导人力资源与产业对接。

（7）土地政策支持：贵州将产业集聚区等各类建设用地统筹纳入当地土地利用总体规划，积极争取国家对新增建设用地年度计划指标的支持。

（8）投资政策优惠：对从沿海整体搬迁到贵州的企业，有关部门要及时相应办理企业在沿海评定的工商、海关、外汇管理类别相关手续。

（9）开放政策：贵州进一步完善口岸基础设施建设，加快电子口岸、“无水港”建设步伐，为企业产品进出口提供优质高效的通关服务。

（10）奖励政策：贵州对企业开展自主品牌建设，符合国家及贵州有关规定的，可享受品牌发展的支持政策。

（11）加强组织领导：贵州成立省承接产业转移工作领导小组，负责承接产业转移的日常工作，建立部门联席会议制度，定期研究制订承接产业转移的政策措施。

通过这些措施，贵州正积极构建有效承接产业转移的机制，以促进区域协调发展和经济一体化。

总体而言，贵州将高质量发展作为核心战略，依托交通改善和产业革新，结合政策支持，制定“四新”和“四化”发展目标，构建现代化产业体系，能促进经济质的有效提升和量的合理增长。

贵州的发展战略定位包括西部大开发综合改革示范区、巩固拓展脱贫攻坚成果样板区、内陆开放型经济新高地和数字经济发展创新区，旨在激发市场活力，推动乡村振兴，加快农业农村现代化，实现高质量发展。

贵州通过深化改革、优化环境、推动开放、主攻“四化”和保障民生等措施，致力成为内陆开放型经济新高地和数字经济发展创新区，推动经济高质量发展，促进共同富裕。

第四章　贵州在 RCEP 框架下的机遇

在 RCEP 框架下，贵州迎来了促进贸易增长、降低关税壁垒、利用原产地累积规则、推动开放型经济建设、优化营商环境以及加强国际合作与交流等多方面的机遇。随着 RCEP 的生效，贵州与成员国之间的经贸合作得到加强，进出口总额显著增长，特别是对 RCEP 成员国的贸易额大幅提升；同时，企业采购成员国生产的原材料关税降低，出口商品在进口国享受的关税也逐步减少，增强了贵州产品在国际市场上的竞争力。RCEP 的原产地累积规则使得贵州企业更容易获得降税资格，扩大价格竞争优势，并有利于其在全球范围内布局生产和贸易。为了抓住 RCEP 带来的机遇，相关部门积极制定相关政策，开展 RCEP 政策研究，帮助本土企业更好地理解和利用 RCEP 规则，进而优化营商环境。此外，RCEP 为贵州的特色产品如牛肉、香辣羊肉、酸汤等提供了进入成员国市场的良好机会，并享受到关税减免的好处。通过参加中国国际进口博览会等活动，贵州还加强了与成员国之间的经贸往来和技术交流，推动了高水平开放和高质量发展，为建设内陆开放型经济新高地提供了契机。

第一节　新市场机遇

贵州在 RCEP 框架下迎来了新的发展机遇，这为贵州的对外贸易和投资提供了新的增长点。2023 年一季度，贵州与 RCEP 成员国的进出口总额达到 68.6 亿元，同比增长 44.9%，其中出口额为 54.9 亿元，同比增长 82.2%。[①]RCEP 的实施为贵州企业带来了政策红利，贵州企业通过申领 RCEP 原产地证书，享受了关税优惠。贵州省商务厅和贵阳海关等部门积极行动，为企业提供了政策研究和培训，帮助企业掌握自贸协定降税清单、原产地规则、进出口申报等政策，提升了企业的国际竞争力。贵阳海关通过优化政策举措，提高了通关效率，为企业提供了“一站式”服务，确保了报关零延时、查验零等待，落实了 RCEP 关于鲜活易腐货物 6 小时内放行、普通货物 48 小时内放行的要求。[②]RCEP 鼓励加深各成员国之间的经贸合作，为企业构建面向全球的生产网络体系，形成较大的消费市场，提供了重大机遇。RCEP 的实施有助于贵州吸引更多外资，推动产业升级和经济结构优化，利用其在装备制造业、大数据、能源、化工等领域的技术和企业优势，与东盟国家拥有的自然资源优势相结合，推动双向投资和贸易。RCEP 为贵州的大数据、大旅游、大健康等服务贸易领域提供了新的增长空间，有助于提升贵州服务贸易的规模和质量。通过这些措施，贵州正积极利用 RCEP 带来的新机遇，推动高

① 贵州：抢抓 RCEP 机遇 黔企乘风出海　激发市场活力稳住经济增长 [EB/OL].（2023-05-25）[2024-11-21]. http: //www.guizhou.gov.cn/ztzl/jfschlwzjjzz/dtyw/202305/t20230525_79887856.html.

② 贵州：抢抓 RCEP 机遇　黔企乘风出海 [EB/OL].（2023-05-25）[2025-01-16]. http://www.guizhou.gov.cn/ztzl/jfschlwzjjzz/dtyw/202305/t20230525_79887856.html.

水平对外开放，实现外贸经济的高质量发展。

一、出口产品多样化

在 RCEP 机制下，贵州的出口产品日渐多样化。[①]RCEP 的实施为贵州企业提供了更广阔的市场空间和更多的贸易机会，促使出口产品结构不断优化和升级。

（一）化工品和矿产品

自 RCEP 正式生效以来，贵阳海关积极履行职责，为贵州的出口企业签发了多份 RCEP 原产地证书。这些证书涉及的产品种类繁多，包括化工品、矿产品等，它们主要被销往日本、越南以及其他 RCEP 成员国。通过这些证书，这些产品在出口过程中享受了进口国的关税减免政策，这不仅增强了贵州出口产品的市场竞争力，还为企业带来了显著的价格优势和关税优惠，从而促进了贵州与 RCEP 成员国之间的贸易往来，进一步推动了区域经济一体化进程。

1. 化工品出口

就贵州化工业发展状况而言，贵州凭借其得天独厚的自然资源优势，特别是磷、煤炭、重晶石、锰矿以及汞等矿产资源的丰富储量，经过多年的不懈努力和持续的发展，已经逐步构建起一个以磷化工、煤化工、钡盐生产以及橡胶加工等为核心的多元化工业体系。[②]这些产业不仅为当地经济的发展注入了强劲动力，而且在提升贵州的工业水平和产业结构方面发挥了至关重要的作用。

磷化工：贵州不仅以其独特的喀斯特地貌和丰富的民族文化著称，

① 加快融入 RCEP“朋友圈”：贵州以东南亚市场为主攻目标扩大对外开放 [EB/OL].（2024-02-21）[2024-11-19]. http：//swt.guizhou.gov.cn/xwzx/gzdt/202402/t20240221_83829651.html.

② 金必煌：发挥优势 将贵州打造成为全国资源精深加工基地 [EB/OL].（2024-03-04）[2024-11-17]. http：//gz.people.com.cn/n2/2024/0304/c222152407639 38.html.

而且在磷矿资源的储量上也占据着举足轻重的地位。更值得注意的是，在磷富矿资源方面，即那些品位较高的磷矿（P2O5 含量超过 30% 的磷矿），贵州的查明资源储量更是占据了全国总量的 56%，[①] 这一数据不仅凸显了贵州在磷富矿资源方面的领先地位，而且也表明了其在全球磷矿资源分布中的重要地位。

依托得天独厚的磷矿资源优势，贵州孕育并发展了一批在磷化工领域具有一定规模和竞争力的企业。其中，A 集团作为行业的领军企业，不仅在国内市场具有强大的影响力，而且在全球磷化工行业中也占据了重要的地位，成为一个具有国际影响力的大型企业。

这些企业的成长和发展，不仅得益于贵州丰富的磷矿资源，还得益于当地政府对磷化工产业的支持和引导，以及企业自身在技术创新、产品升级和市场拓展方面的不懈努力。随着全球对磷化工产品需求的不断增长，贵州凭借其资源优势和产业基础，有望在未来继续保持并扩大其在磷化工领域的领先地位，为国家的经济发展和全球磷化工产业的进步做出更大的贡献。

煤化工：六盘水、毕节以及黔西南等地区构成了贵州煤化工产业的主要分布版图。[②] 这些地区依托丰富的煤炭资源，发展出了以煤炭为基础原料的化工产业。在这些地区中，B 企业凭借其在煤化工领域的深耕和技术积累，展现出了强劲的市场竞争力。特别是 B 企业旗下的乙二醇项目，通过持续的技术改造和创新，不仅确保了乙二醇生产装置的稳定运行，而且在技术性能和能源消耗等关键指标上均达到了国内领先水平。这标志着贵州在煤化工领域的深加工能力得到了显著提升，同时为当地

① 叶静．从磷出发 向新而行：记中央企业先进集体中化局贵州院 [EB/OL].（2024-10-17）[2025-01-17]. http://www.ccgc.cn/?mod=news_detail&id=188617.

② 贵州省工业和信息化厅．贵州：立足丰富矿产资源 大力推进“富矿精开” 创新发展特色精细化工产业 [EB/OL].（2024-07-18）[2024-11-22]. http：//www.ccin.com.cn/detail/01399d35631adfd1655b31fff22459b7.

经济的发展注入了新的活力。

钡盐：贵州重晶石资源储量在全国范围内占据着领先地位，是我国钡盐生产的重要基地。随着钡盐化工产业的不断发展，该地区的钡盐化工生产装置技术水平逐年提升，已经达到较高的工业标准。在精细钡盐产品的生产技术方面，贵州不仅实现了技术的产业化，而且在产品质量和生产效率上取得了显著的进步。C企业在钡盐化工领域表现突出，凭借其先进的技术和设备，以及在行业内的丰富经验，已经成为推动当地钡盐化工产业发展的重要力量。相关企业在钡盐化工领域的强劲实力，不仅为贵州地区的经济发展做出了贡献，也为全国乃至全球的钡盐市场提供了高质量的产品和服务。

橡胶加工：在橡胶加工领域，D公司不断追求技术创新和工艺改进，特别是在智能化改造方面取得了显著的突破。公司投入大量资源进行技术研发，引入先进的自动化生产线和智能化管理系统，大幅提升了生产效率和产品质量。这些智能化的改造不仅提高了生产过程的精确度和一致性，还有效降低了生产成本和能耗，减少了对环境的影响。

D公司的智能化改造项目在行业内产生了积极的示范效应，引领了行业的发展趋势，推动了整个轮胎制造业向更加高效、环保、智能化的方向发展。公司通过不断的技术创新和管理优化，不仅巩固了其在行业内的领先地位，也为全球客户提供了更加优质的产品和服务，展现了中国制造业的国际竞争力。

就贵州的出口水平而言，根据可获取的公开资料和统计数据，贵州的化工产品在国际市场上出口表现强劲。在2020年期间，贵州省规模以上工业企业的出口交货值总量实现了显著的增长。尽管面临着中美贸易摩擦、关税壁垒以及其他国际贸易中的不利因素，贵州化工行业的工业品出口依然保持了稳健的增长势头。这一成绩的取得，得益于贵州化工企业积极应对市场变化，优化产品结构，提升产品质量和技术含量。

2019年以来，贵州化工产品的对外出口情况如下：

出口规模方面，2019 年贵州进出口总额为 453.57 亿元，其中出口总额为 327.14 亿元，同比下降 3.1%。[①]

2020 年，贵州规模以上工业出口交货值为 161.45 亿元，其中化工行业是主要出口行业之一，与装备制造业、酒饮料产业和橡胶制品业等四个行业合计实现 128.37 亿元，占全部出口的比重为 79.5%。[②]

2021 年，化学原料和化学制品制造业增加值增长 25.9%。[③]

2022 年，化工产品出口总额为 519.81 亿元，同比增长 6.7%。[④]

2023 年，化学原料和化学制品制造业增长 21.7%。[⑤]

主要出口产品方面，磷化工产品是贵州化工出口的重要组成部分，主要产品包括磷酸、磷肥等。硫酸铵、氯酸钠等化工原料也在出口产品中占据重要地位。

出口市场方面，贵州化工产品主要出口到印度、泰国、南非和美国等国家。亚洲市场占据了较大份额。

产业优势方面，贵州依托丰富的磷矿资源，形成了以磷化工为主的产业基础，具备较强的国际竞争力。

就贵州的主要化工出口产品而言，贵州的主要化工出口产品包括磷化工产品，如磷酸一铵和磷酸二铵。2021 年，磷酸一铵出口量为 51.3 万

① 贵州省2019年国民经济和社会发展统计公报[EB/OL].(2020-04-09)[2025-01-16]. http://www.guizhou.gov.cn/zwgk/zfsj/tjgb/202109/t20210913_70088464.html.

② 从出口交货值看贵州工业出口形势[EB/OL].(2021-02-24)[2025-01-16]. http://www.sohu.com/a/452383347_100011013.

③ 贵州省2021年国民经济和社会发展统计公报[EB/OL].(2022-03-14)[2025-01-16]. http://www.guizhou.gov.cn/zwgk/zfsj/tjgb/202203/P020220324424977236591.pdf.

④ 贵州省2022年国民经济和社会发展统计公报[EB/OL].(2023-05-17)[2025-01-16]. https://www.guizhou.gov.cn/zwgk/zfsj/tjgb/202305/t20230517_79768889.html.

⑤ 贵州省2023年国民经济和社会发展统计公报[EB/OL].(2024-04-30)[2025-01-16]. https://www.guizhou.gov.cn/zwgk/zfsj/tjgb/202404/t20240430_84385915.html.

吨，出口金额为 2.75 亿美元。[①]2022 年，磷酸一铵出口量减少至 20.2 万吨，出口金额为 1.77 亿美元。磷酸二铵在 2022 年的出口量为 58.0 万吨，出口金额为 4.87 亿美元。[②]

就行业增长速度而言，2020 年，贵州现代化工产业实现工业总产值 1188.91 亿元，同比增长 3.8%。其中，规模以上工业企业实现总产值 925.82 亿元，同比增长 3.2%。[③]

2022 年，贵州磷化工产业总产值增长 26.7%，新能源电池及材料产业总产值增长 115.6%，磷石膏综合利用率达到 96.43%。[④]

就企业贡献而言，以 A 集团等龙头企业为代表的“贵州制造”在国外市场具备一定的影响力和竞争力，2020 年贡献了全省近半的出口交货值，占比高达 49.5%。[⑤]

就产业优势而言，贵州依托丰富的磷、煤、重晶石、锰矿、汞等矿产资源，已初步形成了以磷化工、煤化工、钡盐、汞回收、橡胶加工等为主体的产业基础，并培育了一批优强企业。

就技术创新性而言，贵州不断创新磷化工技术，提升磷化工的核心竞争力，多项工艺技术水平在国内、国际有着重要的“话语权”。

就政府支持政策而言，贵州省政府出台了相关政策措施，优化营商

---

① 金联创：2021 年磷肥出口数据简析 [EB/OL].（2022-01-27）[2025-01-16].http://cj.sina.com.cn/articles/view/5500284102/147d7acc600101b07e .

② 杜永芳 .2023 年贵州省磷化工行业市场现状分析：磷矿资源规划新增 1.6 亿吨 磷酸二铵为优势出口产品 [EB/OL].（2023-05-15）[2025-01-16]. http://stock.stockstar.com/IG2023051500010145.shtml.

③ 贵州省现代化工产业概况 [EB/OL].（2021-03-15）[2025-01-15]. http://www.guizhou.gov.cn/ztzl/ssgybzxdflsxgydtp/sdgycy/xdhg/cygk_5833070/202110/t20211009_70809326.html.

④ 贵州深入推进新型工业化 [EB/OL].（2023-04-09）[2025-01-16].http://movement.gzstv.com/news/detail/QR69W/.

⑤ 贵州规模以上工业出口情况向好 [EB/OL].（2021-03-15）[2025-01-15].http://www.guizhou.gov.cn/ztzl/ssgybzxdflsxgydtp/zxdt/202110/t20211009_70803065.html.

环境，鼓励企业加大出口，降低企业贸易成本，提高对外贸易便利度。

这些数据和信息展示了贵州化工产品出口的规模、结构、增长情况以及政府和企业在推动化工产品出口方面的努力和成就。

就主要典型企业和产品而言，贵州企业众多，产品多样。企业方面，A集团作为磷化工行业的领军企业，不仅在磷矿的开采领域拥有深厚的技术积累和丰富的实践经验，而且在磷化工产品的生产过程中也展现出了卓越的工艺水平和创新能力。该集团依托贵州丰富的磷矿资源，通过不断的技术研发和工艺优化，成功打造了一系列高品质的磷化工产品，满足了国内外市场的需求。在全球磷化工行业中，A集团凭借其雄厚的实力和对行业发展的深刻理解，已经成为一个不可或缺的重要角色，其产品不仅广泛应用于农业、工业等多个领域，还对全球磷化工产业的技术进步和市场供应起到了积极的推动作用。

D公司是一家享誉全球的商用轮胎制造商，以其产品线的广泛性和多样性而著称。作为全球规格品种最为齐全的商用轮胎生产厂之一，该公司致力研发和生产各种适用于不同车辆和使用环境的轮胎产品。该公司的产品不仅涵盖了轻型卡车、重型卡车、公共汽车、工程车辆等各类商用车辆的轮胎，还包括适用于不同气候条件和道路状况的特殊轮胎。公司通过不断的技术创新和严格的质量控制，确保其产品能够满足全球市场的需求，同时为全球商用车辆的安全行驶提供了有力保障。

E公司是一家在磷化工行业内具有显著生产规模的企业。该公司专注于磷化工产品的研发、生产和销售，通过不断的技术创新和市场拓展，已经建立起较为完善的产业链条。公司依托丰富的磷矿资源，采用先进的生产技术和设备，确保了产品的质量和生产效率。同时，E公司注重环境保护和可持续发展，致力实现经济效益与社会效益的双赢。通过不断优化产品结构和提升服务水平，公司已经成为磷化工领域内的重要参与者，并在国内外市场上赢得了良好的声誉。

F公司是一家致力磷肥以及其他化肥产品的研发、生产和销售的企业。公司秉承生态环保的理念，专注于为农业生产提供高效、环保的肥料解决方案。通过不断的技术创新和产品研发，该公司旨在提高农作物的产量和品质，同时减少化肥对环境的影响，推动农业可持续发展。该公司不仅关注产品的质量和效果，还注重生产过程中的环境保护，力求在保障农业发展的同时，维护生态平衡，实现经济效益与生态效益的双赢。

G公司是一家专注于磷化工产业的企业，其在磷化工产品的生产领域已经形成了相当的规模。该公司依托贵州丰富的磷矿资源，致力磷肥、磷化工原料及相关产品的研发与生产，通过不断的技术创新和工艺改进，实现了产品的多样化。G公司不仅在磷化工产品的生产上取得了显著的成就，而且在推动行业绿色发展、生态环保方面也做出了积极的贡献，其致力打造一个集经济效益、社会效益和环境效益于一体的现代化生态工程企业。

产品方面，磷化工产品、轮胎以及钡盐产品较为有名，其中，磷化工产品包括磷矿石、磷酸一铵、磷酸二铵、工业级磷酸、食品级磷酸、无水氟化氢、黄磷等；轮胎包括商用轮胎、特种轮胎等；钡盐产品包括高纯硫酸钡、硫酸钠等。

综上所述，贵州化工业凭借丰富的矿产资源和多年的积累，在磷化工、煤化工、钡盐等领域建立了稳固的地位，并通过技术创新和产业升级，不断增强了产品的市场竞争力。

2. 矿产品出口

贵州蕴藏着极为丰富的矿产资源，据不完全统计，目前已经发现的矿种多达137种，这一数字占据了全国已发现矿种总数的80%。① 在这些矿产资源中，贵州尤其以煤、磷、铝、锰等矿产资源的储量著称，这些

① 贵州推进全国资源精深加工基地建设调查[EB/OL].(2024-11-22)[2025-01-15].http://www.guizhou.gov.cn/zwgk/zdlygk/jjgzlfz/nyzy/nyaqjdgl/202411/t20241122_86123219.html.

矿种的储量在全国的排名均位列前十位，显示出其在矿产资源领域的显著优势。

贵州的矿产资源不仅种类繁多，而且储量较大，这为贵州的经济发展提供了坚实的物质基础。在矿产资源的开发利用方面，贵州采取了一系列创新措施，以提高资源的利用率和就地转化率。其中，贵阳市矿产品数字化交易平台的建立，就是一个重要的里程碑。这个平台不仅为矿产品的交易提供了便捷高效的途径，而且通过数字化手段，实现了矿产资源的优化配置和高效利用。

通过贵阳市矿产品数字化交易平台，贵州的铝土矿、磷矿等主要矿产品得以出口到国外市场。这种数字化的交易模式，不仅提高了交易的透明度和效率，而且有助于矿产资源的合理定价和公平竞争。此外，通过提升资源利用率和就地转化率，贵州能够更好地将资源优势转化为经济优势，推动地方经济的可持续发展。

总之，贵州凭借其丰富的矿产资源和创新的交易平台，不仅在国内矿产行业中占据了重要地位，也为全球矿产资源的开发和利用提供了宝贵的经验和示范。未来，随着科技的进步和市场的拓展，贵州的矿产资源开发和利用将更加高效、环保，为地方乃至全国的经济发展做出更大的贡献。

贵州矿产品出口增长的主要驱动因素包括以下几点：

一是资源优势。贵州是中国的矿产资源大省之一，已发现的矿产有110种以上，其中76种程度不同地探明了储量。[①] 特别是煤、磷、汞、铝土矿、锰、锑、金等矿产的储量在全国占有重要地位。这些丰富的矿产资源为贵州的矿产品出口提供了坚实的基础。

二是RCEP政策红利。RCEP的实施为贵州矿产品出口带来了新的增

---

① “新在贵州”系列：富矿精开，点“石”成金[EB/OL].(2024-10-04)[2025-01-16]. http://www.gznyjt.cn/articles/c14/2024/10/a5521/a5521html.

长机遇。RCEP协定的关税减让政策使得贵州矿产品在成员国市场上更具价格优势，促进了出口增长。

三是贸易便利化。贵州省商务厅、贵阳海关等部门积极推动贸易便利化，通过开展RCEP政策研究、制定相关政策，帮助企业用好用足自贸区协定优惠政策，促进了矿产品出口的便利化。

四是企业积极参与：贵州的外贸企业积极参与国际市场竞争，利用RCEP带来的政策红利，扩大出口、开拓国际市场。

五是产业链优化配置。RCEP促进了区域内资源优化配置，提高了产品国际竞争力，加快了产业转型升级，为贵州矿产品出口注入了新的动力。

六是科技创新和产业升级。贵州通过科技创新和产业升级，提高了矿产资源的开采和加工技术水平，提升了矿产品的附加值，增强了矿产品在国际市场上的竞争力。

七是市场开拓。贵州企业通过参加国际贸易展览会、派出贸易代表团等方式，增加了与潜在贸易伙伴的接触和交流，拓展了海外市场。

八是投资合作。贵州与中央企业签订了涉及矿产品深加工等行业的合作项目，总投资额达2929亿元[①]，这些投资有助于提升贵州矿产品的市场竞争力。

这些因素共同作用，推动了贵州矿产品出口的持续增长。

（二）特色食品

贵州特色食品出口呈现积极发展态势，2022年，农产品出口额达到55亿元，同比增长11%，[②]而2023年1至2月，主要农产品出口额同比增

① 贵州与央企签订氟化工等47个合作项目[J]. 浙江化工，2011，42（1）：1.

② 2022年贵州农产品出口55亿元 同比增长11% [EB/OL].（2023-01-25）[2024-11-22]. http：//gznw.guizhou.gov.cn/gznjw/kzx/xwrd/snxw/884081/index.html.

长 75.1%，达到 6.5 亿元。[①] 贵州特色食品，如茶叶、鲟鱼、活猪、食用菌等，在国际市场上展现出强劲的竞争力，产品销往欧美、日韩、东南亚等地区，其中鲟鱼首次出口老挝，蜂蜜首次出口澳大利亚。贵州省工业和信息化厅等 11 部门联合发布《贵州省培育传统优势食品产区和地方特色食品产业实施方案》，支持特色食品产业发展，同时通过品牌建设提升国际影响力。贵州出口产品种类丰富，包括烤烟、茶叶、竹笋、水苔、蔬菜、中药材、芸豆、苹果、鱼类、生猪等，体现了贵州特色食品的多样性。

得益于区域全面经济伙伴关系协定（RCEP）的实施，H 公司的特色米粉方便食品得以享受零关税的优惠政策，这不仅降低了出口成本，增强了产品的市场竞争力，也为公司进一步拓展海外市场提供了有力支持。通过这一协定，公司能够更好地融入全球供应链，与更多国家和地区的合作伙伴建立联系，从而推动企业实现更高质量的发展。

（三）电子产品

贵州电子产品出口呈现积极的增长趋势，这得益于多方面的推动因素。通过承接东部地区的产业转移，贵州的电子产业实现了快速发展，尤其是在 2016 年与 2017 年间，规模以上工业出口交货值总量分别达到了 192.02 亿元和 294.20 亿元。[②]

例如，J 公司生产的刹车片，凭借 RCEP 原产地证书，成功以更加优惠的价格和更高效的速度，打入了韩国、印度尼西亚等国际市场。这一举措不仅使得产品在这些国家的市场竞争力得到了显著提升，同时享受到了关税减免的优惠政策，进一步降低了出口成本，提高了企业的经济效益。

---

① 同比增长 75%！今年前两月贵州农产品出口额 6.5 亿元 [EB/OL].（2023-03-24）[2024-11-22]. http：//movement.gzstv.com/news/detail/HG31o6/.

② 贵州规模以上工业出口情况向好 [EB/OL].（2021-03-15）[2024-11-23]. http：//www.guizhou.gov.cn/home/gzyw/202109/t20210913_70142434.html?isMobile=true.

（四）农产品

贵州有多种独具特色的农产品。这些产品不仅体现了贵州的农业优势，也成为连接贵州与RCEP成员国之间经济合作的纽带。

例如，贵州茶园遍布，得天独厚的气候条件和土壤环境孕育了品质上乘的茶叶。这些茶叶不仅在国内市场受到青睐，而且在国际市场上也具有一定的竞争力。特别是随着RCEP的实施，贵州茶叶出口至成员国的规模持续扩大，这不仅为当地茶农带来了更多的经济收益，也促进了贵州与RCEP成员国之间的贸易往来和文化交流。

（五）其他产品

贵州企业不仅在国内市场表现出色，而且在国际市场上也展现出了强劲的竞争力。通过积极参与RCEP的贸易活动，贵州的特色产品（如化肥、轮胎和吉他）成功打入了成员国市场，并且在这些国家中占据了相当可观的市场份额。这些产品的出口不仅为贵州企业带来了显著的经济效益，而且也提升了贵州在国际上的知名度和影响力。贵州的化肥因其高效的肥效和环保的特性，受到了RCEP成员国农民的青睐；轮胎产品则因其耐用性和安全性，在成员国的汽车行业中赢得了良好的口碑；而吉他的出口则展示了贵州在文化艺术产品制造方面的独特魅力和精湛工艺，受到了国际消费者的喜爱。这些成就充分证明了贵州产品在国际市场上的竞争力，同时为贵州企业进一步开拓国际市场奠定了坚实的基础。

综上所述，RCEP为贵州提供了新的机遇，促进了出口产品结构的多样化和升级。贵州正积极利用RCEP带来的政策红利，进一步开拓国际市场，促进出口产品多样化，以实现外贸经济的高质量发展。

二、新兴市场的开拓

在RCEP框架下，贵州积极开拓新兴市场，取得了显著成效。贵州省政府和相关部门（如省商务厅、贵阳海关）积极研究和制定政策，帮助企业利用 RCEP 带来的关税减免和贸易便利化措施，推动外贸企业开拓国际市场。2023 年一季度，贵州与 RCEP 成员国的进出口总额达 68.6 亿元，同比增长 44.9%，其中出口 54.9 亿元，同比增长 82.2%。[①]

贵州以东南亚市场为主攻目标，开通了东南亚跨境物流通道，为贵州与东南亚的贸易联通架起更为便捷的桥梁。此外，贵州企业利用 RCEP 原产地证书享受关税优惠，降低出口成本，增强了产品在国际市场上的竞争力。

贵州还通过举办国际贸易洽谈会、展览会等活动，帮助企业与 RCEP 成员国的企业建立联系，签订订单。

跨境电商也是贵州开拓新兴市场的重要手段。贵州跨境电商交易额快速增长，2022 年 1 月至 11 月，跨境电商交易额达 73.78 亿元，是 2021 年全年交易额的 2.3 倍。[②] 同时，贵州在马来西亚、新加坡等东南亚国家举办展览会和招商引资活动，促进贵州特色产品的出口和国际合作。

综上所述，贵州在 RCEP 框架下，通过政策支持、市场开拓、跨境电商发展等多方面的努力，积极开拓新兴市场，推动了外贸经济的高质量发展。

在 RCEP 框架下，贵州积极开拓新兴市场，取得了显著成效。以下是贵州在 RCEP 框架下开拓新兴市场的主要情况：

（一）政策支持与行动

贵州省商务厅与贵阳海关等相关部门积极采取行动，不断深化对 RCEP 的政策研究工作。他们致力深入分析 RCEP 的条款内容，评估其对本省经济发展的潜在影响，并结合贵州的实际情况，制订了一系列针对性的政策措施。这些政策旨在充分利用 RCEP 框架下的新机遇，促进贵

① 2023 年一季度贵州外贸进出口总值同比增长 58%[EB/OL].（2021-12-01）[2025-01-15].http://movement.gzstv.com/news/detail/HQRyyq/.

② 贵州外贸吹响组团出海集结号 [EB/OL].（2023-01-20）[2024-11-23]. http://www.guizhou.gov.cn/home/gzyw/202301/t20230120_77979247.html.

州与RCEP成员国之间的贸易和投资合作，进一步推动贵州开放型经济的发展。通过这些举措，贵州希望能够加强与RCEP成员国的经济联系，提升自身的贸易便利化水平，优化营商环境，吸引更多的外资，同时促进本地产品和服务的出口，从而实现经济的高质量发展。

（二）出口增长

在新兴市场的开拓方面，贵州不仅巩固了港澳台、东盟、欧美、日韩等传统市场，还深耕布局“一带一路”国际市场，并积极拓展非洲、南美等新兴市场。

贵州对RCEP成员国的外贸进出口总额在2021年达到了193.53亿元，同比增长30.5%。[①]2023年上半年，这一数字进一步增长至109.3亿元，同比增长32%。[②]

（三）主攻东盟市场

贵州积极拓展东南亚市场，将其作为主要的发展方向和战略目标。[③]为了加强与东南亚国家的经贸联系，贵州成功开通了专门针对东南亚地区的跨境物流通道。通过这一通道，贵州与东南亚国家之间的商品流通变得更加高效和便捷，促进了双方经济的互联互通和共同繁荣。

（四）出口产业转型升级

L汽车公司作为贵州地区的一家重要企业，不仅在国内市场取得了显著的成绩，而且在国际市场上也展现了强大的竞争力。该公司积极实施全球化战略，通过不断优化产品结构和提升技术水平，使得多款汽车产品深受海外市场欢迎。这些车型凭借其卓越的性能、合理的价格以及

① 冉莉：RCEP政策红利正逐步显现[EB/OL].（2022-08-28）[2025-01-16]. http://swt.guizhou.gov.cn/xwzx/gzdt/202208/t20220828_76268245.html.

② 全省上半年进出口总额同比增11.4% [EB/OL].（2024-08-12）[2025-01-16]. http://www.guizhou.gov.cn/home/gzyw/202408/t20240812_85374948.html.

③ 借船出海 共赢未来：贵州积极拓展南亚东南亚市场[EB/OL].（2024-08-02）[2025-01-16]. http://swt.guizhou.gov.cn/xwzx/gzdt/202408/t20240802_85304141.html.

良好的售后服务，成功打入了菲律宾、中东、非洲、南美等多个国家和地区的市场，赢得了当地消费者的青睐。

在菲律宾，N 汽车公司生产的汽车以其亲民的价格和出色的性能表现获得了广泛认可，成为许多家庭和企业的首选交通工具。中东地区则对汽车的豪华配置表示赞赏，尤其是在沙特阿拉伯和阿联酋等国家，N 品牌汽车的销量持续攀升。非洲市场对 N 品牌汽车的强劲动力和适应性给予了高度评价，尤其是在肯尼亚、尼日利亚等国家，N 品牌汽车已经成为当地道路上一道亮丽的风景线。而在南美，N 品牌汽车以其环保节能的特点，满足了当地市场对可持续交通工具的需求，特别是在巴西和智利等国家，N 品牌汽车的市场份额正在稳步增长。

该汽车公司的海外拓展之路，不仅为公司带来了新的增长点，也为当地经济的发展带来了积极影响。通过与国际市场的深入合作，N 品牌汽车不仅提升了自身的品牌影响力，也为推动中国汽车工业的国际化进程做出了重要贡献。未来，随着全球市场的不断开拓和产品线的持续丰富，该公司有望在全球汽车行业中占据更加重要的地位。

（五）跨境电商发展

在贵州，跨境电商行业近年来取得了显著的发展成果，销售金额已经突破了 5000 万元的大关。[①] 这一成绩的取得，不仅体现了贵州在国际贸易领域的活跃度，也展示了该地区企业在全球市场中的竞争力。贵州的出口产品不仅在国内市场受到欢迎，而且在国际市场上也赢得了广泛的认可，尤其是远销东南亚多个国家，成为连接中国与东南亚市场的重要桥梁。

RCEP 的实施，使得贵州的企业获得了更多的发展机遇。根据 RCEP 的规定，企业可以采购来自成员国的原料，并享受更低的关税待遇，这

① 贵阳综保区跨境电商战略：全球视野下的贵州崛起 [EB/OL].（2024-10-11）[2024-11-25]. http: //www.sohu.com/a/815671652_121956424.

大大降低了企业的生产成本，提高了产品的市场竞争力。同时，贵州出口的商品在进入进口国时，能够享受到逐步降低的关税政策，这不仅增加了企业的利润空间，也促进了贵州与 RCEP 成员国之间的贸易往来。

贵州的跨境电商企业通过充分利用 RCEP 带来的优势，不仅提升了自身的经济效益，也为推动地区经济的外向型发展做出了贡献。这一过程中，企业不仅在国际贸易中获得了更多的机会，也为贵州的经济发展注入了新的活力，展现了贵州在全球经济一体化进程中的积极姿态和开放精神。

综上所述，贵州正充分利用 RCEP 带来的机遇，通过政策支持、企业受益、市场开拓、通关便利化、产业转型升级、跨境电商发展、合作深度拓展以及教育合作等多方面的努力，不断开拓新兴市场。

三、RCEP 框架下贵州开拓新兴市场的策略

RCEP 的全面生效为成员国之间的贸易和投资带来了新的机遇。贵州作为中国西南地区的内陆省份，积极利用 RCEP 框架，采取了一系列措施来开拓新兴市场，特别是东南亚市场。①

（1）提升战略互信和基础设施互联互通：贵州积极以西部陆海新通道建设为契机，通过这一战略举措，致力推动沿线地区的交通基础设施、物流网络、商贸活动以及产业发展之间的深度融合与协同发展。贵州开通了连接中老铁路的“云贵·澜湄线”国际货运专列，这不仅加强了内陆省份与东南亚国家之间的物流联系，也为区域经济合作开辟了新的通道。通过这样的举措，贵州正在构建一个更加开放和多元的经济体系，旨在促进区域内外的经济交流与合作。同时，贵州致力推动贵阳国际陆港与沿海港口之间的合作，共同建设“组合港”，这一合作模式将有助于优化资源配置，

① 向“外”拓 向“新”进：贵州省奋力构建全方位开放发展新格局[EB/OL].（2024-03-11）[2024-11-25]. http://www.guizhou.gov.cn/home/gzyw/202403/t20240311_83907424.html.

提高物流效率，降低运输成本。此外，贵州还大力发展海铁联运，通过海路与铁路的无缝对接，进一步提升了货物运输的便捷性和效率。为了进一步促进贸易便利化，贵州还着力提升通关便利化水平，简化通关程序，降低贸易壁垒，为国内外企业提供更加高效、便捷的服务，从而吸引更多的投资，促进经济的进一步发展。通过这些综合措施，贵州正逐步成为连接中国西部与东南亚的重要物流枢纽和开放型经济高地。

（2）拓展开放平台和促进区域合作：贵州在马来西亚的首都吉隆坡成功举办了以当地特色产品为主题的展览会①，吸引了众多国内外客商的关注。此次展览会不仅展示了贵州丰富的文化特色和独特的地理标志产品，还为当地企业搭建了一个与东南亚市场对接的平台。与此同时，贵州代表团前往新加坡、泰国等东南亚国家和地区，积极开展招商引资和贸易促进活动，旨在进一步加强与这些国家和地区的经贸联系。

（3）产业转型升级和市场多元化：贵州的企业，例如，Z汽车公司正积极地开拓国际市场，将旗下的多款车型出口到菲律宾、中东、非洲以及南美等多个国家和地区。这些车型凭借其优良的性能和合理的设计，受到了海外消费者的广泛欢迎。此外，Z汽车公司还与马来西亚的某汽车公司建立了合作关系，共同推进海外CKD（completely knocked down）出口项目。这一合作项目不仅有助于提升双方的品牌影响力，还能够进一步深化两国在汽车产业领域的交流与合作，共同开拓更广阔的国际市场。通过这样的努力，Z公司不仅展示了贵州制造业的实力，也为地方经济的发展注入了新的活力。

（4）利用RCEP关税优惠政策：贵州的企业通过积极申请RCEP原产地证书，成功享受到了关税减免的优惠政策，这不仅降低了企业的出口成本，还显著提升了其产品在国际市场上的竞争力。例如，P公司充

① 贵州五星酱酒异国他乡绽放光彩中国美酒香飘马来西亚[EB/OL].（2024-09-27）[2024-11-25]. http://www.sohu.com/a/812129088_378064.

分利用这一政策优势，通过申领 RCEP 原产地证书，获得了关税优惠，从而有效促进了其出口业务的增长。这一举措不仅有助于企业拓展海外市场，还为贵州的经济发展注入了新的活力，进一步推动了地区经济的对外开放和国际合作。

（5）加强政策支持和服务：贵州省政府及其相关部门积极响应国家号召，通过组织系列政策宣讲和培训活动，旨在深入解读和普及 RCEP 的相关规则和优势，从而帮助本地外贸企业更好地把握机遇，拓展 RCEP 成员国市场。这些培训不仅涵盖了政策解读，还包括了如何利用 RCEP 规则进行市场准入和贸易便利化的实战指导，确保企业能够充分利用协定带来的关税减免等优惠措施。

通过这些策略，贵州不仅加强了与 RCEP 成员国的经济联系，而且提升了在新兴市场中的地位，为本省的开放型经济发展注入了新动力。

第二节　投资吸引

在 RCEP 框架下，贵州正展现显著的吸引力，成为外商投资的新热点。贵州企业通过申请原产地证书享受关税减免，增强了国际市场竞争力，同时贵阳海关推行的智能审核、自助打印等便利化措施提升了外贸企业的办事效率，降低了运营成本，有效激发了投资热潮。进一步地，贵州通过在马来西亚等地举办特色产品展览会及系列招商活动，强化了与 RCEP 成员国的经贸合作，结合政府出台的一系列优化政策，包括提供政策培训和支持，打造了更为亲商的投资环境。值得一提的是，贵州 RCEP 跨境产业园的设立，聚焦跨境电商和直播服务，为企业搭建了专业化服务平台。这不仅提升了企业在全球产业链中的地位，也为寻求数字化转型合作机会的外国投资者打开了大门。总体而言，贵州正在多维度发力，凭借政策扶持、营商环境改善、国际交流深化以及产业升级战略，成功吸引了大量外资，彰显其在 RCEP 背景下对外开放和经济发展的蓬勃活力。

一、对外资企业的吸引

自 RCEP 生效以来，贵州在吸引外资和扩大对外贸易方面取得了显著进展。[①]RCEP 的实施显著降低了贵州出口至成员国的某些产品（如碳酸钡）的关税，增强了这些产品的市场竞争力，并促进了企业向海外市场拓展。同时，RCEP 简化了货物通关流程，提升了通关效率，缩短了贵州产品到达海外客户的时间，从而加深了经贸合作。此外，RCEP 创建了一个庞大的区域统一市场，为贵州企业提供了更多市场机遇，支持它们"走出去"并开发成员国市场。贵州相关部门也积极行动，通过举办宣讲培训和制定相关政策，帮助企业充分利用 RCEP 带来的机遇。贵阳海关签发了大量 RCEP 原产地证书，帮助企业享受关税优惠，降低运营成本，进一步激励企业勇敢开拓海外市场。这些综合进展显示，RCEP 为贵州吸引外资和扩大对外贸易开辟了新的道路，助力企业更好地融入区域经济一体化的进程。

（一）2022 年至 2024 年贵州吸引外资的详细情况

2022 年，贵州在吸引外资方面取得了显著的成就，实际使用外资金额达到了 5.31 亿美元，[②] 这一数字与上一年相比增长了 123.49%。这样的增速不仅在贵州历史上前所未有，而且在全国范围内也显得尤为突出，因为它比全国平均水平高出 115.49 个百分点。这一成绩的取得，标志着贵州在对外开放和利用外资方面迈出了坚实的一步，为区域经济的发展

---

① RCEP 为贵州高质量开放带来新机遇 [EB/OL].（2021-09-13）[2024-11-26]. http：//www.guizhou.gov.cn/home/gzyw/202109/t20210913_70141161.html?isMobile=true.

② 贵州实际使用外资增长 123.49%[EB/OL].（2024-02-19）[2025-01-16].http://www.guizhou.gov.cn/home/gzyw/202302/t20230219_78250562.html.

注入了新的活力。

在新设外商投资企业方面，贵州在 2022 年共新成立了 105 家外商投资企业。这些新成立的企业不仅为当地带来了资金，更重要的是带来了先进的技术和管理经验，为贵州的产业升级和结构调整提供了强有力的支持。

在重点投资项目方面，贵州积极跟进并推动了一系列具有重要影响力的项目这些项目的实施，不仅有助于提升贵州在全球产业链中的地位，而且还能促进当地就业，带动相关产业的发展。

为了进一步吸引外资，贵州还出台了一系列政策措施，这些政策涵盖了财政支持、优化营商环境等多个方面。通过这些措施，政府希望能够为外资企业提供更加便利的投资环境，降低企业的运营成本，从而吸引更多的重大外资项目落户贵州，为当地经济的持续健康发展提供有力支撑。

2023 年，贵州新设立 154 家外资企业，这一数字标志着贵州在吸引外资方面取得了显著的进展。这些外资企业的成立不仅为当地经济注入了新的活力，也为区域发展带来了新的机遇。

与此同时，贵州外商投资企业的进出口总额在 2023 年 5 月达到了一个高峰，具体数值为 4373.18 万美元。这一成绩相较于 2022 年同期有了显著的增长，增长额达到了 851.38 万美元。这一增长反映了贵州外向型经济的强劲动力和不断扩大的国际影响力。全年来看，贵州的货物进出口总额达到了 759.8 亿元人民币，同比增长率达到了 11.5%，这一数据充分展示了贵州在全球贸易中的活跃度和竞争力。①

为了进一步促进开放型经济的发展，贵州省商务部门积极行动，出台了一系列年度工作要点。这些要点明确了全省开放型经济的目标任务、

① 2023 年贵州省外商投资企业进出口总额情况统计 [EB/OL]. (2024-12-05) [2025-01-16]. http://www.huaon.com/channel/tradedata/959273.html.

重点工作以及具体的实施措施，为贵州的经济发展指明了方向。此外，商务部门还更新了外商投资指引和外资项目库，这些举措旨在为潜在的投资者提供更加详尽的信息和指导，帮助他们更好地了解贵州的投资环境，从而吸引更多外资，推动当地经济的进一步发展。

2024 年第一季度，贵州的外商投资企业所实现的进出口总额累计达到了 5809.78 万美元。[①] 这一数据相较于去年同期显著下降，降幅达到了 35.5%。具体来看，这一下降趋势在 2024 年 1 月至 2 月期间已经显现，当时的进出口总额为 4389.82 万美元，与 2023 年同期相比，下降幅度为 9.4%。从这两组数据可以看出，贵州外商投资企业的进出口活动在 2024 年初呈现一定程度的收缩态势，无论是与去年同期相比，还是与前两个月相比，都显示出较为明显的下降趋势。

（二）利用外资情况

在外资利用方面，贵阳经开区已经全面启动了 2024 年的工作规划，旨在根据省市两级关于利用外资的具体要求，进一步加强外资引进工作，从而实现外商投资的快速增长。[②] 为了达到这一目标，经开区不仅在政策层面进行了深入研究，还制订了详细的行动计划，确保各项措施能够有效落实，从而为外资企业提供一个更加友好和便利的投资环境。

与此同时，贵州积极推出了一系列鼓励外资和外贸投资的政策措施。这些政策措施不仅能吸引大型外资和外贸项目落户贵安新区，还特别为高层次人才提供了相应的政策支持。这些政策的出台，无疑为贵州吸引外资注入了新的动力，也为区域经济的高质量发展奠定了坚实的基础。

回顾过去几年的发展历程，从 2022 年至 2024 年，贵州在吸引外资

① 2023 年贵州省外商投资企业进出口总额情况统计 [EB/OL].（2024-12-05）[2025-01-16]. http://www.huaon.com/channel/tradedata/959273.html.

② 擎产业大旗 谱发展新篇！贵阳经开区 2024 年重点工作展望 [EB/OL].（2024-02-02）[2024-11-24].http://www.guiyang.gov.cn/zwgk/zwgkxwdt/zwgkxwdtbmdt/202402/t20240202_83669940.html.

方面取得了显著的进展。[①]2022年，贵州实际使用外资金额实现了大幅增长，这不仅反映了贵州投资环境的改善，也显示了国际社会对贵州发展前景的认可。此外，新设立的外商投资企业数量也有所增加，这表明贵州的市场潜力正在被越来越多的外国投资者所看好。

尽管2023年和2024年的具体数据出现了一定的波动，但整体仍呈现增长趋势。贵州持续优化营商环境，出台多项政策以吸引外资，这些举措正在逐步发挥作用，推动着经济的高质量发展。展望未来，贵州将继续致力打造更加开放、透明、高效的外资利用环境，为实现经济的持续健康发展奠定更加坚实的基础。

（三）贵州吸引外资的主要行业分布

在工业领域，贵州在吸引外资方面付出努力。

新能源汽车及电池材料产业：贵州将新能源汽车及其电池材料产业作为重点发展的领域之一，致力推动新能源汽车产业的壮大和升级。这一战略举措不仅有助于减少对传统化石能源的依赖，降低环境污染，还能促进经济结构的优化和产业的转型升级，为贵州乃至全国的绿色可持续发展贡献力量。

现代能源产业：贵州在现代能源领域，不仅注重传统能源如煤炭和电力的现代化改造，提高其清洁利用效率，还积极开发新能源，如风能、太阳能等可再生能源。通过这些措施，旨在构建一个更加清洁、高效、安全的能源体系，为经济社会发展提供坚实的能源保障。

酱香白酒产业：贵州作为中国酱香型白酒的主要产地，拥有得天独厚的自然条件和悠久的酿造历史。在吸引外资方面，酱香白酒产业凭借其独特的风味和文化价值，成为贵州对外开放和招商引资的重要名片。通过加强品牌建设和市场推广，贵州正致力将酱香白酒打造成为国际知

① 2024年贵州省政府工作报告（全文）[EB/OL].（2024-02-18）[2024-11-24]. http://www.guizhou.gov.cn/home/jjtpxw/202402/t20240218_83813620.html.

名的酒类品牌。

生态食品产业：贵州依托其独特的地理环境和气候条件，大力发展富硒农产品、蓝莓、茶叶等特色农产品的种植和深加工。这些生态食品不仅富含多种对人体有益的微量元素，而且深受消费者喜爱。通过推广生态种植技术和深化产品加工，贵州正努力将生态食品产业打造成促进农民增收和乡村振兴的重要支柱。

航空航天及装备制造产业：贵州正积极推动航空航天及装备制造这一新兴产业领域的发展。通过引进高端技术和人才，加强与国内外企业的合作，贵州致力打造航空航天及高端装备制造的产业集群，为国家的航空航天事业和高端制造业的发展贡献力量。

近年来，贵州在农业领域积极拓展国际合作，通过引进外资，推动了当地农业的快速发展。贵州不仅在农业技术、种植业、畜牧业等方面取得了显著的成就，而且在吸引外资方面也展现出了强劲的势头。贵州通过一系列具有前瞻性的政策和措施，成功吸引了包括世界银行在内的多个国际金融机构的关注和投资。

其中，贵州与世界银行合作的农村发展项目——贵州农发项目，是该省在农业领域与国际机构合作的典范。该项目不仅得到了世界银行的资金支持，还通过一系列创新的金融模式，有效地整合了资源，促进了当地农村经济的全面发展。贵州农发项目自启动以来，累计完成了 8.2 亿元人民币的投资，这一投资额不仅直接促进了当地农业基础设施的改善和农业生产力的提升，还通过示范效应，吸引了社会资本的积极参与，撬动了社会资本 4.08 亿元。[①]

这些投资的注入，不仅为贵州的农业现代化提供了强有力的资金支持，还带来了先进的农业技术和管理经验，为当地农民提供了更多的就

① 世界银行贷款贵州农村发展项目总结会在贵阳召开[EB/OL].(2023-04-18)[2025-01-16]. http://finance.sina.cn/2023-04-18/detail-imyqvhpe8639350.d.html.

业机会，提高了他们的生活水平。同时，这些项目的成功实施，为贵州乃至中国的农业发展提供了宝贵的经验，展示了中国在农业领域对外开放和国际合作方面的积极态度和成果。通过这样的合作，贵州不仅提升了自身的农业竞争力，也为全球农业的可持续发展贡献了中国智慧和中国方案。

在现代服务业领域，贵州同样在吸引外资方面付出了努力。

在大数据电子信息领域，信息传输、软件和信息技术服务业已经成为外资集聚的重点领域，占据了贵州实际使用外资金额的30%以上，显示出该行业对于外资的强大吸引力。① 随着技术的不断进步和数据量的爆炸式增长，大数据电子信息行业的重要性日益凸显，成为推动经济增长和创新的关键力量。

康养服务方面，健康旅游开发和康养体育旅游等产品正逐渐成为市场的新宠。这些服务不仅满足了人们对健康生活方式的追求，还促进了旅游业的多元化发展。随着人们生活水平的提高和对健康重视程度的增加，康养服务行业预计将迎来更大的发展空间。

现代物流业作为贵州吸引外资的重要方向，其发展势头强劲。现代物流业通过整合运输、仓储、配送等环节，提高了物流效率，降低了成本，对于促进区域经济一体化和提升竞争力具有重要意义。贵州凭借其独特的地理位置和政策优势，正逐步成为物流业发展的新高地。

文化旅游产业是贵州重点发展的领域之一，特别是旅游景区（点）的保护、开发和经营及其配套设施建设。这些项目不仅有助于保护和传承丰富的文化遗产，还能吸引更多的游客，推动旅游业和相关产业的发展。贵州拥有众多独特的自然景观和文化资源，是发展文化旅游的理想之地。

---

① 贵州：以大数据为引领的电子信息产业快速发展新华网[EB/OL].（2024-04-16）[2024-11-25]. http：//gz.news.cn/20240416/cfaea05335df4e5ba6aa8eb64a37f0fc/c.html.

数字文体旅游、康养体育旅游、音乐旅游等新兴旅游产品正在成为吸引外资的新亮点。这些新兴产品为游客提供了更加丰富和个性化的旅游体验。随着消费者需求的多样化和个性化，这些新兴旅游产品有望成为未来旅游市场的重要增长点。贵州通过发展这些新兴旅游产品，不仅能够吸引更多的外资，还能提升自身的旅游品牌形象，促进旅游业的转型升级。

对于其他产业，贵州在吸引列资方面付出的努力同样重要。

轻工纺织行业涵盖了从高档纺织品的生产到针织技术的应用，再到服装加工的精细制作，以及相关产品的研发和质量检测等多个环节。这一行业不仅注重产品的质量和设计的创新，还致力采用先进的技术和环保材料，以满足市场对高品质纺织品的需求。同时，轻工纺织行业不断探索和开发新的产品线，以适应不断变化的时尚趋势和消费者偏好。

在跨境电商和加工贸易方面，这些现代服务业已经成为吸引外资的重要渠道。通过电子商务平台，企业能够跨越地理界线，将产品销售到全球各地，同时为外国投资者提供了进入本地市场的机会。加工贸易企业则通过提供高效的生产服务，帮助外资企业降低成本，提高竞争力。这些服务业的发展不仅促进了国际贸易的增长，也为本地经济带来了新的增长点，创造了更多的就业机会，推动了产业升级和经济结构的优化。

（四）贵州在优化营商环境方面采取的具体措施

贵州在优化营商环境方面采取了多项具体措施，涵盖了多个领域和环节。① 以下是详细措施：

（1）深入贯彻落实《优化营商环境条例》：贵州省人民政府办公厅下发了《省人民政府办公厅关于印发进一步优化营商环境更好服务市场主体若干措施的通知》，其中包括深入贯彻落实《优化营商环境条例》。

① 彭典，杨昌鼎．贵州省通过五大举措助力营商环境优化步入新阶段[EB/OL].（2023-12-22）[2024-11-25]. https：//fgw.trs.gov.cn/xxgk/fdzdgknr/zyssxx_5764732/202312/t20231222_83385396.html.

（2）开展营商环境评价指标专项改革：贵州将开展营商环境评价指标专项改革，并进行第三方营商环境专项评估，以确保评价体系的科学性和公正性。

（3）构建常态化服务市场主体机制：通过构建常态化的服务市场主体机制，贵州旨在提升市场主体的获得感和满意度。

（4）打造开放透明的市场准入环境：贵州将努力打造一个开放透明的市场准入环境，确保企业能够公平公正地参与市场竞争。

（5）提升政务服务效率：贵州将致力提供高效便捷的政务服务，降低企业的制度性交易成本，激发市场主体活力和社会创造力。

（6）健全规范的法治保障环境：通过健全规范的法治保障环境，贵州将为企业提供更加稳定和可预期的经营环境。

（7）以企业为贵的服务理念：贵州强调以企业为贵的服务理念，围绕企业全生命周期服务，聚焦重点领域和关键环节攻坚突破。

（8）制定三年行动方案：贵州省投资促进局印发了《贵州省营商环境大改善三年行动方案（2024—2026年）》，从市场准入、要素保障、降低成本等方面大力整治和提升营商环境。

（9）建立健全优化营商环境评价制度：贵州省人民政府将建立健全优化营商环境评价制度，开展全省优化营商环境考核评价工作，并将考核工作方案、考核流程以及考核评价结果向社会公布。

（五）贵州对外商投资企业财政支持政策的具体内容

贵州对外商投资企业财政支持政策的具体内容包括以下几个方面：

1. 税收优惠

外商投资企业除能够享受国家层面所规定的税收减免优惠待遇之外，自其正式投入生产运营之日起，还能够享受到长达7年的免征地方所得税的优惠政策。[①]这意味着，这些企业在经营初期，可以减轻税负，从而将更多的资金用于企业发展和扩大再生产。

此外，为了进一步促进先进制造业和生产、生活性服务业的发展，国家还实施了增值税加计抵减的政策，即允许这些行业的企业在计算应纳税额时，额外抵扣一定比例的进项税额，从而降低其税负。同时，对于在西部大开发战略区域内的企业，国家提供了企业所得税的优惠政策，旨在吸引更多资本流向西部地区，促进区域经济的均衡发展。

在个人所得税方面，国家制定了代扣代缴的相关规定，确保税收的合规性和公平性。这意味着，企业作为代扣代缴义务人，需要按照税法规定，从员工的工资、薪金中扣除相应的个人所得税，并按时向税务机关缴纳。

对于境外投资者而言，国家还提供了再投资递延纳税的优惠政策。这意味着，当境外投资者从境内企业获得的利润再投资于中国境内时，可以暂时不缴纳相应的所得税，而是将这部分税款递延到未来的某个时间点再进行缴纳。这样的政策有助于鼓励境外资本的再投资，促进资本的循环利用和经济的持续增长。

综上所述，国家通过一系列税收优惠政策，旨在为外商投资企业创造一个更加有利的经营环境，同时通过税收杠杆调节经济结构，促进产业升级和区域经济的均衡发展。

2. 产业优惠政策

外商投资企业可以享受到全省范围内针对各类产业的优惠政策，这些政策旨在吸引外资流向包括大数据电子信息、新医药与大健康产业、文化旅游业、高端装备制造、高端消费品制造业、工业设计与创意产业以及工程领域等多个关键领域。为了进一步促进外商投资，政府全面实

① 贵州省人民政府关于进一步做好引进外资工作的若干规定[EB/OL].(2018-04-28)[2024-11-25]. http://dsj.guizhou.gov.cn/ztzl/zsyz/tzzn/201804/t20180428_10395231.html.

施了《鼓励外商投资产业目录（2020年版）》和《外商投资法》，确保外商投资企业在准入前享有国民待遇，并且按照负面清单制度进行管理。这样的制度设计不仅保障了外资企业能够公平地享受到各级政府出台的支持政策，而且确保了外资企业与内资企业在市场竞争中的平等地位，从而营造了一个公平、透明的投资环境，鼓励更多的外商投资企业参与地方经济的建设和发展。

3. 设备购置补贴

单个企业设备购置补贴累计总额上限不超过500万元。①

4. 外贸进出口支持

对新设立的外贸进出口、跨境电商企业，当年外贸进出口金额超过5000万美元的，单个企业给予支持最高不超过300万元人民币。②

5. 科技创新及上市支持

对新引进的工程技术研究中心、企业技术中心、重点实验室，经认定为国家级或省级的，分别给予500万元和100万元的支持。③

对入驻经济区企业首次获得国家高新技术企业认定的给予30万元支持，对到期后连续申请并重新认定成功的高新技术企业给予20万元支持；对新成立的国家高新技术企业，给予50万元支持。④

① 贵阳国家高新区管理委员会关于促进高端装备制造业发展若干优惠政策（试行）[EB/OL].（2022-05-27）[2024-11-25]. https://fgw.guiyang.gov.cn/zwgk/xxgkml/zdgk/zcwj/202205/t20220527_74291487.html.

② 省人民政府关于印发贵州省培育壮大市场主体行动方案（2022—2025年）的通知[EB/OL].（2024-04-28）[2025-01-16]. http://www.guizhou.gov.cn/ztzl/ssgybzxdflsxgydtp/zcwj/202205/t20220506_73786801.html.

③ 贵州省支持科技研发产业惠企政策摘要汇编[EB/OL].（2021-12-01）[2025-01-16]. http://kjt.guizhou.gov.cn/wzzt/hmzcmbk/202112/t20211201_71854129.html.

④ 贵州省支持科技研发产业惠企政策摘要汇编[EB/OL].（2021-12-01）[2025-01-16]. http://kjt.guizhou.gov.cn/wzzt/hmzcmbk/202112/t20211201_71854129.html.

6. 其他支持措施

支持企业享受关税保证保险，降低企业物流成本，推动外资企业加快落地。

（六）贵州利用外资促进经济高质量发展的具体案例

贵州利用外资促进经济高质量发展的具体案例包括以下内容：

1. 中国香港·贵州产业园

中国香港·贵州产业园是贵州第一家获批认可的省际国际合作园区，由贵州省商务厅和独山县共同建设。截至目前，该园区已成功引进多家中国香港企业落户，形成了一个外资企业集群，显著提升了当地经济的发展水平。

2. 贵安新区的外资政策

贵安新区出台了一系列鼓励外资和外贸投资的政策，包括对固定资产投资额达到一定规模的项目给予税收优惠、购买办公物业补贴、灵活的工业用地供应方式等。此外，贵安新区还建立了外资工业生产总值和外贸企业进出口总额年度排位奖励制度，以提高外贸企业的积极性。

3. 跨境电商的发展

贵州积极推动跨境电商的发展，成功开通了“9710”“9810”“9610”等跨境电商模式，并举办了多次跨境经贸撮合活动，如中国－东盟国际产能合作暨中国对外投资洽谈会等，吸引了大量外资参与。这些活动不仅促进了贵州产品的出口，也增强了贵州在国际市场上的竞争力。

4. 利用外资的增长

根据目前公开数据，以下是贵州在2022—2024年引进外资的情况。[①]

2022年，贵州实际使用外资5.31亿美元，同比增长123.44%，高于全国115.49个百分点，增速为近年来最高，总值和全国占比均实现翻番。

---

① 贵州实际使用外资增长123.49%[EB/OL].（2023-02-19）[2025-01-15].http://www.guizhou.gov.cn/home/gzyw/202302/t20230219_78250562.html.

新设外商投资企业 105 个，投资来源主要为中国香港、新加坡、澳大利亚，分别增长 137.1%、114.4%、13.8%。

投资行业方面，租赁和商务服务业、房地产业、科学研究和技术服务业、交通运输业实际使用外资分别增长 2015.6%、77.4%、194.6%、1.7%。

“1+9”国家级开放创新平台实际使用外资 3.9 亿美元，占全省比重 74.8%。

遵义、黔南、毕节、黔西南增速高于全省，贵阳、遵义、铜仁、黔东南超额完成任务。

省商务厅制订实施利用外资倍增行动计划，争取商务部支持将新能源电池、动力锂电池、富硒农产品等 10 个产业条目纳入《鼓励外商投资产业目录（2022 年版）》。

编制外商投资指引和项目册，建成招引外资项目库和目标外商需求库，入库项目分别达 542 个、252 个。

外资企业带动外贸进出口 32.6 亿元。

《2024 年贵州省政府工作报告》提到，2023 年贵州实际使用外资增长 123.49%，双向投资跑出新速度，支持企业加快沿着“一带一路”走出去，对外经济技术合作累计完成额 18.02 亿美元、增长 34.21%，其中非金融类对外直接投资 10.01 亿美元、增长 228.75%。

2024 年，贵州将加快提升开放型经济水平，加快沿着“一带一路”走出去，更好运用国际市场、国际资源，拓展发展新空间。

2024 年，贵州大力培育开放产业，实施外贸提质增效行动，紧盯东南亚、南亚和中亚地区市场需求，组织生产、出口适销对路的产品，持续增强新能源电池、白酒、化肥、轮胎、茶叶、吉他等重点产品出口竞争力，建好汽车出口基地，加快发展服务贸易、加工贸易、跨境电商、保税维修等业态模式。

2024 年，贵州加大力度吸引外资，围绕重点产业、目标企业引进外资，探索在香港设立贸易投资及旅游推广机构，办好“贵州·香港投资活动周”等活动，实际使用外资增长10%以上。

以上信息展示了贵州在2022—2024年引进外资的情况，包括实际使用外资金额、新设外商投资企业数量、主要投资来源地、投资行业分布、国家级开放创新平台使用外资情况、省内各地市外资增长情况、省商务厅的外资倍增行动计划、外商投资指引和项目册编制、外资企业带动外贸进出口情况、境外项目推动省内产品、设备、技术、标准、服务走出去情况等。这些数据反映了贵州在引进外资方面的积极努力和显著成果。

5. 优化营商环境

贵州通过持续优化营商环境，吸引了大量外资。例如，2022年贵阳市实际利用外资7.22亿美元，位居全省第一，六盘水市和黔东南州也分别利用了2.44亿美元和1.87亿美元的外资。[①]

6. 重大开放活动

贵州还成功举办了一系列重大开放活动，如中国国际大数据产业博览会、中国国际酒业博览会等，这些活动不仅提升了贵州的国际知名度，也为外资企业提供了更多的合作机会。

二、国内外合资合作项目增多

自RCEP正式生效以来，贵州在国内外的合资合作项目数量有了显著的增长。这一协定的实施，为贵州带来了新的发展机遇，吸引了更多的外国投资者和企业。随着RCEP的深入实施，贵州的经济开放度进一步提升，与成员国之间的贸易往来和投资合作日益频繁，不仅促进了当地经济的多元化发展，也为贵州的企业提供了更广阔的市场空间和更多的合作机会。这种增长不仅体现在数量上，更体现在合作的质量和效益

① 贵州实际使用外资增长123.49%[EB/OL].（2023-02-19）[2024-11-25].http://www.guizhou.gov.cn/home/gzyw/202302/t20230219_78250562.html.

上，为贵州的经济社会发展注入了新的活力。

（一）产业转型升级推动合资合作

在RCEP的框架下，贵州积极采取措施，致力推动其传统产业向高技术产业的转型升级。这一战略性的转变不仅有助于提升贵州在全球经济中的竞争力，而且也为其经济发展注入了新的活力。为了实现这一目标，贵州加强了与国内外企业的合资合作，通过引进外部的先进技术和管理经验，促进本地产业的结构优化和效率提升。

在RCEP成员国中，许多企业以其在各自领域的先进技术与丰富经验而著称。这些企业与贵州本地企业之间的合作，特别是在大数据、新材料、环保产业以及清洁能源等领域，已经取得了显著的进展。通过建立合资企业，双方不仅能够实现资源共享，优势互补，还能够共同开拓新的市场，实现互利共赢。

这种合作模式为贵州带来了双重好处：一方面，它加速了本地传统产业的技术改造和产品升级，提高了产业的整体技术水平和市场竞争力；另一方面，它也为贵州的企业提供了更广阔的市场空间，尤其是在国际市场上。通过与RCEP成员国企业的合作，贵州的企业能够更好地融入全球价值链，提升其在全球经济中的地位。

此外，这种合资合作还促进了人才和技术的交流，为贵州培养了一批具有国际视野和专业技能的人才队伍。这些人才不仅能够为贵州的产业升级提供智力支持，还为贵州的长远发展奠定了坚实的基础。

综上所述，贵州在RCEP框架下的合资合作战略，不仅推动了传统产业的转型升级，而且为贵州的经济发展开辟了新的路径，为其实现高质量发展提供了有力支撑。

（二）大数据产业中的合资合作

作为中国大数据中心之一，贵州在数字经济发展方面取得了显著的成就，其发展速度之快令人瞩目。这一成就不仅吸引了来自东盟、日本、韩国等RCEP成员国的大量外资，同时获得了这些国家在技术方面的大力支持。随着这些国家与贵州在数据存储、人工智能、云计算等领域的合作日益增多，合资企业的数量也在稳步上升，这些合作无疑为贵州的大数据产业注入了新的活力和创新动力。

与此同时，国内的大数据企业也看到了国际化合作的巨大潜力，他们通过与国外企业的合作，不仅成功进入了区域性市场，而且还在全球范围内拓展了业务。这种合作模式不仅促进了技术的交流和创新，还为国内企业提供了宝贵的学习和成长机会，使他们能够更好地适应国际市场的需求和挑战。通过这样的合作，贵州的大数据产业不仅在国内市场站稳了脚跟，而且在全球范围内也逐渐展现出其影响力。

（三）农业与食品加工领域的合资合作

贵州作为中国西南地区的一个重要省份，以其得天独厚的自然环境和丰富的农业资源而著称。在 RCEP 框架下，贵州的生态农业、茶叶产业以及酿酒行业等传统优势产业迎来了新的发展机遇。这些产业不仅在省内具有深厚的历史文化底蕴，而且在国内外市场上也享有较高的声誉。

随着 RCEP 的实施，国外企业开始寻求与贵州本地企业的合资合作，共同投资农业种植、食品加工以及农产品的出口业务。这种合作模式不仅为贵州的农产品打开了通往东盟、日本、韩国等国家和地区的市场大门，而且通过引入国外的资金和技术，提高了贵州农产品的加工水平和质量标准，进一步增强了其在国际市场的竞争力。

此外，这种国际合作还为贵州带来了先进的管理经验和市场营销策略，有助于当地农产品品牌建设，提升了贵州农产品的品牌价值和市场影响力。随着出口规模的扩大和品牌效应的显现，贵州的农产品附加值得到了显著提升，这不仅增加了农民的收入，也为地方经济的发展注入了新的活力。

RCEP 为贵州农业的发展提供了新的平台和机遇，通过与国外企业的合作，不仅推动了贵州农产品的国际化进程，也为地方经济的繁荣和可持续发展奠定了坚实的基础。

（四）绿色环保和可持续发展领域

在水资源保护、森林修复和清洁能源开发等领域，贵州积极与RCEP成员国中的日韩和澳大利亚等国家的企业展开合资合作。通过这些合作，贵州不仅引进了国外先进的环保技术和管理经验，还促进了本地环保产业的发展和技术水平的提升。例如，在水资源保护方面，贵州与国外环保企业合作，共同开发和实施了一系列水资源保护项目，有效改善了当地的水质。在森林修复方面，通过与国外企业的合作，贵州采用了科学的森林管理方法和技术，提高了森林覆盖率和生态系统的稳定性。在清洁能源开发领域，贵州利用国外先进的技术和管理经验，大力发展风能、太阳能等可再生能源，为实现绿色低碳发展做出了贡献。

通过合资合作，贵州不仅提升了自身的环保技术水平和管理能力，还为实现区域内的可持续发展目标做出了贡献。同时，这些合作为RCEP成员国之间的技术交流和经济合作提供了新的机遇，促进了区域经济的绿色发展和环境保护。

（五）制造业领域的合资合作

RCEP通过降低关税和消除非关税壁垒，有效地促进了制造业领域的合资合作。这一协定为成员国之间的贸易往来创造了更为便利的条件，尤其是在降低制造业成本和提高产品竞争力方面发挥了重要作用。贵州作为中国西部的一个省份，近年来积极承接来自沿海发达地区的产业转移，特别是在装备制造、电子产品、汽车零部件等关键制造业领域，通过与东盟、日本、韩国等国家的企业建立合资合作关系，实现了产业的转型升级。

跨国合资合作模式不仅为贵州带来了先进的技术和管理经验，还为其制造业的发展注入了新的活力。通过与国际企业的合作，贵州的企业能够更好地融入全球价值链，提升产品的质量和附加值。同时，这种合作为外资企业在RCEP区域内提供了更广阔的市场空间和更多的商业机会，帮助它们在中国乃至整个亚太地区的市场中占据有利地位。

此外，随着RCEP的深入实施，贵州与RCEP成员国之间的贸易往来和投资合作将进一步加强，这不仅有助于推动贵州经济的高质量发展，也为区域经济一体化进程贡献了力量。通过这样的合作，贵州不仅能够实现自身的产业升级，还能为区域经济的共同繁荣作出贡献，实现互利共赢。

（六）旅游与文化产业的合作

在RCEP框架下，贵州凭借其得天独厚的旅游资源，成功吸引了大量外资进入文化旅游产业，[①]与来自东盟、日本、韩国等国家和地区的旅游公司建立了合资合作关系。这些合作不仅涉及共同开发贵州壮丽的自然风光，还深入挖掘了当地丰富多彩的民族文化以及历史悠久的遗迹。通过这种国际合作，贵州的旅游产业得到了显著的发展，旅游产品和服务的质量得到了提升，同时为当地创造了更多的就业机会。

此外，外资的参与还扩展到了旅游基础设施建设领域。这些投资不仅改善了交通、住宿和餐饮等基础设施，还促进了信息技术在旅游业中的应用，提高了旅游管理的效率和游客的体验质量。随着基础设施的不断完善和提升，贵州的旅游吸引力得到了进一步增强，吸引了更多的国内外游客前来观光旅游，从而带动了整个地区经济的繁荣发展。外资与本地资源的有机结合，不仅为贵州的经济社会发展注入了新的活力，也为RCEP成员国之间的经济合作开辟了新的途径。

（七）服务业中的合资合作

RCEP的实施，为服务贸易的发展提供了新的机遇。[②]这一协定的签署，不仅促进了成员国之间的贸易自由化和便利化，也为贵州的服务业带来了新的发展机遇。在金融、物流、医疗、教育等多个领域，贵州积

① 投资贵州 黔景无限 省文化旅游产业招商对接会在贵阳举行[EB/OL].(2022-08-18)[2024-11-26].http://whhly.guizhou.gov.cn/xwzx/tt/202208/t20220818_76117317.html.

② 刘玮，姚伟.RCEP助力贵州省服务贸易发展研究[J].海峡科技与产业，2023，36(9)：50-53.

极吸引外资，通过合资合作的方式，推动本地服务业的升级和发展。

具体而言，RCEP对服务贸易的开放，使得贵州能够更好地融入全球经济体系，吸引外资公司通过合资的方式进入本地市场。这些外资公司带来的不仅是资金，更重要的是先进的管理经验、技术和人才。在金融领域，外资银行和金融机构的进入，为贵州提供了更多的金融产品和服务，同时促进了本地金融机构的改革和创新。在物流领域，外资物流公司的加入，提升了贵州物流运输的效率和质量，为跨境电商的发展提供了有力支撑。在医疗领域，外资医疗机构的引入，不仅提高了医疗服务的水平，也促进了医疗技术交流。在教育领域，外资教育机构的参与，丰富了教育资源，提升了教育质量，为培养国际化人才奠定了基础。

通过这些合资合作，贵州的服务行业正在逐步实现国际化。这不仅有助于提升本地服务业的竞争力，也为贵州的经济发展注入了新的活力。同时，为贵州的企业和人才提供了更广阔的舞台，使他们能够更好地参与国际竞争和合作。随着RCEP的深入实施，贵州的服务行业有望在国际合作中取得更大的发展，为推动地方经济的高质量发展做出更大的贡献。

（八）技术转移与创新合作

RCEP为技术转移和创新合作搭建了桥梁，为成员国之间的科技交流与合作提供了便利条件。特别是对于贵州而言，这一协定的实施促进了贵州与日本、韩国以及东盟国家在科技研发、智能制造和高端装备制造等领域的深入合作。通过建立合资企业，贵州的企业不仅能够接触并吸收来自这些发达国家和地区的先进技术和知识，还能够通过这种合作模式加强自身在研发方面的投入和能力提升。这种合作有助于贵州企业在全球价值链中提升其竞争力，从而提高其在全球市场中的地位和影响力。通过国际合作，贵州的企业能够更好地融入全球创新网络，加速技术进步和产业升级，进而推动地方经济的高质量发展。

综上所述，自RCEP正式生效以来，贵州在国内外的合资合作项目数量显著上升，这些合作项目广泛分布在制造业、服务业以及新兴产业等多个领域。通过建立合资企业，贵州不仅成功引入了国外的先进技术和管理经验，还充分利用了本地的资源优势，进一步开拓了国内外市场。这种合资合作的模式，不仅为贵州的产业升级提供了强有力的支持，还有效推动了贵州经济的高质量发展。展望未来，随着 RCEP 的深入实施和逐步推进，贵州在合资合作方面的潜力有望得到进一步释放，这将为贵州乃至整个区域的经济发展注入新的活力和动力。

第三节 产业升级

RCEP 的实施显著促进了贵州产业的升级，通过降低贸易壁垒、优化通关流程、引入外资和技术转移，以及提供政策支持和合作平台，为当地企业提供了提升产品质量和竞争力的机会。同时，协定加强了贵州与成员国之间的产业链和供应链整合，推动了产业结构向高附加值环节发展。此外，RCEP 还促进了人才和知识的流动，为产业升级提供了智力支持，并强调了可持续发展和环境保护，引导贵州在产业升级过程中注重绿色低碳发展。总体而言，RCEP 为贵州产业的高质量发展提供了新的机遇和动力，助力其更好地融入区域经济一体化进程。

一、传统产业的转型

RCEP 的生效为贵州传统产业升级提供了重要契机。通过区域经济一体化和更开放的市场环境，贵州的传统产业在技术、市场、管理等多个方面得到显著提升。[①]

---

① 把发展经济的着力点放在实体经济上[EB/OL].（2023-05-24）[2024-11-26]. http://www.guizhou.gov.cn/ztzl/ssgybzxdflsxgydtp/zxdt/202305/t20230524_79872409.html.

（一）市场准入扩大，推动产品升级

RCEP 的签署和实施，为成员国之间的贸易往来提供了更加便利的条件，同时为中国贵州的传统产业开辟了更广阔的国际市场。[①]贵州以其得天独厚的自然环境和悠久的产业发展历史，孕育了茶叶、酿酒、中药材等具有地方特色的传统产业。这些产业不仅承载着贵州的文化，也是当地经济的重要支柱。

随着 RCEP 的生效，成员国之间的关税壁垒将逐步降低甚至取消，这为贵州的传统产业带来了前所未有的机遇。例如，贵州的茶叶可以更加便捷地出口到日本、韩国等国家，而无须承担高额的关税成本，从而以更具竞争力的价格进入市场。同样，贵州的酿酒产业也能够享受到关税减免的优惠，进一步扩大其在 RCEP 成员国市场的份额。此外，贵州的中药材产业也能够借助这一平台，将更多优质的中药材产品销往澳大利亚和新西兰等国家，满足这些国家对天然健康产品的需求。

参与 RCEP 不仅为贵州的传统产业提供了市场拓展的机会，更重要的是，它促使贵州的企业在国际市场竞争中不断提升自身的竞争力。面对来自其他成员国的激烈竞争，贵州企业不得不提高产品质量，增强创新能力，以满足不同国家和地区的消费者需求。这种竞争压力实际上成为推动贵州传统产业转型升级的催化剂，促使这些产业从低附加值的生产模式向高附加值、高技术含量的方向发展。

总之，RCEP 的实施为贵州的传统产业带来了新的发展机遇，同时提出了新的挑战。贵州企业需要抓住这一历史机遇，通过技术创新和管理升级，不断提升产品的国际竞争力，从而在更广阔的国际舞台上展现贵州的传统产业魅力，为地方经济的发展注入新的活力。

① 徐爽 .RCEP 背景下贵州地理标志农产品国际化提升路径研究 [D]. 贵阳：贵州财经大学，2023.

（二）技术引进与合作促进现代化

近年来，贵州与技术领先的国家的合作有所加强。通过与这些国家的技术交流与合作，贵州在农业、制造业等关键领域获得了宝贵的技术引进机会。

在农业领域，贵州的传统种植业面临着转型升级的需求。通过引进先进的现代农业技术，贵州的农民和农业企业能够学习到先进的种植方法、作物管理技术以及农产品加工和保鲜技术。这些技术的应用不仅能够提升农产品的产量，还能提高其品质，从而增强市场竞争力，为农民带来更多的经济收益。

在制造业领域，贵州的传统制造业同样面临着转型升级的压力。通过与日韩企业的合作，贵州的传统制造业得以向智能制造领域迈进。智能制造技术的应用，如自动化生产线、机器人技术、物联网以及大数据分析等，不仅提高了生产效率，降低了生产成本，还提升了产品的质量和精度。这些技术的引进和应用，使得贵州的制造业企业能够更好地适应市场需求，提高产品的附加值，增强企业的市场竞争力。

此外，贵州在环保和高科技领域的合作也取得了显著的成果。通过与 RCEP 成员国的技术交流，贵州在环境保护技术、新能源技术以及信息技术等领域获得了新的发展机遇。这些技术的引进和应用，不仅有助于提升贵州的环境质量，还为贵州的可持续发展提供了强有力的技术支撑。

总的来说，通过与 RCEP 成员国的合作，贵州在农业、制造业、环保和高科技等多个领域获得了技术引进的机会，这些技术的引进和应用，为贵州的经济社会发展注入了新的活力，也为贵州的长远发展奠定了坚实的技术基础。

（三）物流与供应链整合加速产业升级

RCEP 通过削减关税壁垒和非关税壁垒，显著提升了区域内的物流便利性。这一举措不仅简化了货物跨境流通的程序，还降低了物流成本，从而加速了商品的流通速度。贵州作为中国西南地区的重要交通枢纽，得益于RCEP的实施，与东盟、日本、韩国等国家和地区的物流联系变得更加紧密。这种紧密的物流联系，为贵州带来了更多的贸易机会和经济增长点。

在RCEP框架下，贵州的物流和供应链管理效率得到了显著提升。[①]高效的物流系统不仅降低了贵州传统产业的运营成本，还加快了其产品进入国际市场的步伐。例如，贵州的烟草产业和食品加工业在RCEP的助力下，能够更快地响应国际市场需求的变化。这促使企业能够及时调整产品结构，优化供应链管理，提高整体的运营效率。通过与国际市场的快速对接，贵州的这些产业得以更好地融入全球价值链，提升了竞争力，同时为当地经济的发展注入了新的活力。

（四）绿色和可持续发展带动产业升级

贵州以其得天独厚的自然风光和丰富的生态资源而著称，被誉为“生态大省”。在这样的背景下，资源和环境保护成为贵州可持续发展的关键所在。随着全球对环境保护意识的增强，绿色可持续发展已经成为国际社会的共识，而RCEP成员国之间的合作，为贵州的传统产业转型升级提供了新的机遇。

在RCEP框架下，成员国之间在可持续发展和绿色技术领域的合作日益加深，这对于贵州来说，意味着可以借助外部的先进技术和经验，推动本地产业的绿色转型。例如，贵州的矿业和能源产业在长期的发展过程中，面临着资源消耗大、环境污染重等问题。通过与RCEP成员国合作，贵州可以引进先进的环保技术，如低排放的采矿技术、清洁能源的开发和利用等，从而实现清洁生产和绿色转型，减少对环境的影响，提高资源利用效率。

① 市人民政府印发关于推动开放型经济高质量发展实施方案的通知[EB/OL].（2022-06-23）[2024-11-26]. http: //www.guiyang.gov.cn/ztzl/rdzt/yshj/zcwj_5880937/s_5880940/202206/t20220623_75203911.html.

在食品加工和农业领域，贵州同样可以借助RCEP成员国的技术和经验，推动绿色生产模式的建立。与RCEP成员国合作可以帮助贵州提升农产品的品质和安全标准，采用更加环保的生产方式，如有机农业、生态农业等，从而提高产品的国际竞争力。这样的合作不仅能够提升贵州农产品的市场价值，还能够促进当地生态环境的保护和改善。

总的来说，RCEP成员国之间的合作为贵州提供了宝贵的机遇，使其能够在保护生态环境的同时，推动传统产业的转型升级，实现经济发展与环境保护的双赢。这不仅有助于提升贵州在全球市场中的竞争力，也为其他省份提供了可借鉴的经验，共同推动中国生态文明建设的进程。

（五）金融与资本流动支持企业创新

在RCEP框架下，成员国之间的金融服务和资本流动变得更加便利和顺畅。这种变化为贵州的传统企业带来了前所未有的机遇，使得它们能够通过融资和投资合作的方式，获得更多的资金支持，这些资金将被用于技术研发和创新项目的推进。随着金融市场的进一步开放，贵州的传统企业不仅有机会吸引外资，还能够借此机会引进先进的技术和管理经验，从而推动现代化生产设施的建设，并加强技术改造。

特别是对于贵州的传统制造业和农业企业而言，资金的支持将促进企业设备更新和工艺提升。这些企业可以利用新获得的资金，引进更先进的生产设备和技术，优化生产流程，提高产品质量和生产效率。同时，通过技术创新和工艺改进，这些企业能够更好地适应市场需求的变化，提升自身的竞争力。

此外，资金的注入还将有助于推动产业转型，使传统企业能够从劳动密集型向技术密集型转变。这不仅有助于提高整个产业的附加值，还能够为当地创造更多的就业机会，促进经济的可持续发展。在RCEP的框架下，贵州的传统企业将能够更好地融入区域经济一体化的大潮中，实现自身的转型升级，为区域经济的繁荣做出更大的贡献。

（六）新兴技术与数字化应用

在RCEP框架下，数字经济和新兴技术的应用已经成为推动传统产业转型升级的关键动力。贵州的传统产业，借助与RCEP成员国之间的合作机会，正在经历一场深刻的数字化转型。通过这一过程，大数据技术、物联网、人工智能等前沿创新技术被广泛地融入贵州的农业、制造业以及服务业之中，从而提升了这些行业的竞争力和效率。

具体而言，在农业领域，大数据技术的应用为农户提供了精准的种植指导，通过分析气候、土壤和作物生长数据，帮助农户优化种植流程，实现作物产量的显著提升。此外，物联网技术的应用使得农业监控更加智能化，实时监测作物生长状况和环境变化，进一步提高了农业生产的效率和质量。

在制造业方面，智能化生产设备的引入显著提高了生产效率和产品质量。通过使用机器人、自动化生产线和先进的制造执行系统，企业能够实现生产过程的自动化和智能化，减少人为错误，提升产品的一致性和可靠性。同时，人工智能技术在制造业中的应用，如预测性维护和智能物流，为企业降低了运营成本，提升了生产灵活性。

服务业同样受益于这些新兴技术的应用。例如，大数据分析能够帮助服务业企业更好地理解客户需求，提供个性化服务，增强客户满意度和忠诚度。人工智能在客服、营销和运营管理中的应用，提高了服务效率，降低了人力成本，同时为企业带来了新的增长点。

综上所述，RCEP为贵州传统产业的数字化转型提供了重要的国际合作平台，通过引入数字经济和新兴技术，不仅促进了传统产业的升级，也为贵州的经济发展注入了新的活力。

（七）贸易便利化与标准提升

RCEP通过简化贸易手续、统一技术标准等关键措施，为贵州的传统企业提供了更为便捷的途径，使其能够顺利融入国际市场。[1]这一协定的实施，不仅降低了贵州企业在国际贸易中的门槛，还为它们提供了更多的市场机会。通过积极参与 RCEP 框架下的技术标准制定和质量认证体系，贵州的传统产业得以提升其产品的国际标准适应性。这意味着这些产业的产品能够更快速地进入东盟、日本、韩国市场，从而获得更广阔的市场空间。

这种标准化和质量提升的过程，对贵州传统产业来说，既是挑战，也是机遇。企业必须在工艺技术和管理方法上进行现代化改造，以满足更高的国际标准。这不仅涉及生产流程的优化和产品质量的提升，还包括对员工技能的培训和管理理念的更新。通过这样的转型升级，贵州的传统产业不仅能够提高自身的竞争力，还能更好地适应全球市场的变化，实现可持续发展。

此外，RCEP 的实施还为贵州带来了更多的国际合作机会。通过与成员国之间的技术交流和合作，贵州的企业可以学习先进的生产技术和管理经验，进一步提升自身的创新能力和市场竞争力。这种国际合作不仅有助于推动贵州传统产业的现代化进程，也为贵州的经济发展注入了新的活力。

总的来说，RCEP 为贵州的传统企业提供了融入国际市场的重要契机，通过标准化和质量提升，推动了这些产业的现代化进程。这不仅有助于提升贵州产品的国际竞争力，也为贵州的经济发展开辟了新的道路。

（八）人才交流与技术培训

RCEP 的实施不仅为区域经济一体化带来了新的机遇，同时促进了人才的流动和技术的交流。贵州作为中国西南地区的重要省份，通过与 RCEP 成员国之间开展的技术合作项目和专业培训活动，显著提升了本

---

① 商务部国际司解读《区域全面经济伙伴关系协定》（RCEP） 之二 [EB/OL].（2020-11-16）[2024-11-26]. http://www.gov.cn/xinwen/2020l1/16/content_5561847.htm.

地技术工人的技能水平。[①]这些合作项目涵盖了多个领域，包括但不限于制造业、农业等，通过引进国外的先进技术和管理经验，帮助贵州的传统产业实现了技术升级和转型。

此外，贵州还积极引进外籍技术人员，这些专家的到来不仅带来了新的技术知识，还促进了本地技术人员与国际同行之间的交流与合作。同时，贵州本地的技术人员有机会前往 RCEP 成员国进行深造，学习这些国家在管理经验和生产技术方面的先进做法。这种双向的人才和技术交流，为贵州的传统产业升级提供了强有力的人力支持和智力支持。

通过这些国际合作与交流，贵州不仅提高了自身的产业竞争力，也为区域经济的共同繁荣做出了贡献。RCEP 的实施为贵州带来了新的发展机遇，通过人才和技术的流动，促进了产业升级和经济结构的优化，为贵州省乃至整个区域的可持续发展奠定了坚实的基础。

总而言之，RCEP 的正式生效，为贵州的传统产业转型升级带来了前所未有的新机遇。这一协定的实施，不仅为贵州打开了更广阔的国际市场，还为当地企业在技术交流与合作、供应链管理的优化以及环保转型等方面提供了重要的支持。通过积极引入国际先进的生产技术和管理经验，传统产业得以提升自身的竞争力，同时，借助 RCEP 框架下的跨国合作，这些产业能够加速实现数字化转型，从而推动整个产业向高质量、高效益的现代化方向发展。

在市场扩展方面，RCEP 的生效使得贵州企业能够更好地融入区域经济链条，享受协定成员国之间降低的关税和贸易壁垒带来的好处，从而扩大出口规模，提升产品的国际市场份额。在技术合作方面，贵州企业可以通过与 RCEP 成员国的企业进行技术交流和合作，引进先进的生产技术和管理理念，提升自身的创新能力和生产效率。在供应链优化方面，

① 贵州省人力资源和社会保障厅 .《关于印发 2022 年度“技能贵州”行动实施方案的通知》的政策解读 [EB/OL].（2022-03-16）[2024-11-26].http://rst.guizhou.gov.cn/zwgk/jdhy/zcjd/202203/t20220316_73014075.html.

RCEP 的实施有助于贵州企业优化供应链布局，降低物流成本，提高供应链的稳定性和效率。在环保转型方面，RCEP 鼓励成员国加强环保合作，推动绿色低碳发展，这为贵州传统产业的绿色转型提供了新的动力。

通过深度融入 RCEP 框架下的区域经济链条，贵州的传统产业不仅能够实现自身的转型升级，还将成为西部地区乃至全国传统产业转型升级的典范。这不仅有助于提升贵州的经济实力和区域影响力，也为其他地区提供了宝贵的经验和借鉴。随着 RCEP 的深入实施，贵州的传统产业将在国际舞台上展现出更加活跃和竞争力强的姿态，为推动中国与 RCEP 成员国之间的经贸合作做出积极贡献。

二、高新技术产业的发展

在 RCEP 框架下，贵州的高新技术产业迎来了显著的发展机遇，这主要体现在技术引进、市场拓展、产业链整合以及创新合作等多个方面。[①] 随着 RCEP 的实施，贵州得以更加便捷地与成员国之间进行技术交流与合作，从而加速了高新技术的引进。这不仅提升了当地企业的技术水平，也为产业的转型升级奠定了坚实的基础。

同时，RCEP 的签署为贵州的企业打开了更广阔的国际市场，使得贵州的高新技术产品和服务能够更顺畅地进入成员国市场，从而实现市场拓展的目标。此外，贵州通过产业链的整合，优化了资源配置，提高了产业链的整体竞争力。产业链上下游企业之间的协同效应得到了加强，促进了产业集群的形成和发展。

在创新合作方面，RCEP 为贵州提供了与成员国在科研、技术开发和人才培养等方面进行深入合作的平台。通过与成员国的科研机构和高校的合作，贵州的高新技术企业能够共享资源、交流经验，共同推动技

① RCEP为贵州高质量开放带来新机遇[EB/OL].(2021-07-13)[2024-11-26]. http: //www.guizhou.gov.cn/home/gzyw/202109/t20210913_70141161.html?isMobile=true.

术创新和产业升级。这种合作不仅有助于提升贵州高新技术产业的整体实力，也为区域经济的可持续发展注入了新的动力。

（一）技术引进和创新合作加速

贵州在大数据、人工智能、新材料、清洁能源等高新技术领域，与RCEP成员国加强了技术交流与合作，共同推进科技创新。通过RCEP框架下的合作机制，贵州的一些企业得以在创新研发方面加速发展，通过与国际伙伴的深入合作，共享技术资源，企业有效缩短了技术创新的周期，加快了科技成果的转化速度。这种国际合作模式不仅提升了贵州高新技术产业的竞争力，也为区域经济的高质量发展注入了新的活力。

（二）大数据产业的跨国合作与扩展

贵州作为中国的大数据中心，依托RCEP，与RCEP成员国的企业在大数据应用、信息技术、云计算等多个领域展开了深入而广泛的合作。通过积极引进他国的先进技术，贵州的大数据企业得以加速推进数据处理、智能化应用以及产业链的整合。特别是在金融科技、智能交通、智慧医疗等领域，贵州通过跨国合作，不断拓展大数据产业的应用场景，从而显著提升了产业的国际竞争力。

这种合作不仅促进了贵州与这些国家之间的技术交流，还为贵州的大数据产业带来了新的发展机遇。通过与国际先进企业的合作，贵州的大数据企业能够吸收和借鉴国际上先进的管理经验和技术，进一步提升自身的研发能力和市场竞争力。同时，这种合作有助于推动贵州大数据产业的国际化进程，使其在全球大数据产业中占据更加重要的地位。

此外，贵州还通过与RCEP成员国的合作，加强了在大数据安全、隐私保护等领域的研究和合作，为大数据产业的健康发展提供了有力保障。通过这些合作，贵州不仅提升了自身的产业水平，也为区域乃至全球的大数据产业发展做出了贡献。

（三）新能源和环保技术的合作

随着RCEP的实施，贵州得以与RCEP成员国在清洁能源和环保技术方面展开更深层次的合作。

通过与这些国家的企业和研究机构建立合作关系，贵州不仅能够引进先进的新能源技术和设备，还能在环保标准体系建设方面实现跨越式发展。例如，在光伏发电领域，贵州通过与日本和澳大利亚的合作伙伴共同研发和建设光伏电站，不仅加速了新能源项目的实施，还提高了当地的能源自给能力，同时减少了对传统化石能源的依赖。

在风能领域，贵州依托其丰富的风力资源，与韩国的风能技术公司合作，共同开发风力发电项目。这些合作项目不仅为当地带来了清洁能源，还创造了大量的就业机会，促进了当地经济的可持续发展。

此外，在生物质能等环保技术方面，贵州通过与澳大利亚的环保技术公司合作，引进了先进的生物质能转换技术和设备。这些技术的应用不仅提高了生物质能源的利用效率，还有效改善了当地的生态环境，减少了农业废弃物对环境的污染。

总的来说，RCEP 框架为贵州在新能源和环保技术领域提供了广阔的合作平台，通过与 RCEP 成员国合作，贵州在推动新能源和环保产业的发展方面取得了显著成效。

（四）产业链升级与供应链优化

RCEP 的实施显著降低了成员国之间的关税和非关税壁垒，对于促进区域内的产业链和供应链整合起到了积极的推动作用。[①] 贵州作为中国西南地区的一个重要省份，其高新技术产业在 RCEP 框架下获得了前所未有的发展机遇，能够更加顺畅地融入区域乃至全球的供应链体系。

例如，在新材料产业方面，贵州的企业与区域内的高科技公司展开了深入合作，共同研发了一系列用于电子产品、汽车制造和航空航天领域的高端材料。这些合作项目不仅提升了贵州新材料产业的技术水平和

① 刘馨蔚 .RCEP 签署加速区域内供应链与产业链融合 [J]. 中国对外贸易，2021（6）：30-32.

产品质量，还增强了其在国际市场上的竞争力。通过这样的国际合作，贵州企业得以利用 RCEP 提供的便利条件，进一步拓展其业务范围和市场份额。

此外，RCEP 的实施还为贵州的高新技术产业带来了更多的国际合作机会，促进了技术交流和人才流动。通过与 RCEP 成员国之间的合作，贵州的企业能够更好地把握国际市场的需求变化，及时调整自身的产业结构和产品策略，从而在激烈的国际竞争中占据有利地位。同时，这种合作有助于推动贵州的经济转型升级，为当地创造更多的就业机会，促进社会经济的全面发展。

（五）跨境电商与数字经济的崛起

RCEP 为数字经济和跨境电商的发展提供了重要的政策支持，这一协定的实施不仅促进了成员国之间的贸易自由化和便利化，也为数字经济的创新和跨境电商的繁荣创造了有利条件。[①] 贵州作为中国西南部的数字经济中心，正积极借助这一契机，与东盟、日韩等国家和地区开展跨境电商合作，共同探索数字经济的新模式和新路径。

通过 RCEP 的贸易便利化措施，贵州的高新技术产品，例如，智能终端设备、软件系统等，更容易出口至其他成员国市场。这些产品不仅代表了贵州在数字经济领域的先进水平，也展现了中国在科技创新方面的实力。贵州利用这一优势，加强与 RCEP 成员国之间的技术交流和市场拓展，推动本地企业走向国际市场，同时为成员国提供了更多高质量的中国产品和服务。

此外，RCEP 还推动了贵州在数字支付、物流网络、电子交易平台等方面的快速发展。数字支付作为数字经济的重要组成部分，其便捷性和安全性得到了进一步提升；物流网络的优化和电子交易平台的建设，不

① 共享RCEP 机遇 跨境电商迎来更大市场空间[EB/OL].(2022-08-18)[2024-11-26]. http://chinawto.mofcom.gov.cn/article/e/s/202208/20220803343160.shtml.

仅提高了货物的流通效率，也为电子商务的发展奠定了坚实的基础。这些措施共同促进了贵州数字经济的整体水平提升，为区域经济一体化贡献了中国智慧和中国方案。

综上所述，RCEP 为贵州乃至整个中国的数字经济和跨境电商带来了新的发展机遇。贵州正以开放的姿态，深化与 RCEP 成员国的合作，共同推动数字经济的繁荣发展，为构建开放型世界经济作出贡献。

（六）人才引进与技术交流

在 RCEP 框架下，人才的流动变得更加顺畅，这为贵州的高新技术产业带来了国际化人才资源。通过这一协定，贵州得以吸引来自日本、韩国以及东盟等国家和地区的高技术人才，这些人才的到来有效缓解了本地在专业技术领域的人才短缺问题。同时，这些国际人才的加入为当地企业的技术创新和产品研发提供了强有力的支持和帮助，促进了企业技术进步和产业升级。

此外，RCEP 的实施也为贵州的技术人员提供了宝贵的机会，他们可以通过这一平台前往成员国进行学习和交流，接触和掌握先进的技术和管理经验。这种跨文化的交流和学习不仅拓宽了技术人员的视野，还提升了他们的专业技能和创新能力。通过这种方式，贵州的技术人员能够更好地适应全球化的趋势，同时，这种方式为贵州在全球经济中占据更有利的地位提供了有力支撑。

（七）政策支持与外资引入

贵州省政府充分利用 RCEP 带来的政策优势，积极采取措施吸引外资流入高新技术产业领域。为了实现这一目标，贵州省政府实施了一系列激励措施，包括实施税收减免政策、提供财政补贴支持以及建立高新技术产业园区，以此为国际企业投资创造更加有利的条件。特别是在大数据、人工智能、物联网等前沿科技领域，贵州省政府通过设立产业专项基金和推动创新创业基地的建设，进一步优化了高新技术产业的投资环境。这些举措不仅提升了贵州在国际上的吸引力，也促进了当地经济的转型升级。

（八）智能制造和工业 4.0

RCEP 为贵州的高新技术产业带来了前所未有的发展机遇，特别是在智能制造技术领域。这一协定的实施，不仅促进了贵州传统制造业向工业 4.0 时代的跨越，还加速了贵州企业在全球价值链中的升级。

在这一过程中，贵州的电子信息产业和装备制造产业尤为受益。借助 RCEP 框架下的技术交流与合作，这些产业的生产线自动化程度得到了显著提升，不仅减少了对传统劳动力的依赖，还推动了整个产业向更高附加值、更高效能的方向发展。例如，通过与 RCEP 成员国的技术合作，贵州的电子信息企业能够采用更先进的半导体技术和智能传感器，提高了产品的智能化水平和市场竞争力。

同时，贵州的装备制造企业通过 RCEP 的平台，引入了国际先进的机器人技术和自动化生产线，实现了生产过程的智能化改造。这不仅提高了产品的精度和一致性，还缩短了生产周期，降低了生产成本。此外，通过与 RCEP 成员国的联合研发项目，贵州企业还能够接触到国际前沿的研发成果，进一步推动技术创新和产品升级。

总的来说，RCEP 为贵州高新技术产业的发展注入了新的活力，特别是在推动智能制造技术的应用和传统制造业的转型升级方面发挥了重要作用。通过这一协定，贵州不仅提升了自身的产业竞争力，也为区域经济的共同繁荣做出了贡献。

综合来看，在 RCEP 框架下，贵州的高新技术产业经历了显著的发展。通过积极引进先进技术、深化跨国合作、优化产业链布局以及实施人才引进战略，贵州的高新技术企业不仅在技术水平和创新能力上取得了显著提升，而且逐步融入了区域乃至全球的高技术产业链中。随着 RCEP 的深入实施和进一步推进，贵州有望成为中国西南地区高新技术产业发展的重要枢纽和创新高地，成为推动区域经济高质量发展的重要力量。

第五章　贵州在 RCEP 框架下的挑战

在 RCEP 框架下，贵州虽然迎来了产业升级和经济发展的新机遇，但同时面临一系列挑战。首先，贵州的企业将面临来自成员国更强大竞争者的压力，这要求贵州企业在技术创新、品牌建设和管理等方面进行提升。其次，传统产业可能需要进行结构调整以适应更开放的市场环境。同时，企业需要适应 RCEP 引入的新贸易规则和标准，如原产地规则和知识产权保护，这可能对当地产业构成挑战。贵州还需进一步改善基础设施和物流体系，以满足更高效、快速的贸易需求。此外，人才和技能的缺口以及环境和社会标准的符合也是需要关注的问题。最后，政策和法规的对接也是贵州需要解决的挑战之一。面对这些挑战，贵州需要通过政策调整、产业升级、人才培养等措施，确保在区域经济一体化中实现可持续发展。

第一节　市场竞争加剧

在 RCEP 框架下，虽然贵州得到了更多发展机会，但也面临着市场竞争加剧的挑战。①

① 张晓兰 .RCEP 协定对中国优势产业链东亚重构的影响研究 [J]. 贵州社会科学，2022（12）：130-137.

一、国内市场的竞争

在 RCEP 区域全面经济伙伴关系协定框架下，贵州不仅在国际市场上面临竞争压力，国内市场的竞争也有所加剧。[①] 由于 RCEP 的实施降低了关税和贸易壁垒，外资企业和跨国公司有更多机会进入中国市场，尤其是中西部地区。贵州作为中国西南地区的一个重要省份，因而面临的国内市场竞争也更加激烈。

（一）东部沿海发达地区企业的竞争

随着 RCEP 的正式生效，东部沿海发达地区的企业得以更加便捷地获取来自 RCEP 成员国的技术、资本以及各类产品。这一变化显著加速了这些地区产业的升级步伐，并促进了技术的引进和创新。得益于其先进的技术水平、雄厚的资金实力以及成熟的市场运作机制，东部地区的企业在提升产品质量和增强市场竞争力方面占据了有利位置。这使得它们在国内市场上与贵州本地企业之间的竞争更加激烈。

特别是在制造业和服务业领域，贵州的企业面临着严峻的挑战。由于在价格、技术水平和运营效率方面可能难以与东部沿海发达地区的企业直接竞争，贵州企业在国内市场的份额存在被挤压的风险。这种竞争压力迫使贵州企业必须寻求创新和转型，以提升自身的竞争力，否则可能会在激烈的市场竞争中处于不利地位。

（二）跨国公司与外资企业的竞争加剧

在 RCEP 框架下，跨国公司和外资企业的进入为贵州市场注入了新的活力，同时带来了更为激烈的市场竞争，尤其是在消费品、高端制造和服务行业领域。由于外资企业在技术、管理和品牌方面通常拥有较为显著的优势，它们的产品和服务往往能够迅速吸引国内消费者的注意力，特别是在高端市场领域，贵州本地企业可能面临较大的竞争压力，难以

① 魏东云．RCEP 背景下中国经济发展的机遇与挑战：以西南地区为例 [J]. 世界经济探索，2022，11（1）： 76-83.

与外资品牌抗衡。例如，在高科技电子产品、汽车制造和金融服务等行业，外资企业可以利用 RCEP 的优惠政策，更加便捷地进入中国市场，这无疑给贵州本地企业带来了挑战。这些外资企业不仅能够凭借其先进的技术和创新的产品设计满足国内消费者的需求，还能够通过其强大的品牌影响力和成熟的市场营销策略，迅速占领市场份额。因此，贵州本地企业需要不断提升自身的竞争力，通过技术创新、管理优化和品牌建设等方式，来应对来自跨国公司和外资企业的竞争压力，以保持在市场中的地位。

（三）国内其他中西部省份的竞争

RCEP 的实施不仅为贵州带来了对外开放的新机遇，同时显著提升了中国其他中西部省份的开放程度。四川、重庆、云南等与贵州地理位置相近的省份，也充分利用了 RCEP 带来的机遇，积极吸引外资和技术资源，从而在区域经济发展的大潮中获得了新的动力。然而，这也意味着贵州在区域经济竞争中面临着更为严峻的挑战。

例如，重庆和成都作为西南地区的经济中心，在基础设施建设、产业集聚水平以及外资吸引力方面都具有明显的优势。它们不仅拥有更加完善的交通网络、更先进的产业配套设施，还拥有更为丰富的外资资源和政策支持。这些优势吸引了大量国际投资和高端人才，尤其是在高新技术和先进制造业领域，重庆和成都的竞争力得到了显著提升。

相比之下，贵州虽然在电子信息、大数据、文化旅游等领域具有一定的发展潜力，但在招商引资、人才吸引和市场开拓等方面，与重庆、成都等城市相比仍存在一定差距。贵州需要进一步提升自身的产业竞争力，优化营商环境，加强与周边省份的合作与交流，才能在激烈的区域竞争中脱颖而出，实现经济的高质量发展。

总之，RCEP 的实施为中西部省份带来了新的发展机遇，但也加剧了区域内的竞争。贵州要想在这一过程中取得优势，必须充分发挥自身特色，加强与其他省份的合作，不断提升自身的综合实力和竞争力。

（四）国内大企业的扩张

随着 RCEP 的正式实施，国内的大型企业，尤其是那些在国际市场上拥有广泛业务的公司，得到了更多融入区域经济的机会。这一协定的生效，为这些企业提供了更加便利的贸易条件和更广阔的市场空间。

这些企业之所以能够迅速占领包括贵州在内的国内市场，主要得益于它们在技术上的领先地位、成熟的市场渠道以及雄厚的资金实力。它们能够快速响应市场变化，加大投入研发，推出符合市场需求的产品和服务。同时，它们能够利用自身的资金优势，进行大规模的市场推广和品牌建设，从而在激烈的市场竞争中占据有利地位。

然而，这种发展趋势对于本地的中小企业来说，无疑构成了巨大的挑战。由于在资金、技术和市场资源等方面难以与这些大型企业抗衡，本地中小企业面临着被边缘化的风险。它们可能在市场竞争中处于不利地位，难以获得足够的市场份额和发展空间。因此，为了促进本地中小企业的健康发展，政府和社会需要提供更多的支持和帮助，包括提供财政补贴、技术培训、市场拓展等方面的支持，以增强它们的竞争力和可持续发展能力。

（五）农业和食品产业的竞争压力

贵州的传统优势产业包括农业以及与其相关的食品加工业等，这些领域在贵州的经济发展中占据着举足轻重的地位。特别是茶叶、酒类产品，以及中药材等，都是贵州农业和食品加工业的亮点。这些产品不仅在国内市场享有盛誉，而且在国际市场上也具有一定的知名度和竞争力。

然而，随着 RCEP 的实施，东盟国家的农产品和食品能够更加便捷地进入中国市场。这些国家的农产品在价格上往往具有明显的优势，尤其是在热带水果、海产品等品类方面，它们不仅价格低廉，而且品质优良，因此在国际市场上具有较高的竞争力。这使得贵州的农业和食品产业不仅要面对国内其他省份的竞争压力，还必须应对来自东盟国家的激烈竞争。

特别是在中低端市场，贵州的农业企业可能会遭受来自外资农产品的价格冲击。[①]这些外资产品凭借其价格优势，可能会抢占一部分市场份额，对贵州本地的农产品和食品加工企业构成挑战。因此，贵州的农业和食品产业需要不断提升产品质量，增强品牌影响力，同时探索创新的营销策略和商业模式，以保持其在国内外市场的竞争力。此外，加强与东盟国家的合作，学习借鉴其先进的农业技术和管理经验，也是提升贵州农业和食品产业竞争力的有效途径。

（六）本地消费市场竞争加剧

贵州消费市场规模相较于东部沿海发达地区来说，本身就存在一定的局限性。随着 RCEP 的正式生效，这一协定将促使更多高质量且价格更具竞争力的国际商品涌入国内市场，这无疑将对贵州本地企业构成挑战。尤其是在电子产品、家用电器、服装等消费品领域，国际知名品牌以及来自国内发达地区的商品，将更容易借助电子商务、跨境电子商务等现代销售渠道，快速进入贵州市场，这无疑将给当地的本土企业带来了竞争压力。

对于贵州的中小企业而言，他们在面对这些国际品牌和国内大型企业的竞争时，可能会在产品定价、品牌知名度以及市场渠道建设等方面处于不利地位。这些本地企业可能缺乏足够的资金和资源与国际大品牌在价格上进行竞争，同时，由于品牌影响力和市场认知度的不足，它们在吸引消费者方面可能会遇到困难。此外，由于缺乏成熟的市场渠道，这些企业可能难以有效地将产品推广到更广泛的消费者群体中。因此，贵州的中小企业要想在这样的市场环境下生存和发展，就必须寻找新的策略和方法，如提升产品质量、创新营销手段、加强品牌建设等，以增强自身的竞争力。

① 苏长庚．贵州农产品出口竞争力研究 [D]. 贵阳：贵州财经大学，2017.

（七）物流与供应链领域的竞争

RCEP 的实施，通过降低成员国之间的关税壁垒和推动区域物流一体化，显著提升了整个区域的供应链效率。这一协定不仅促进了成员国之间的贸易便利化，还为各成员国的经济发展带来了新的机遇。特别是对于沿海发达地区而言，它们能够借助更加完善的物流网络，将产品更迅速、更高效地配送到包括贵州在内的西南地区市场。

对于贵州这样的内陆省份来说，RCEP 的实施带来了双重影响。一方面，它为贵州的企业提供了更广阔的市场和更多的合作机会，有助于推动当地经济的发展；另一方面，它也给贵州的本地物流企业和制造企业带来了巨大的竞争压力。由于沿海发达地区和中西部其他省份的企业能够更快速地进入贵州市场，贵州本地企业在“最后一公里”配送、仓储效率等方面面临着严峻的挑战。

为了应对来自国内外企业的竞争，贵州的企业必须加快提升服务质量和供应链管理水平。这包括优化物流配送网络，提高仓储和配送效率，以及采用先进的信息技术来增强供应链的透明度和响应速度。此外，贵州的企业还需要加强与国内外合作伙伴的合作，通过共享资源、技术和市场信息，提升自身的竞争力。

总之，RCEP 的实施为贵州带来了新的发展机遇，同时带来了挑战。贵州的企业需要抓住机遇，积极应对挑战，通过提升自身的服务质量和供应链管理水平，在激烈的市场竞争中立于不败之地。

（八）技术和人才流失加剧

RCEP 的实施显著推动了区域内部人才与技术的自由流动，这一变化对贵州而言既是机遇也是挑战。在这一背景下，贵州不仅需要在国内市场上与其他省份竞争资本和商品，还必须应对人才流失的问题。沿海发达地区凭借其经济实力和成熟的市场环境，以及跨国公司提供的优越就业条件，往往能够吸引大量高端技术人才。这种人才流动趋势可能会导致贵州本地的优秀技术人才流向更有吸引力的地区，从而削弱了贵州本地企业的市场竞争力。

此外，随着 RCEP 的推进，技术和资本的流动变得更加自由和便捷。这不仅意味着贵州的企业将面临来自国内外更激烈的竞争，还意味着如果贵州的企业无法提供具有竞争力的薪酬待遇和良好的职业发展平台，它们在技术创新和研发能力方面可能会处于不利地位。这将直接影响到企业的长期发展和区域经济的整体竞争力。因此，贵州需要采取有效措施，如优化人才政策、提升企业创新能力、加强本地人才的培养和引进，以及改善工作和生活环境，以吸引和留住人才，确保在 RCEP 框架下能够充分利用机遇，应对挑战。

综上所述，在 RCEP 框架下，贵州在国内市场所面临的竞争压力显著增加，为了应对这种激烈的竞争环境，贵州必须采取一系列措施，迅速适应并提升自身的竞争力。这包括加大技术创新的力度，推动产业升级，以及实施差异化竞争策略，从而在国内市场中占据更有利的位置，确保自身的可持续发展和经济增长。通过这些努力，贵州不仅能够更好地融入区域经济一体化进程，还能够在国内外市场中展现出更强的竞争力和影响力。

二、国际市场的竞争

在 RCEP 框架下，贵州作为中国西南内陆省份，虽获得了新的国际市场机遇，但也面临着更为激烈的国际市场竞争。RCEP 降低了成员国之间的关税和贸易壁垒，促进了区域内的经济一体化，使得外资和国际企业在这一框架下更容易进入中国市场，贵州的企业也因此需要与国际上的先进企业进行直接竞争。以下是贵州在国际市场面临的主要挑战：

（一）技术与创新的国际差距

贵州的企业在技术创新和研发能力方面，正积极努力提升自身竞争力。当前，贵州的高新技术企业在技术研发的深度和广度，以及创新成果的转化效率上，还有较大的提升空间。在国际市场上，贵州企业面临着激烈的竞争，需要不断提升产品质量和技术水平，以增强市场认可度。

为了实现可持续发展，贵州企业应加大研发投入，提升自主创新能力，积极引进和学习先进技术，加强与国际先进企业的合作交流。通过这些措施，贵州企业可以逐步提升自身竞争力，更好地融入国际市场。

（二）品牌与市场知名度的竞争

由于国际消费者的品牌偏好和市场习惯的差异，贵州的一些企业在开拓国际市场时仍然面临着不小的压力。这种压力不仅来自品牌知名度的不足，还包括文化差异、营销策略以及国际市场的复杂性等多方面因素。因此，这些企业要想在国际市场上取得成功，就需要采取一系列有效的策略，如加强品牌建设、提升产品质量、优化营销手段，以及深入了解目标市场的文化和消费者行为，从而逐步提高其在国际市场上的竞争力和影响力。

（三）中低端市场的成本竞争

在 RCEP 的背景下，贵州面临一系列挑战。随着 RCEP 的实施，贵州的企业，特别是劳动密集型产业，将面临来自其他成员国的激烈竞争。这些国家通常具有更低的劳动力成本，从而可能在价格上对贵州产品构成压力。

一方面，贵州需要应对来自成员国的低成本竞争。这要求企业提升生产效率，采用先进技术，以降低成本并提高产品质量。此外，贵州应考虑向高附加值产品转型，减少对低成本劳动力的依赖。

另一方面，RCEP 为贵州提供了探索新市场和国际合作的机会。通过这些渠道，贵州可以寻找新的增长点，实现经济的可持续发展。

总之，RCEP 的实施促使贵州企业在新的贸易环境中调整战略，以保持竞争力并抓住发展机遇。通过积极应对挑战，贵州可以在全球市场中找到新的定位，实现经济的转型升级。

（四）市场准入与技术标准的挑战

尽管 RCEP 的实施显著降低了成员国之间的关税壁垒，促进了区域内的贸易自由化，但各成员国在技术标准、质量要求和知识产权保护等方面仍存在显著差异。这些差异可能对贵州企业进入RCEP成员国市场构成挑战。

一些发达成员国对产品安全、环保和质量有严格要求，可能使贵州企业在进入这些市场时面临严格的技术标准和产品认证要求。在高技术产品、制药和食品安全等关键领域，技术壁垒可能成为贵州企业进入国际市场的主要障碍。满足不同市场的复杂认证和高标准合规要求，可能需要贵州企业投入更多资源进行技术升级和产品改进。

此外，知识产权保护的差异可能影响贵州企业在RCEP成员国市场的运营。企业需要深入了解并遵守各成员国的知识产权法律，以保护其创新成果和技术优势。

总之，尽管RCEP为成员国之间的贸易提供了便利，但贵州企业在进入这些市场时，仍需应对技术标准、产品认证和知识产权保护等多方面的挑战。通过充分的市场调研，了解目标市场的要求，并采取相应的策略，贵州企业可以确保其产品和服务顺利进入并适应这些市场。

（五）国际物流与供应链的竞争

随着RCEP的实施，区域内供应链的整合得到了显著的推动，这不仅有助于降低物流成本，还促进了成员国之间的贸易便利化。然而，这一进程也给贵州的企业带来了更大的竞争压力。贵州作为一个内陆省份，其在国际物流和供应链管理方面存在一定的劣势。[①] 由于地理位置的限制，贵州的产品在到达国际市场之前，往往需要经过更长的运输路线，这不仅增加了运输时间，也提高了物流成本。这些因素可能会削弱贵州产品在国际市场上的竞争力，因为高昂的物流成本和较长的交货时间可能会影响客户的购买决策。

① 万云峰．贵州跨境电商发展的SWOT分析及对策[J]．电子商务评论，2024，13(3)：7503-7511.

此外，贵州企业在全球供应链中往往处于低附加值的环节，这意味着它们在生产链中扮演的角色更多是原材料的供应者或初级产品的生产者。这种低附加值的定位使得贵州企业更容易受到全球市场波动和激烈的价格竞争的影响。在全球经济不稳定和竞争加剧的背景下，这些企业可能面临更大的经营风险和利润空间的压缩。

为了应对这些挑战，贵州需要采取一系列措施来提升其在全球供应链中的竞争力。这包括加强物流基础设施建设，优化供应链管理，提高产品的附加值，以及加强与国内外企业的合作，共同开发新的市场和供应链解决方案。通过这些努力，贵州可以更好地融入 RCEP 带来的区域经济一体化进程，实现自身的可持续发展。

（六）国际资本的竞争

随着 RCEP 的正式实施，贵州在吸引国际资本方面遭遇了新的挑战。在 RCEP 框架下，各成员国之间的竞争加剧，贵州需要应对新的挑战。贵州在基础设施建设、政策透明度以及市场开放程度等方面仍存在不足，这些因素影响了其吸引国际资本的能力。为了提升竞争力，贵州需要进一步加强基础设施建设，提高政策透明度和执行效率，加大市场开放力度，营造更有利于吸引外资的环境。只有这样，贵州才能更好地把握 RCEP 带来的机遇，吸引更多的国际资本，促进经济的进一步发展。只有这样，贵州才能在 RCEP 框架下更好地把握机遇，吸引更多的国际资本，促进本省经济的进一步发展。

（七）产品差异化与竞争力不足

贵州的农产品、特色食品以及旅游文化产品，深受国内消费者的喜爱。然而，当这些产品试图进入国际市场时，它们可能会面临激烈的同质化竞争。

为了在国际市场上取得成功，贵州需要深入挖掘和宣传其产品的独特性，例如，通过地理标志保护、强化文化内涵、提升产品质量和创新设计等方式，来提高产品的市场认知度和吸引力。此外，贵州还应该加强与国际市场的交流与合作，学习先进的生产技术和管理经验，提升自身的竞争力。只有这样，贵州的产品才能在国际市场上站稳脚跟，避免陷入低价竞争的困境，从而获得更大的市场份额和更高的利润空间。

（八）绿色经济与可持续发展的竞争

在 RCEP 框架下，各成员国对于环境保护和可持续发展的标准和要求变得越来越严格。贵州的企业在进入国际市场时，不仅要应对价格和技术方面的竞争压力，还必须在碳排放等可持续发展领域与发达国家的企业进行激烈的竞争。

由于全球对绿色经济的重视程度不断提升，如果贵州的一些企业不能及时跟上这一全球趋势，它们可能会在国际市场上遭遇排挤，这不仅会影响到企业的市场竞争力，还可能对贵州的经济发展和国际形象造成不利影响。因此，贵州的企业需要积极应对这些挑战，通过技术创新和产业升级，提高自身的环保水平和可持续发展能力，以确保在激烈的国际竞争中保持竞争力，并为贵州的长远发展奠定坚实的基础。

总体而言，在 RCEP 框架下，贵州在国际市场上遭遇的竞争压力显著增加。为了有效应对这些挑战，贵州必须采取一系列综合措施，包括但不限于技术创新、品牌建设、供应链管理的优化以及推动绿色可持续发展等策略，以此来增强其在国际市场上的竞争力。通过这些努力，贵州不仅能够提升自身的市场地位，还能实现经济的高质量增长和可持续发展。

第二节　产业结构调整压力

RCEP 的正式生效，为贵州的对外开放和经济发展注入了新的活力，同时为贵州带来了贸易增长和国际合作的新机遇。这一协定的实施，不仅有助于贵州进一步融入全球经济体系，还为其提供了更广阔的市场空间和更多的合作平台。然而，机遇与挑战并存，RCEP 的生效也给贵州带来了产业结构调整压力。

作为中国西南地区的一个内陆省份，贵州在 RCEP 框架下面临着来自国内外的双重竞争压力。一方面，随着协定的实施，贵州的传统产业需要面对来自成员国更低成本、更高效率的竞争，这要求这些产业必须进行深层次的结构调整和优化升级，以提高自身的竞争力。另一方面，新兴产业也需要抓住机遇，通过技术创新和模式创新，快速适应更加开放和激烈的市场环境，实现跨越式发展。

一、低端产业的淘汰风险

在 RCEP 框架下，贵州的低端产业面临被淘汰的风险。[①] 这种风险主要源于国际市场竞争的加剧、区域内供应链的整合，以及技术和劳动力成本的变化。

（一）区域内低成本竞争的加剧

在 RCEP 的背景下，贵州面临一系列挑战。随着区域供应链的整合和贸易壁垒的降低，贵州的低端产业面临着更大的竞争压力。RCEP 的实施可能加剧这些产业的外部竞争，导致订单流失和工厂关闭，从而对当地经济产生负面影响。此外，跨国公司可能因追求更低的生产成本而将生产基地迁往其他地区，这可能导致贵州的产业空心化，影响其工业基础和就业机会。

随着 RCEP 的生效，贵州面临一系列挑战，需要在新的贸易环境中积极应对和适应。以下是对这些挑战的概述：

首先，RCEP 的实施将增加国际商品进入中国市场的机会，这可能对贵州的低端产业构成竞争压力。随着更多低成本商品进入市场，贵州的农业和轻工业将面临更大的竞争压力。

① 邹显强．贵州产业结构低度化成因及对策分析 [D]．贵阳：贵州财经学院，2009.

其次，全球供应链的潜在重构可能影响贵州在制造业价值链中的地位。随着供应链的优化，贵州可能面临低端制造业的边缘化，这要求当地企业寻找新的市场定位和竞争优势。

最后，跨国公司可能出于成本考虑，将生产基地转移到其他地区，这可能对贵州的工业基础和就业产生影响。面对这一可能性，贵州需要采取措施来减轻潜在的经济和社会影响。

为了应对这些挑战，贵州需要积极进行产业转型升级，提升技术创新能力，优化产业结构，以增强其在全球经济中的竞争力。通过这些努力，贵州可以在 RCEP 带来的机遇中找到新的增长点，确保经济的持续健康发展。

（二）低附加值产业利润空间缩小

贵州的经济结构中，低端产业占据了相当大的比重这些产业的产品通常具有较低的附加值和技术含量，这意味着它们在市场上的竞争力相对较弱。随着 RCEP 的实施，关税和贸易壁垒的降低为成员国之间的商品流通创造了更为便利的条件。这使得来自东盟国家以及其他发达国家的产品能够更加轻松地进入中国市场，但也对贵州的低附加值产品构成了挑战。这种竞争压力可能会导致贵州产品在市场上的利润空间进一步缩小，影响其经济效益。

在原材料行业方面，贵州的煤炭、电解铝等行业虽然在国内市场上具有一定的竞争力，但在 RCEP 框架下，这些行业可能面临更大的挑战。随着国际市场上的供给增加，以及国际上环保要求的日益严格，这些低附加值产品的市场需求可能会出现下降趋势，价格竞争也将进一步加剧。这种变化将给贵州的低附加值产业带来更大的生存压力，迫使它们不得不寻求转型升级，以提高产品附加值和技术含量，增强市场竞争力。

（三）产业技术落后带来的淘汰压力

RCEP 是一个覆盖广泛地区的自由贸易协定，成员国包括日本、韩国以及澳大利亚等国家。这些国家在制造业、自动化和生产效率方面具有显著优势，而贵州作为一个内陆省份，其产业多以低端制造业为主，技术水平相对较低。贵州的许多低端产业依赖落后的生产技术和管理水平，这使得它们在面对国际高标准和高自动化水平的挑战时面临较大压力。

此外，贵州的低端产业多处于全球供应链的低附加值环节，RCEP框架下国际产业链的调整和升级可能导致这些环节面临被优化或转移的风险。贵州的企业需要迅速提升技术水平，向产业链的上游移动，以应对挑战。这意味着贵州必须加快产业结构的优化和升级，通过技术创新和管理改进来增强产业竞争力。

总之，RCEP的实施对贵州的低端产业构成双重挑战：一是需要提高自动化和智能制造技术，二是需要重新定位在产业链中的位置。贵州需要通过政策支持、技术创新和人才培养等措施，推动产业转型升级，以适应RCEP带来的变化，确保经济的持续健康发展。

（四）环保要求与低端产业的冲突

随着RCEP成员国对环境保护标准和绿色经济的日益重视，那些以高污染和高能耗为特征的低端产业正面临着更为严格的环保要求和挑战。

随着RCEP的实施，国际市场对于清洁生产和低碳经济的需求日益增长。这意味着，贵州的高污染的产业，如煤炭开采和重化工等，将难以满足这些新的环保要求。这些产业如果不进行相应的环保升级和转型，将不可避免地面临被国际市场淘汰的风险，甚至可能因为国内环保政策的不断收紧而被迫关闭或进行结构性调整。

因此，对于贵州来说，低端产业的转型升级已经成为一个迫切的任务。这不仅是为了应对国际市场的环保要求，也是为了适应国内日益严格的环保政策和公众对绿色生活方式的追求。通过推动产业结构的优化和环保技术的创新，贵州的一些低端产业有望实现可持续发展，从而在RCEP框架下获得新的发展机遇。

（五）本地市场的挤压效应

随着RCEP的正式生效，中国市场将迎来更多来自成员国的国际商品，这些商品的涌入可能会对贵州本地的低端产业造成一定的市场压力。

为了应对RCEP带来的挑战，贵州的低端产业需要寻找新的发展路径。这可能包括提升产品质量，增强品牌竞争力，或者通过技术创新来降低成本。同时，政府可以通过政策扶持和市场引导，帮助本地产业转型升级，以适应更加开放和竞争激烈的市场环境。只有这样，贵州的低端产业才能在RCEP框架下找到生存和发展的空间，实现可持续发展。

（六）全球供应链重构的影响

贵州的加工贸易企业面临显著的挑战，尤其是在全球供应链重构的背景下。一些依赖低附加值生产的企业可能因生产成本较高和技术水平较低而面临市场压力，这可能导致产业链条的削弱，并对当地就业和经济发展产生影响。为应对这些挑战，贵州需要积极推动产业升级，提升技术水平和创新能力，优化产业结构，以在全球供应链调整中抓住新的发展机遇，减少潜在的不利影响。

二、新产业的培育难度

在RCEP的框架下，贵州的新产业培育具有一定难度。这些难度主要源于市场环境、技术基础、人才短缺、投资环境等多方面因素。

（一）市场竞争加剧

首先，国际市场的进一步开放与竞争将随着RCEP的实施而加剧。关税的降低和贸易壁垒的减少将吸引更多的外资和技术进入中国市场，这将使得贵州的新兴产业面临更大的竞争压力。为了在这样的竞争环境中生存和发展，贵州的企业必须迅速提升自身的竞争力，包括技术创新、品牌建设和市场拓展等方面，以避免在激烈的市场竞争中失去宝贵的市场份额。

其次，RCEP的实施还可能导致本地企业之间的竞争加剧，特别是在新兴行业中。许多地方企业目前尚处于起步阶段，它们在市场经验和技术积累方面存在明显的不足。这种情况下，新产业的发展将面临更加严峻的挑战。为了应对这些挑战，贵州的企业需要加强内部管理，提高生产效率，同时积极寻求与国内外先进企业的合作，通过技术交流和资源共享来提升自身的竞争力。

综上所述，RCEP 的生效为贵州带来了机遇与挑战并存的局面。贵州需要充分利用这一协定带来的利好，同时积极应对可能出现的市场竞争压力，通过提升自身的核心竞争力，推动本地产业的转型升级，以实现经济的可持续发展。

（二）技术和创新能力不足

近年来，贵州在新产业的发展方面，主要聚焦于高新技术产业，例如大数据、信息技术以及生物医药等领域。这些产业的兴起，为当地经济的转型升级注入了新的活力。然而，尽管取得了一定的进展，贵州在整体技术水平和创新能力方面仍然存在不足，这在一定程度上制约了其新产业的进一步发展。

首先，贵州一些企业在研发方面的投入相对有限，这在一定程度上影响了企业的技术创新。贵州需要强化企业科技创新主体地位，加快实施创新驱动发展战略。在研发资金和高水平科研机构方面，贵州仍需加大投入，以支持科研人员的创新活动，并促进新产业的快速发展。

其次，贵州在新兴产业的发展中，面临着缺乏自主知识产权和核心技术的问题。许多新兴产业在发展过程中，依赖外部的技术和设备，这导致其在关键技术领域缺乏自主知识产权，难以形成具有核心竞争力的产业。技术依赖性高的现状，使得贵州的新产业在面对国际市场的激烈竞争时，往往处于不利的地位，难以把握市场主动权。

为了促进贵州新产业的持续健康发展，企业需要加大研发投入，吸引和培养高水平的科研人才，同时加强与国内外科研机构的合作，提升自主创新能力。此外，企业还要加强知识产权保护，推动核心技术的研发和应用，以减少对外部技术的依赖，增强产业的核心竞争力。通过这些措施，贵州的新产业将有望在激烈的市场竞争中脱颖而出，实现长远的发展。

（三）人才短缺和技能不足

高层次人才的匮乏是制约新产业技术进步和创新能力提升的关键因素。由于缺乏足够的高端技术人才，贵州的新产业发展难以跟上市场需求的步伐，技术进步的步伐也受到了限制，这直接影响了产业的整体竞争力和可持续发展能力。

职业教育和技能培训的滞后性也是不容忽视的问题。贵州在职业教育和技能培训方面的投入和发展速度未能与新兴产业的崛起保持同步，这导致了专业技能人才的供应不足。技术工人的短缺以及技能与市场需求不匹配的问题日益凸显，这些问题不仅影响了新产业的培育和发展，也对现有产业的转型升级构成了障碍。因此，为了促进贵州新产业的健康发展，必须加大对高层次人才的培养力度，同时加快职业教育和技能培训体系的改革与创新，以满足新产业对专业技能人才的迫切需求。

（四）投资环境和政策支持不足

新产业的培育和发展对于推动地区经济的转型升级具有重要意义，而实现这一目标的关键因素之一便是营造一个有利于投资的环境，并提供必要的政策扶持。然而，在这一方面，贵州尽管已经做出了不少努力，但依然面临着一些挑战。

一方面，资本流入不足是一个显著的问题。尽管国家出台了多项政策来鼓励和支持新兴产业的发展，但贵州的资本市场规模相对较小，融资渠道也较为有限。[①] 这种状况导致贵州在吸引外部投资，尤其是对于新兴产业的投资方面存在一定的困难。由于缺乏足够的资金支持，新兴产业在进行技术研发、市场拓展以及人才引进等关键环节时，往往会遇到较大的障碍，这无疑限制了这些产业的快速成长和竞争力的提升。

① 贵州召开促进民营经济发展壮大新闻发布会[EB/OL].（2024-02-28）[2025-01-15]. http://sjt.guizhou.gov.cn/zwgk/zfxxgk/fdzdgknr/xwfb/202402/t20240228_83860918.html.

其次，政策执行力的不足也是制约贵州新兴产业发展的另一个重要因素。尽管省内已经制定了一系列旨在支持新产业发展的政策措施，但在政策的执行过程中，可能会出现透明度不足或者执行力度不够的问题。这些问题的存在，不仅影响了政策的实施效果，也可能导致潜在投资者对政策的信心不足，从而影响他们的投资决策。因此，提高政策的执行力，确保政策能够得到有效落实，对于营造良好的投资环境，促进新兴产业的发展至关重要。

综上所述，贵州在新产业培育方面虽然已经取得了一定的进展，但仍需在资本市场的扩大和政策执行力的提升方面做出更多的努力。通过改善投资环境，增强政策的吸引力和执行力，贵州有望吸引更多的投资，推动新兴产业的快速发展，从而为地区经济的转型升级注入新的活力。

（五）基础设施建设滞后

新产业的培育和发展离不开坚实的基础设施作为支撑，然而在贵州，尽管该地区在某些领域已经展现出显著的发展潜力，特别是在大数据产业方面取得了一定的成就，但在基础设施建设方面，尤其是数字基础设施方面，仍然存在不足。[①]这些不足可能会对新兴产业的发展速度和质量产生制约作用。

一方面，数字基础设施的完善程度直接影响着信息技术相关产业的发展。尽管贵州在大数据产业方面已经取得了一些进展，但整体上，数字基础设施的建设仍需进一步加强和完善。这包括但不限于宽带网络的覆盖范围、数据处理和存储能力，以及云计算和数据中心的建设等关键领域。数字基础设施的不足可能会导致新兴产业在数据处理、信息传输和技术创新等方面遇到瓶颈，从而影响其整体发展水平。

另一方面，交通与物流设施的滞后也是制约贵州新兴产业发展的另

① 贵州“八个抓手”力推新型数字基础设施提档升级[EB/OL].（2024-04-14）[2024-11-27].http://www.gov.cn/zhuanti/2020-04/14/content_5502959.htm.

一个重要因素。交通运输网络的完善程度和物流效率直接影响着新兴产业的原材料供应和产品销售。如果交通物流设施不能满足新兴产业的需求，那么企业的运营效率将会受到影响，进而降低整个产业的竞争力。此外，基础设施的不完善还会对新产业的投资环境和发展潜力产生负面影响，使得潜在的投资者在进行投资决策时可能会因为基础设施的不足而犹豫不决。

因此，为了促进贵州新兴产业的健康发展，加强和改善基础设施建设显得尤为重要。这不仅包括数字基础设施的提升，还包括交通网络和物流系统的优化升级。这些措施实施可以为新兴产业提供更加坚实的发展基础，从而吸引更多的投资，推动产业升级，最终实现经济的可持续发展。

（六）生态环境与可持续发展的挑战

随着新兴产业的迅猛发展，生态环境保护和可持续发展的重要性日益凸显。新兴产业在追求经济增长的同时，必须严格遵守日益严格的环保法规。这些法规的执行压力不仅体现在对污染物排放的限制上，还包括对能源消耗的严格控制，这无疑会增加企业的合规成本，从而对企业的盈利能力造成一定的影响。

此外，新兴产业在推进绿色转型的过程中，面临着一系列的挑战。这一转型不仅需要企业在技术上进行升级，还需要在管理上进行创新。对于一些企业，尤其是位于贵州等地的一些企业来说，其可能会在绿色转型的道路上遭遇知识储备不足和资金短缺的双重困境。这意味着，企业不仅需要投入大量资金用于研发和引进先进的环保技术，还需要培养和吸引具有相关知识和技能的人才，以确保转型的顺利进行。这些挑战要求企业在战略规划和资源配置上做出更为明智和长远的考虑，以实现经济效益与环境保护的双赢。

综上所述，RCEP 框架下，贵州在培育新兴产业方面遭遇了一系列挑战。这些挑战包括市场竞争的日益激烈、技术能力的不足、人才资源的短缺、投资环境的不理想以及基础设施建设的滞后。这些因素共同作用，使得贵州在发展新兴产业的道路上面临重重困难。

为了有效应对这些挑战，贵州必须采取一系列有力措施。

首先，政府需要加大对新兴产业的政策扶持力度，通过制定和实施一系列优惠政策，为新兴产业的发展提供良好的政策环境。同时，增加对新兴产业的资金投入，通过设立专项基金、提供税收减免等措施，为新兴产业的成长提供充足的资金支持。

其次，加强人才培养和技术引进是提升贵州新兴产业竞争力的关键。政府和企业应共同投资于教育和培训项目，培养符合产业发展需求的专业人才。同时，积极引进国内外先进技术，通过技术合作、技术转让等方式，加强引进技术的消化吸收和再创新。

再次，改善投资环境对于吸引外部投资和促进产业发展至关重要。政府应简化行政审批流程，降低企业运营成本，打造公平竞争的市场环境，增强投资者的信心。同时，加强基础设施建设，提升交通、通信、能源等基础设施的现代化水平，为产业发展提供坚实的物质基础。

从次，推动产业结构的转型升级也是实现新兴产业健康可持续发展的关键。贵州省应依托自身资源优势和产业基础，发展具有比较优势的新兴产业，如大数据、文化旅游、现代山地农业等，形成特色鲜明的产业体系。

最后，积极融入 RCEP 的区域合作框架，利用 RCEP 成员国之间的贸易和投资自由化便利化优势，为贵州新兴产业的发展创造更多外部机遇。通过加强与 RCEP 成员国的经贸往来，拓展国际市场，贵州可以更好地利用外部资源和市场机会，推动本地新兴产业的快速发展。

综上所述，贵州在 RCEP 框架下培育新兴产业虽然面临诸多挑战，但通过政府的积极作为、人才和技术的持续投入、投资环境的不断优化以及产业结构的转型升级，完全有能力克服这些困难，实现新兴产业的健康可持续发展。同时，通过积极参与区域合作，贵州可以更好地把握 RCEP 带来的机遇，推动本地经济的高质量发展。

第三节　环境与可持续发展问题

在 RCEP 框架下，贵州面临的环境与可持续发展问题愈加突出。这些问题不仅影响着贵州的生态环境和社会经济发展，也对传统产业的转型和新兴产业的培育提出了严峻挑战。

一、环境保护压力

在 RCEP 框架下，贵州在推动经济发展的同时，面临着显著的环境保护压力。这些压力主要源于工业化进程、资源消耗、环境政策执行等多方面。

（一）工业化和城镇化带来的环境污染

随着经济的迅猛发展，贵州的工业化和城镇化步伐显著加快，在此过程中，传统产业的快速扩张对环境造成了一定的影响。[①]具体来说，污染物排放量有所增加。例如，煤炭的开采和燃烧过程中产生的二氧化硫、氮氧化物和颗粒物等污染物的排放会污染空气，给人们的健康造成一定影响。

此外，城镇化的推进也对生态环境产生了一定的影响。随着城市用地的不断扩张，原有的自然生态系统遭到破坏，生物栖息地被破坏，生物多样性受到了影响。许多珍稀动植物的生存环境受到威胁，生态平衡被打破，进而影响了整个生态系统的稳定性和可持续性。这种环境问题不仅影响了当前的生活质量，还可能对未来的生态环境造成长期的负面

---

① 走上生态优先绿色发展之路：贵州推动全面转型发展调查 [EB/OL].（2024-04-15）[2024-11-27]. http: //www.ce.cn/xwzx/gnsz/gdxw/202404/15/t20240415_38969304.shtml.

影响。因此，在追求经济发展的同时，如何平衡环境保护和生态可持续发展，成为贵州乃至全国面临的重要课题。

（二）资源过度开发与利用

贵州以资源型经济为依托，然而，这种经济模式也带来了资源过度开发的问题，给当地环境带来了不小的压力。在水资源方面，随着工业和农业的迅猛发展，人们对水资源的需求量急剧上升，这导致了水资源的过度开采和水体污染问题。水质的恶化和水资源的短缺问题变得越来越严重，不仅影响了当地居民的日常生活，也对生态系统的平衡造成了负面影响。

此外，贵州丰富的矿产资源也面临着过度开发的挑战。[①]矿产资源的开采虽然为当地经济发展提供了动力，但过度的开采活动却带来了资源枯竭的风险。同时，这种无节制的开发行为对生态环境造成了破坏，例如，山体滑坡、水土流失等自然灾害频发，这些都对当地的自然景观和生物多样性构成了威胁。因此，如何在发展经济的同时，保护好宝贵的自然资源和生态环境，成为贵州亟待解决的重要课题。

（三）环保政策的实施困难

尽管贵州省政府已经制定了一系列旨在保护环境的政策，以期改善当地的生态环境并促进可持续发展，但在政策的执行和落实过程中，仍然面临着不少挑战和困难。

一方面，政策的执行力不足是一个突出问题。在实际操作中，环保政策的实施往往受到地方政府和企业追求经济利益的限制，这导致一些企业在追求短期经济利益时，可能会有意或无意地忽视了环保责任。这种现象不仅削弱了环境保护措施的有效性，而且有时还会导致环境问题的加剧。

① 贵州一些地方矿产开发生态破坏严重 绿色矿山建设问题突出[EB/OL].（2022-01-09）[2024-11-27]. http://www.thepaper.cn/newsDetail_forward_16210004.

另一方面，缺乏有效的监管机制也是一个不容忽视的问题。目前，贵州的环保监管体系尚未完善，监管力度不足，[①]这使得一些企业有机可乘，逃避环保责任，进而造成环境污染事件的频发。特别是在一些偏远地区，由于地理位置的特殊性，环保监管和执法力量相对薄弱，监管盲区的存在使得这些地区的环境问题更加突出。此外，监管人员的专业能力和监管手段的现代化水平也有待提高，难以适应日益复杂的环保任务。

为了应对这些挑战，贵州需要进一步加强环保政策的执行力度，确保政策得到有效实施。同时，贵州需要建立健全环保监管体系，提高监管效率和力度，尤其是在偏远地区，应加强监管力量的配置，确保环保政策能够覆盖到每一个角落。此外，提升监管人员的专业素质和采用现代化的监管手段也是提高监管效能的关键。这些措施的实施，可以更好地保护贵州的生态环境，实现经济发展与环境保护的双赢。

（四）生态环境治理的高成本

在当前经济快速发展的大背景下，环境治理和生态修复的成本正日益攀升。[②]随着工业化和城镇化的不断推进，环境污染问题变得越来越严重，这不仅对人类的健康和生活质量构成了威胁，也对自然生态系统的平衡造成了破坏。因此，政府和企业都面临着挑战，需要采取有效措施来应对这一问题。

一方面，环境治理的财政压力不断增大。政府为了满足日益增长的污染治理和生态修复需求，必须投入大量的财政资金。然而，这些资金的筹措并非易事，尤其是在经济下行压力和财政收入增长放缓的情况下，政府的财政资源显得尤为紧张。资金的不足可能导致环境治理措施无法

① 贵州省基层环保部门环境监管能力现状调查[EB/OL].（2016-11-15）[2024-11-27]. http：//sthj.guizhou.gov.cn/ztzl/yjwtpjntjszg/201810/t20181031_16539395.html.

② 制造业环保成本上升是阵痛也是高质量发展必然要求[EB/OL].（2024-04-14）[2024-11-27].http://www.qstheory.cn/zoology/2019-02/13/c_1124109666.htm.

得到充分实施，从而影响环境质量的持续改善和提升。

另一方面，企业在转型升级的过程中，也面临着环保设施建设和改造的巨大资金需求。为了达到环保标准，企业需要投入大量资金用于购买先进的环保设备、改进生产工艺、处理废弃物等。这些投资不仅需要占用企业的大量资金，还可能在短期内影响企业的利润和市场竞争力。因此，企业在环保投资方面往往面临两难的境地：不进行环保投资将面临政府的处罚和市场的淘汰；而进行环保投资则可能影响到企业的经济效益。这种矛盾导致企业在环保投资上往往犹豫不决，从而影响了环境治理的整体效果。

综上所述，随着经济的快速发展，环境治理和生态修复的成本不断上升，政府和企业都面临着较大的财政和经济压力。为了实现可持续发展，需要政府、企业和公众共同努力，通过政策引导、技术创新和市场机制的完善，共同推动环境治理和生态修复工作的深入开展。

（五）气候变化的挑战

气候变化对贵州的生态环境和经济发展构成了新的威胁，这一问题不容忽视。

极端天气的频发已经成为一个严峻的挑战。由于全球气候变暖的趋势，气候异常现象愈发频繁，极端天气如洪水和干旱的发生频率显著增加。这种变化对贵州的农业生产造成了极大的影响。同时，生态系统的平衡受到了威胁，生物多样性面临风险，生态安全问题日益凸显。

温室气体排放的增加也是贵州面临的一个重要问题。贵州作为一个以煤炭为主要能源的地区，其温室气体排放量相对较高。随着经济的快速发展，能源需求不断增长，这进一步加剧了温室气体的排放。在全球气候治理的大背景下，国际社会对减排的要求越来越严格，贵州作为中国的一个省份，也必须承担起相应的责任，采取更加有力的措施来应对气候变化的挑战。这不仅包括减少化石能源的依赖，推动能源结构的转型，还包括提高能源利用效率，发展清洁能源，以及加强碳排放的监测和管理。

综上所述，气候变化对贵州的生态环境和经济发展构成了威胁。为了应对这些挑战，贵州需要采取一系列综合措施，包括加强极端天气事件的预警和应对能力，推动能源结构的优化升级，以及积极参与全球气候治理，共同为应对气候变化做出努力。只有这样，才能确保贵州的生态环境得到保护，经济实现可持续发展。

（六）公众环保意识的提升

随着经济的快速发展和人民生活水平的显著提升，公众对于环境保护的意识也在不断增强，他们对环境质量的要求也随之提高。人们越来越认识到，一个良好的生态环境对于健康生活和可持续发展的重要性。因此，公众对于参与环境保护活动和对环境问题进行监督的需求也日益迫切。

然而，在实际操作中，一些地方政府和企业在环境保护方面的执行力度并不尽如人意，这不仅影响了环境质量的改善，也加剧了公众与政府、企业之间的矛盾。特别是在一些重工业区和污染较为严重的地区，环境问题尤为突出，公众的不满情绪也在不断累积。

此外，环境教育和宣传在某些地区仍然显得不足。由于环保知识未普及，公众对于环保政策、法规以及具体措施的了解程度较低，这直接影响了他们在环境保护方面的参与度。缺乏足够的环保意识，公众可能无法有效地参与环境保护活动，也无法对环境问题进行有效的监督和反馈。

因此，加强环境教育和宣传，提高公众的环保意识，是当前环境保护工作中的一项重要任务。教育和宣传不仅可以提升公众对环保重要性的认识，还可以激发他们的参与热情，形成全社会共同参与环境保护的良好氛围。同时，政府和企业应当采取更加有力的措施，确保环保政策的有效实施，以满足公众对美好生态环境的期待。

综上所述，在 RCEP 框架下，贵州面临着日益严峻的环境保护压力，包括工业化与城镇化带来的污染、资源的过度开发、环保政策的执行困难、生态环境治理的高成本、气候变化的挑战以及公众环保意识的提升等。为应对这些压力，贵州需要加强落实环保政策，提高环保监管能力，推动企业转型升级，促进资源的可持续利用。此外，政府还需要鼓励公众参与环保行动，提高全社会的环保意识，以实现经济发展与环境保护的双赢。

二、可持续发展挑战

RCEP 的实施为成员国带来了经济增长的新机遇，但同时伴随着一系列挑战。对于贵州而言，其在享受 RCEP 带来的贸易和投资自由化便利化的同时，面临着如何在促进经济发展的同时保护生态环境、实现绿色转型的挑战。①

（一）环境保护与资源管理

在追求经济增长的过程中，RCEP 成员国可能会加大对自然资源的开采和利用力度，这无疑会对生态环境造成一定的压力和挑战。特别是对于生态环境较为脆弱的地区，如贵州，这种压力尤为显著。因此，在 RCEP 框架下，贵州需要进一步加强环境保护政策和法律法规的建设，以确保在经济发展的同时，能够有效保护和改善生态环境，实现经济与环境的协调发展。具体来说，贵州可以通过制定和实施更为严格的环境保护标准，加强对自然资源开采和利用的监管，推动绿色低碳技术的研发和应用，以及提高公众的环保意识等多种措施，来确保在经济发展中实现环境的可持续性。同时，贵州可以积极参与 RCEP 框架下的环保合作，与其他成员国共同探讨和解决生态环境保护的问题，共同推动区域生态环境的改善和可持续发展。

① 贵州：蹚出绿色生产力高质量发展之路[EB/OL].（2024-10-16）[2024-11-27]. http://www.guizhou.gov.cn/home/gzyw/202410/t20241016_85943432.html.

（二）产业结构调整

随着 RCEP 的正式实施，贵州的某些传统产业可能会遭遇更为激烈的国际市场竞争，这将迫使贵州的产业结构进行必要的调整和优化。为了应对这一挑战，贵州必须采取积极措施，引导本地产业向更加环保、技术密集型的方向进行转型升级。这意味着，传统产业需要通过技术创新和环保改造，提高其产品的附加值和市场竞争力。

同时，贵州应当把握 RCEP 带来的新市场机遇，积极发展绿色经济和循环经济。绿色经济强调在生产过程中减少对环境的负面影响，而循环经济则侧重资源的高效利用和循环使用。通过这两种经济模式的发展，贵州不仅能够更好地适应国际贸易规则的变化，还能为全球可持续发展目标作出贡献。

此外，贵州还应加强与 RCEP 成员国之间的经济合作与交流，通过引进外资和技术，提升本地产业的国际竞争力。同时，省内企业应积极开拓 RCEP 成员国市场，利用协定中的优惠政策，扩大出口规模，提高经济效益。政府则应提供相应的政策支持和服务，帮助企业应对国际贸易中的各种挑战，确保贵州在 RCEP 框架下实现经济的稳定增长和产业结构的优化升级。

（三）社会经济不平衡

RCEP 的实施，虽然为成员国之间的贸易往来和经济增长提供了新的机遇，但对于贵州这样的内陆省份而言，可能会为其带来一系列挑战。由于贵州内部经济发展水平存在显著差异，RCEP 的生效有可能会加剧这种不平衡，使得经济较为发达的地区与欠发达地区之间的差距进一步扩大。这种区域发展不均衡的问题，如果不加以妥善应对，可能会导致资源配置的不公，影响社会稳定和长远发展。

为了应对这一挑战，贵州省政府必须采取积极的措施，制定和实施有效的区域协调发展策略。这些策略应当旨在确保 RCEP 带来的经济利益能够普惠于全省所有地区和各个社会群体，从而促进贵州社会经济的均衡发展。具体而言，政府可以通过以下几个方面来实现这一目标：

首先，政府应当加大对欠发达地区的投资力度，特别是在基础设施建设、教育和医疗资源等方面。改善这些地区的基础设施条件，提升其吸引力，可以有效促进当地经济发展，缩小与发达地区的差距。

其次，政府可以推动产业转移和升级，鼓励企业在欠发达地区投资建厂，将一些劳动密集型产业转移到这些地区，以带动当地就业和经济增长。同时，通过政策引导和支持，促进当地产业升级，发展特色产业和循环经济，提高经济发展的质量和效益。

再次，政府应当加强区域合作，推动发达地区与欠发达地区之间的资源共享和产业互补。通过建立跨区域的合作机制，促进人才、技术和资本的流动，实现区域间的协同发展。

最后，政府还需要关注弱势群体，确保他们能够从 RCEP 带来的经济增长中受益。通过完善社会保障体系，提供职业培训和创业支持，帮助弱势群体提升技能，增强其就业能力和创业能力，从而促进社会公平。

总之，面对 RCEP 可能带来的挑战，政府需要采取一系列综合性的措施，通过区域协调发展策略，确保全省各地区和各群体都能共享 RCEP 带来的发展机遇，推动贵州社会经济的均衡和可持续发展。

（四）国际合作与能力建设

为了有效应对 RCEP 带来的挑战，贵州必须采取积极措施，加强与其他国家在环境保护、技术创新和人才培养等多个领域的国际合作。通过技术交流和能力建设，贵州可以学习借鉴其他国家的成功经验，提升自身在可持续发展方面的能力。这不仅有助于贵州在全球经济一体化的大背景下保持竞争力，而且对于推动区域经济的绿色发展和生态文明建设也具有重要意义。

首先，在环境保护方面，贵州可以与 RCEP 成员国中的发达国家进行深入合作，共同研究和开发环保技术，如节能减排和生态修复技术等。通过引进先进的环保理念和技术，贵州可以有效提高环境治理水平，减少工业污染，保护和改善生态环境。

其次，在技术创新方面，贵州应积极与 RCEP 成员国中的科技强国建立合作关系，通过共同研发项目、技术转移和人才交流等方式，加快科技创新步伐。这不仅有助于提升贵州的产业技术水平，还能促进高新技术产业的发展，为贵州的经济增长注入新的动力。

再次，在人才培养方面，贵州可以与 RCEP 成员国中的教育机构合作，开展学术交流、联合培养和人才引进项目。通过这些国际合作，可以为贵州省培养一批具有国际视野和创新能力的高素质人才，为贵州的可持续发展提供强有力的人才支持。

最后，贵州还应积极参与 RCEP 框架下的多边合作机制，通过政策对话和区域合作项目，与其他成员国共同应对全球性挑战。这些合作可以提升贵州在国际舞台上的影响力，为贵州的长远发展创造更加有利的外部环境。

综上所述，贵州在应对 RCEP 带来的挑战时，应通过加强与其他国家在环境保护、技术创新和人才培养等方面的国际合作，不断提升自身的综合竞争力，实现可持续发展。这不仅有助于贵州在全球经济一体化的大背景下保持竞争力，而且对于推动区域经济的绿色发展和生态文明建设也具有重要意义。

综上所述，贵州要想在 RCEP 框架下实现可持续发展，需要在环境保护、产业升级、经济社会平衡和国际合作等方面做出努力，以确保经济增长与生态文明建设相协调。

第六章　对策及建议

在 RCEP 框架下，贵州的高质量发展面临新的机遇与挑战，需要采取一系列政策及建议以实现其目标。贵州应积极抓住机遇，充分利用政策、项目和资金支持，以实现新时代西部大开发的新目标。同时，贵州应深化改革，解决影响高质量发展的体制机制问题，如通过农村宅基地制度改革，激活农村资源，增加农民收入。贵州还需要进一步扩大开放，吸引投资，优化营商环境，为未来发展创造更多可能。贵州还应以高质量发展为工作标尺，不断提升发展质量，确保经济社会稳定发展。通过这些措施，贵州有望在 RCEP 框架下实现高质量发展，开启一个百姓富、生态美的多彩贵州新未来。

第一节　政策支持和环境优化

在追求高质量发展的过程中，贵州既面临前所未有的机遇，也面临一系列挑战。为了充分利用这些机遇并有效应对挑战，政策支持和环境优化措施显得尤为重要。这些措施不仅包括政府层面的宏观调控和政策倾斜，还涉及营造一个有利于创新和可持续发展的社会经济环境。

一、加强政策扶持

贵州省商务厅、贵阳海关等部门积极行动，持续开展 RCEP 政策研究，并制定相关政策，帮助企业了解和利用 RCEP 带来的关税减免、市场准入、贸易便利化等优惠政策。[1]

（一）深入了解并掌握 RCEP 规则

对于贵州来说，深入了解并掌握 RCEP 的规则对于充分利用协定带来的机遇至关重要。

（1）加强培训和教育：为了深入理解和有效应用 RCEP 的规则，相关部门需要组织一系列专门的培训课程和研讨会。这些活动将面向政府部门的官员、企业界的决策者以及学术界的专家学者，旨在加深他们对 RCEP 条款的理解，并增强他们在实际工作中的应用能力。通过专业的培训和研讨，参与者将能够更好地把握 RCEP 带来的机遇，同时有效应对挑战，促进区域经济一体化进程，为各自领域的发展贡献力量。

（2）建立专业团队：为了深入理解和充分利用 RCEP 的规则，可以组建一支由行业专家、学者和实务工作者组成的专门团队或智库。这个团队或智库将对 RCEP 协定的条款进行深入研究和解读，为企业提供专业的咨询服务和实践指导。通过这样的专业支持，企业能够更加精准地把握协定内容，从而在国际贸易中占据有利地位，有效应对市场变化，优化供应链管理，并充分利用协定带来的关税减免等优惠条件，提升自身的国际竞争力。同时，这样的团队或智库能为企业提供定制化的解决方案，帮助它们在遵守 RCEP 规则的同时，享受协定带来的经济利益。

（3）政策宣传和解读：为了确保公众能够充分理解和掌握 RCEP 的相关规则，相关部门应当通过多种媒体渠道对其进行广泛宣传。这些渠道包括但不限于网络平台、电视节目以及出版物等，以覆盖更广泛的受众群体。在宣传过程中，宣传者应当提供权威的解读和指导，确保传递的信息不仅准确无误，而且能够及时更新，以便公众能够获取最新的协定内容和相关政策动态。通过这样的努力，人们旨在提高公众对 RCEP

---

① RCEP 为外贸经济发展带来新机遇 [EB/OL].（2022-03-26）[2024-11-28]. http://www.guizhou.gov.cn/home/gzyw/202203/t20220326_73146517.html.

规则的认知度，促进社会各界对这一重要经济协定的理解和支持，从而为区域经济一体化的深入发展奠定坚实的基础。

（4）与RCEP成员国建立联系：为了进一步深化与RCEP成员国之间的交流与合作，相关部门应该采取多种措施，包括但不限于举办和参与双边或多边会议、论坛以及其他形式的交流活动。这些活动旨在促进成员国之间的相互了解，加深对彼此规则体系和市场的认识，从而为各方创造更多的合作机会。

（二）进行政策调整

（1）优化法规和政策对接：为了进一步提升贵州在国际贸易和投资领域的竞争力，需要对现有的法规和政策进行细致的审查和调整，确保其与RCEP的规则保持高度一致。这不仅涉及对现有法规的文本进行逐条对照，还包括对相关政策的实施细节进行深入分析，确保两者之间不存在潜在的冲突或不一致之处。通过这样的优化过程，可以有效减少因法规政策差异而产生的贸易和投资壁垒，从而为贵州营造一个更加开放、透明和友好的商业环境。这样的举措将有助于提高贵州对外资的吸引力，促进更多的国内外投资者参与当地的经济建设，进而推动贵州经济的持续健康发展。

（2）强化企业能力建设：为了支持企业，尤其是中小企业，增强其在市场中的竞争力，政府和相关机构需要采取一系列措施，帮助这些企业提升自身能力。这些措施包括但不限于提高产品的质量标准，加强品牌建设和市场推广，以及优化供应链管理，确保企业能够高效、灵活地响应市场需求。通过这些努力，企业将能够更好地适应RCEP框架下的竞争环境，这是一个覆盖亚太地区多个国家的大型自由贸易协定，它为企业提供了更广阔的市场和更多的合作机会。因此，企业需要通过提升自身的核心竞争力，来充分利用这一协定所带来的机遇，同时也要准备好应对由此产生的新的挑战和竞争压力。

（3）利用RCEP提供的平台和资源：积极投身RCEP框架下的多样

化合作平台与项目，充分利用该协定所提供的丰富资源和宝贵信息，推动贵州在对外贸易和投资领域的发展。通过深入参与 RCEP 框架内的各项活动，贵州可以更好地融入区域经济一体化进程，加强与成员国之间的经贸往来，拓展国际市场，提升本地企业的竞争力。同时，利用协定中的优惠政策和合作机制，贵州能够吸引更多的外国投资，促进本地产业的升级和结构调整，进一步推动经济的高质量发展。此外，通过与 RCEP 成员国的交流与合作，贵州还可以学习先进的管理经验和技术，提高自身的开放水平，为贵州乃至整个中国的对外开放和经济发展作出贡献。

通过这些措施，贵州可以更有效地掌握 RCEP 规则，充分利用协定带来的经济机遇，同时为贵州的高质量发展注入新的动力。

二、优化营商环境

在 RCEP 框架下，贵州要实现高质量发展，优化营商环境是一个重要的策略。良好的营商环境不仅能够吸引投资，还能促进企业创新和发展。以下是优化贵州营商环境的具体建议：

（一）简化行政审批流程

推行“一站式服务”：为了简化企业行政审批的流程，相关部门应建立专门的一站式服务中心。这个中心将作为企业集中办理各类行政审批手续的窗口，通过集中服务的方式，大幅度减少企业在办理过程中所耗费的时间和经济成本。企业无须再奔波于各个不同的政府部门之间，只需要来到这个服务中心，就可以完成所有必要的行政审批，从而提高办事效率。

网上审批系统：为了进一步提升行政审批的效率和便捷性，相关部门应建立电子政务平台。这个平台将支持企业在线提交申请、进行审核以及接收反馈信息，从而大幅减少企业需要亲自前往政府部门办理事项的环节。通过这种方式，企业可以更加高效地完成审批流程，同时政府部门也能通过电子化手段提高工作效率，减少纸质文件的使用，实现绿色办公。此外，电子政务平台的建立还将有助于提高审批过程的透明度，增强公众对政府工作的信任度。

（二）增强透明度和可预见性

为了确保企业能够及时掌握最新的法律法规和政策动态，降低因政策变动带来的风险，相关部门应定期发布详尽的政策解读和指导性信息。这些信息将涵盖各类政策的最新变化，包括但不限于税收优惠、市场准入、环保要求、劳动法规等方面，旨在帮助企业更好地适应政策环境，把握发展机遇。

同时，为了进一步支持企业，相关部门应设立专门的政策咨询热线。这条热线将由经验丰富的政策专家和法律顾问团队负责，他们将为企业提供专业的咨询服务。无论是企业在日常运营中遇到的政策疑惑，还是在特定项目实施过程中需要解决的法律难题，专家团队都将提供详尽的解答和指导。此外，相关部门还应根据企业的具体需求，提供个性化的政策分析和建议，帮助企业制定符合政策导向的发展策略，确保企业在合规的轨道上稳步前行。

（三）优化税收政策

为了促进经济发展和鼓励创新，政府可以实施一系列的税收优惠政策，特别是针对那些在高新技术、绿色环保以及创新领域表现突出的企业。这些优惠政策可能包括税收减免或者退税措施，旨在减轻这些企业的税负，从而激发它们的市场活力和创新能力。通过这种方式，政府不仅能够支持企业的成长，还能推动整个社会的技术进步和可持续发展。

同时，为了确保税收政策的公平性和有效性，政府需要保证税收政策的透明度。这意味着政府必须明确公布税率和各种税收优惠的条件，让所有企业都能清楚地了解政策内容。透明的税收政策有助于减少企业的不确定感，使它们能够更加自信地进行长期规划和投资决策。此外，透明的税收环境也能有效防止企业滥用税收优惠政策，确保政策真正惠及那些符合条件的企业，从而维护税收体系的公正性和合理性。

（四）加强金融支持

为了促进中小企业的发展，政府应当采取多种措施来拓宽它们的融资渠道。一方面，鼓励金融机构创新思维，开发出更多适合中小企业的贷款产品，这些产品应当考虑到中小企业的特点和需求，为其提供更加灵活和便捷的融资服务，以帮助其解决在成长过程中遇到的资金难题。此外，政府可以出台相应的政策，为这些金融机构提供一定的激励措施，如税收减免、风险补偿等，以鼓励金融机构为中小企业提供更多的融资支持。

另一方面，为了支持科技创新和新兴产业的发展，政府可以设立专门的风险投资基金。这些基金将通过政府的引导和市场的运作，为那些具有较大成长潜力但又面临较大风险的初创企业提供资金支持。政府可以通过直接投资或者与私人资本合作的方式，共同设立风险投资基金，同时，可以通过提供政策支持和资金引导，吸引更多的社会资本参与风险投资。这种方式不仅可以为科技创新和新兴产业的发展提供必要的资金支持，还能够促进整个社会经济结构的优化和升级。

（五）提供人才和技术支持

加强职业培训：为了提升劳动力的技能水平，满足企业对人才的迫切需求，政府应与高校和职业院校紧密合作，共同开展一系列针对性的职业培训项目。这些培训项目将根据市场需求和行业发展趋势精心设计，旨在帮助劳动者掌握最新的专业知识和技能，从而提高他们的就业竞争力和职业发展潜力。通过这种方式，政府不仅能够为个人提供更多的职业发展机会，还能为企业输送更多符合需求的高素质人才。

技术转移与创新服务：为了更好地促进高校、科研机构与企业之间的合作，政府可以建立一个高效的技术转移中心。这个中心将作为连接学术界和产业界的桥梁，为企业提供必要的技术支持和服务。通过技术转移中心，企业可以获得前沿的科研成果和技术解决方案，加速产品的研发和创新过程。同时，高校和科研机构的研究人员能通过这个平台，将他们的研究成果加以转化，推动科技进步和产业升级。此外，技术转移中心还将组织各种交流活动和合作项目，鼓励跨领域的知识共享和创新思维，从而为社会经济的发展做出更大的贡献。

（六）强化知识产权保护

完善知识产权保护机制：为了确保知识产权得到有效保护，政府需要建立健全的知识产权保护体系。这包括制定和实施一系列法律法规，确保这些规定能够与时俱进，适应不断变化的市场和技术环境。同时，必须严厉打击各种侵权行为，无论是针对个人创作者还是企业的创新成果，都要采取坚决措施，保护他们的合法权益。

加强知识产权宣传与培训：知识产权的重要性不容忽视，因此，提高企业和公众对知识产权重要性的认识至关重要。这不仅涉及知识产权的基本知识的普及，还包括对相关法律法规的解读和实际案例的分析，以便让企业和个人更好地理解知识产权的价值和保护方式。为了提升企业的知识产权意识，政府可以提供专业的培训和咨询服务，帮助企业掌握专利、商标申请知识，以及避免侵犯他人知识产权的方法。这些宣传和培训活动的开展，可以有效提升整个社会对知识产权的尊重和保护意识，以创造一个更加健康和有序的环境。

（七）营造公平的竞争环境

加强市场监管：为了确保市场环境的公平性，建立一套全面而公正的市场监管机制是至关重要的。这不仅包括对市场活动的日常监督，还涉及对违法违规行为的严厉打击，以维护市场秩序。同时，监管机构应当保护合法经营者的合法权益，确保他们能够在公平竞争的环境中发展壮大，从而促进整个市场经济的健康发展。

促进企业之间的合作与共赢：在当前竞争激烈的商业环境中，鼓励企业之间通过行业协会等中介组织加强合作，实现资源共享和优势互补，对于提升企业的整体竞争力具有重要意义。通过合作，企业可以共同应对市场风险，创新商业模式，从而在竞争中实现共赢。此外，行业协会等组织应当发挥其桥梁和纽带的作用，为企业提供交流合作的平台，推动行业内部的良性互动和共同发展。

（八）营造良好的社会信用环境

为了构建一个健全的企业信用评价体系，政府可以通过建立全面的信息共享平台和信用评估机制，来创建详尽的企业信用档案。这样的档案不仅能够记录企业的信用历史，还能反映其在市场中的信用表现和履约能力，从而有效地提升企业的信用意识。

同时，为了进一步提高信用信息的透明度，政府应当采取措施向社会公众公开企业的信用信息。这包括但不限于企业的财务状况、履约记录、法律诉讼情况等关键信息。此外，透明的信用信息还能帮助消费者和合作伙伴做出更加明智的决策，从而在全社会范围内提升信用水平，营造一个更加诚信和谐的商业环境。

（九）增强服务意识

为了进一步提升政府的服务水平，各级政府部门必须不断增强服务意识，积极主动地关注企业的发展需求，确保能够及时发现并解决企业在生产经营过程中遇到的各种问题。这不仅有助于营造良好的商业环境，还能促进经济的健康发展。政府工作人员应当以企业为中心，深入了解企业的实际需求，提供针对性的支持和帮助，从而为企业的发展扫清障碍，创造更多便利条件。

同时，建立一个高效的企业反馈机制也是至关重要的。政府应当设立专门的企业意见反馈渠道，如热线电话、在线服务平台或者定期的企业座谈会等，以便及时收集企业的意见和反馈。通过这些渠道，政府可以更准确地把握企业的诉求和面临的困难，进而有针对性地改进和优化政府服务。此外，政府还应定期对收集到的信息进行分析，评估服务改进的效果，并根据企业的反馈不断调整和优化政策措施，确保政府服务能够更好地满足企业的需求，促进企业与政府之间的良性互动，共同推动社会经济的繁荣发展。

（十）促进可持续发展

出台支持企业绿色发展的政策：政府积极倡导并制定一系列鼓励企业实施绿色生产的政策措施，大力支持环保技术和可再生能源项目的研发与应用，以此来促进产业的可持续发展。同时，通过优化政策环境，为企业提供绿色转型的指导和服务，营造一个有利于绿色发展的营商环境，从而激发市场活力，推动经济结构的绿色升级。

加强环保政策与经济政策的协调：为了确保环保政策与经济政策之间的有效协调，避免因实施环保政策而给企业带来不必要的发展困境，政府需要采取一系列措施。这包括对现行的环保法规进行评估和调整，确保它们既能有效保护环境，又不会对企业的正常运营造成过大的负担。同时，政府应通过财政补贴、税收优惠等经济手段，激励企业采取环保措施，平衡环境保护与经济发展的关系，实现经济的绿色增长。此外，政府还应加强与企业的沟通，了解企业在环保方面的实际需求和困难，提供相应的政策支持和技术帮助，确保环保政策的顺利实施，同时促进经济的健康发展。

优化营商环境是贵州在 RCEP 框架下实现高质量发展的关键。通过简化行政审批流程、增强透明度、优化税收政策、加强金融支持、提供人才与技术支持、强化知识产权保护、营造良好社会信用环境、增强服务意识和促进可持续发展等多方面措施，贵州能够吸引更多的投资，提升企业竞争力，推动经济的高质量发展。

第二节　产业升级与创新驱动

要想在 RCEP 框架下推动贵州的高质量发展，关键在于加速推进产业的转型升级，并且大力实施创新驱动发展战略。这意味着，一方面，贵州需要根据自身的资源禀赋和产业基础，优化产业结构，提升产业链水平，发展新兴产业，同时淘汰落后产能，以适应RCEP带来的区域经济一体化趋势和国际市场竞争的新要求。另一方面，政府必须加大科技创新的力度，通过政策扶持、资金投入和人才培养等措施，激发企业的创新活力，促进科技成果转化，增强产业的核心竞争力。通过这两方面的努力，贵州能够在RCEP框架下更好地融入区域经济合作，实现经济的高质量、可持续发展。

一、加大研发投入

在RCEP框架下，加大研发投入是实现贵州高质量发展的重要途径。通过增强研发能力，贵州不仅能够提升传统产业的技术水平，还能加快新兴产业的培育，推动经济的可持续增长。

（一）建立和完善研发资金支持机制

为了促进科技创新和高新技术产业的发展，政府决定设立专项研发基金，旨在为关键领域和高新技术企业的研发活动提供资金支持。这一举措将有助于减轻企业在研发过程中所承担的经济压力和风险，从而激发企业进行更多原创性研究。此外，政府还将实施财政补贴和税收优惠政策，对企业的研发支出给予直接的财政支持或税收减免，以此鼓励企业增加研发投入。特别是对于那些致力创新技术和绿色技术的企业，政府将提供更为优厚的激励措施，以推动这些领域的技术进步和产业升级。通过这些政策的实施，政府希望能够营造一个更加有利于科技创新的环境，加速科技成果的转化应用，进而提升国家的科技竞争力和可持续发展能力。

（二）增强科研设施建设

为了进一步提升实验室和研究机构的条件，政府需要加大对科研设施的投资力度，不断改善实验室和研究机构的硬件条件，从而提高科研水平。这不仅包括更新先进的实验设备和仪器，还包括优化实验室的环境和安全设施，确保科研人员能够在理想条件下进行研究工作。通过这些措施，政府可以为科研人员提供一个更加高效、安全的工作环境，进而激发他们的创新潜力，推动科学研究的进步。

同时，为了推动研发平台建设，政府鼓励企业与科研机构之间建立更加紧密的合作关系，共同建设和使用实验室和研究设施。这种合作模式可以显著降低单个机构在研发上的成本负担，通过共享资源，提高设备的使用效率，避免重复投资和资源浪费。此外，共建共享的研发平台还能够促进不同领域和不同背景的科研人员之间的交流与合作，从而激发新的思想火花，加速科研成果的转化和应用。

（三）加强研发项目管理

建立项目评估机制：为了确保研发项目的资金得到高效利用，并保障项目的顺利进行，从而提升研发工作的整体效率，有必要建立一套完善的项目评估机制。这套机制应当包括定期的项目审查会议、项目进度报告、风险评估以及成果评价等多个环节，通过这些环节的综合评估，可以及时发现问题、调整策略，确保研发项目能够按照既定目标和时间节点推进，同时能对资源分配进行优化，避免资源浪费。

加强项目协调与支持：政府在研发项目中扮演着至关重要的角色，不仅需要通过制定和实施相关政策来提供必要的支持，还应当积极协调各方资源，为企业在研发过程中遇到的技术难题、资金短缺、市场准入等问题提供解决方案。政府可以通过设立专项基金、税收减免、知识产权保护等措施，降低企业的研发成本和风险，激发企业的创新活力。同时，政府应搭建平台，促进企业、高校、研究机构之间的交流合作，形成产学研一体化的创新体系，共同推动研发项目的成功实施，加速科技成果的转化和应用。

（四）推动绿色科技研发

支持环保和可再生能源技术：为了促进环境的可持续发展，政府应当加大对绿色科技和可再生能源技术的研发投入，这不仅有利于节约资源，还能有效减少环境污染。通过研发新技术，企业可以开发出更多高效、清洁的能源解决方案，如太阳能、风能、水能等，从而减少对化石燃料的依赖，降低温室气体排放，保护地球的生态系统。

建立绿色技术推广机制：为了加速绿色技术的应用和普及，政府应当建立一套完善的绿色技术推广机制。这包括制定优惠政策，鼓励企业采用绿色技术，如提供税收减免、财政补贴等激励措施。同时，通过举办绿色技术展览会、研讨会等活动，加强企业之间的交流与合作，推广低碳、环保的生产方式。此外，政府还应加强环保宣传教育，提高公众的环保意识，从而提升整个产业的可持续发展能力，为实现绿色经济转型贡献力量。

（五）提升企业创新能力

开展创新培训：企业将组织一系列专门针对创新管理和技术应用的培训课程，旨在提升员工的创新思维和技能，同时增强企业的整体创新能力和管理水平。这些培训将涵盖从基础创新理念到高级技术应用的各个方面，确保企业员工能够掌握较新的创新工具和方法，从而在日常工作中更好地实施创新策略，推动企业的持续发展和竞争力提升。

设立创新奖励机制：为了鼓励企业在研发和创新方面取得显著成就，企业将建立一套完善的创新奖励机制。这包括但不限于对那些在产品开发、工艺改进、新技术应用等方面表现突出的团队或个人给予物质奖励和荣誉表彰。通过这种方式，企业旨在激发员工的创新热情，鼓励他们积极投入研发和技术创新活动，从而推动企业整体的技术进步和市场竞争力的增强。同时，这种奖励机制将作为企业对创新成果的一种认可，进一步强化企业内部的创新文化，形成一个良性循环，促进企业长期稳定发展。

（六）加强政策引导与服务

制定具体研发扶持政策：政府应深入研究不同行业的发展特点和企业实际需求，制定一系列具有针对性的研发扶持政策。这些政策旨在鼓励和引导企业将资源和精力优先投入国家和地区战略性新兴产业，以此推动产业升级和经济结构的优化。例如，政府可以为参与高新技术研发的企业提供税收减免、资金补贴、研发项目优先立项等激励措施，从而激发企业的创新活力，加快科技成果的转化应用。

建立企业服务平台：政府或相关机构应建立一个综合性的企业服务平台，该平台不仅提供政策咨询，帮助企业了解和利用各种扶持政策，还应提供市场信息，帮助企业把握市场动态和趋势，以及提供技术支持，包括研发过程中的技术难题咨询、技术成果转化指导等服务。通过这样的平台，企业可以更加便捷地获取所需资源，提高研发效率，降低研发成本，从而更好地开展研发活动，增强企业的核心竞争力。

总之，在RCEP框架下，通过加大研发投入，贵州可以推动高质量发展，实现经济结构的转型升级。通过建立和完善研发资金支持机制、推动产学研合作、增强科研设施建设、优化人才培养和引进、鼓励科技成果转化、加强研发项目管理、促进国际合作与交流、推动绿色科技研发、提升企业创新能力以及加强政策引导与服务，贵州能够有效提升自身的研发能力和创新水平，增强在国际市场中的竞争力。

二、促进产学研合作

在RCEP框架下，促进贵州高质量发展需要强化产学研合作。通过整合政府、企业和科研机构的资源，形成协同创新的良好局面，能够有效提升贵州的科技创新能力和产业竞争力。

（一）建立产学研合作平台

为了促进产学研一体化发展，政府将设立专门的产学研合作基金，旨在通过财政资金的支持，激励和引导高等教育机构、科研机构与各类企业之间建立紧密的合作关系，共同开展具有前瞻性和实用性的研发项目。这些项目不仅能够推动科学技术的进步，还能促进产业升级和经济结构的优化。

同时，为了进一步激发创新活力，政府将创新孵化器。这些孵化器将为初创企业和科研团队提供全方位的支持，包括但不限于资金援助、技术咨询、市场对接等服务。通过这些措施，孵化器将帮助这些团队克服创业初期的种种困难，加速科研成果向市场产品的转化过程，从而推动科技成果的商业化和产业化，为社会创造更多的经济价值和就业机会。

（二）推动科研成果转化

为了进一步促进科技成果的转化，政府需要完善科技成果转化机制。这包括建立一个专门的科技成果转化服务平台，该平台将为科研机构和高校提供专业的支持和服务，帮助他们将科研成果有效地推向市场，加速科技成果的商业化进程，提高科技成果转化的效率和成功率。

同时，强化知识产权保护是至关重要的。政府将加大对知识产权的保护力度，通过法律法规的完善和执法力度的加强，确保各方的合法权益得到充分保障。知识产权保护的强化不仅能够保护科研人员的创新成果不被侵犯，还能激发他们的创新热情，鼓励他们继续进行科研创新。此外，建立健全的知识产权激励机制，可以进一步促进科技成果的转化和应用，推动科技进步和产业升级。

（三）加强高校与企业的交流合作

为了进一步加强高校与企业之间的交流合作，政府可以定期举办合作交流活动。这些活动将包括技术交流会和研讨会，旨在为双方提供一个信息共享和交流的平台，以使更好地促进双方在技术、知识和资源方面的交流与合作，从而有助于双方在各自领域的发展和创新。

此外，政府还应建立一个企业导师制度，鼓励企业中的高管和技术专家积极参与高校的课程设计和教学工作。这些企业导师将利用他们在行业中的丰富经验和专业知识，为学生提供更加贴近实际工作需求的教育内容。通过这种方式，学生不仅能够学习到理论知识，还能够获得宝贵的实践经验，从而在毕业后能够更快地适应职场环境，提高他们的就业竞争力。同时，企业导师制度将为高校教师提供与行业接轨的机会，促进教育内容与市场需求的紧密结合，实现教育与产业的良性互动。

（四）推动开展联合研发项目

为了促进产学研一体化发展，政府鼓励企业积极与高等院校以及科研机构携手合作，共同申报省级和国家级的科研项目。通过这种合作模式，可以实现资源共享、优势互补，从而提升科研项目的质量和效率。同时，政府支持企业与高校联合建立重点实验室和研发中心，这些平台将集中行业内的顶尖人才和先进设备，致力解决行业内的关键技术和共性问题，推动科技进步和产业升级。

（五）推进技术创新和研发

为了进一步推动科技创新和产业升级，政府可以采取以下措施：

加大研发投入：政府可以鼓励企业增加在产学研合作中的研发投入，通过提供必要的资金支持，激励企业与高校和研究机构共同开展前沿技术研究和产品开发。这不仅能够提升企业的创新能力和市场竞争力，还能促进学术研究成果的转化应用，实现三方共赢。

推广科技创新成果：政府可以定期举办科技成果展览会，为企业、高校和研究机构搭建一个展示产学研合作成果的平台。展览会的举办，可以促进技术交流和成果转化，让更多的创新技术得到市场的认可。同时，展览会将成为企业寻找合作伙伴、投资者发现投资机会的重要场所，进一步推动科技创新成果的商业化进程。

（六）建立评估与激励机制

为了确保产学研合作的高效性和成果的显著性，建立一套完善的评估合作效果机制显得尤为重要。这包括定期对合作项目进行深入的评估分析，以监控项目的进展和成果，确保投入的资源能够得到有效的利用，并及时调整合作策略以应对可能出现的问题。此外，为了进一步激发参与各方的积极性和创新精神，应当设立一套奖励机制，对那些在产学研合作中取得突出成绩的团队和个人进行表彰和奖励。这样的激励措施不仅能够鼓励那些在合作中作出贡献的成员，还能够鼓励更多的团队和个人参与产学研合作，从而推动整个合作体系的良性发展和创新成果的不断涌现。这些措施的实施可以有效地促进产学研三方的紧密合作，共同推动科技进步和产业升级。

（七）加强政策支持与引导

为了促进产学研合作的顺利进行，政府需要制定一系列符合其特点的政策法规，这些政策法规将为合作各方提供必要的法律保障，确保合作过程中的权益得到妥善保护，同时为可能出现的纠纷提供解决的法律依据。此外，为了帮助企业和高校更好地理解和运用这些政策法规，政府应设立专门的政策咨询服务部门。这些部门将提供专业的政策解读服务，为企业和高校在合作过程中遇到的问题提供咨询和指导，从而降低合作的门槛，使更多有潜力的项目能够顺利启动和实施。

（八）促进国际合作

加强与 RCEP 国家的合作：为了进一步提升贵州的国际影响力，致力通过建立国际合作平台，促进与 RCEP 成员国之间的交流与合作。这不仅包括与成员国的高校和科研机构进行学术交流，还包括在教育、科技、文化等多个领域的合作项目。这种方式有助于促进双方在人才培养、科学研究、技术转移等方面的合作，共同推动区域经济的发展和繁荣。

参与国际科研项目：为了提升贵州的科技创新能力和国际竞争力，政府鼓励本地企业和高校积极参与国际科研项目。这不仅有助于企业和高校借鉴和吸收国外的先进技术和管理经验，还能够通过国际合作提升本地科研人员的国际视野和研究水平。参与国际科研项目有助于促进贵州在全球科技创新网络中的地位，为贵州乃至全国的科技进步和产业升级作出贡献。同时，这将为贵州的企业和高校带来更多的国际合作机会，帮助它们在全球市场中占据有利地位。

（九）推动可持续发展

支持绿色科技研发：政府应当积极倡导和支持产学研各界在绿色科技和可再生能源等关键领域开展深入的研究与开发工作。这种跨界的协作模式可以有效促进生态友好型产业的快速发展，同时有助于推动整个社会向更加环保和可持续的发展方向转型。此外，政府和相关机构可以提供必要的政策支持和资金投入，以激励更多的企业和研究机构投身绿色科技的研发之中，共同为保护环境和促进绿色发展贡献力量。

建立可持续发展评价体系：为了确保产学研合作项目在实施过程中能够真正符合可持续发展的长远目标，建立一套全面的可持续发展评价体系显得尤为重要。这一体系应当包括对合作项目的环境影响、社会影响以及经济效益等多方面的综合评估，确保项目的实施不仅能够带来经济效益，同时能对环境和社会产生积极的影响。评价体系的建立，可以促使产学研三方更加注重环境保护和社会责任，从而推动整个社会的可持续发展。此外，评价体系的建立还需要结合国际标准，确保其科学性和权威性，为项目的可持续性提供有力的保障。

通过加强产学研合作，贵州可以在RCEP框架下实现高质量发展。通过建立合作平台、推动科研成果转化、加强高校与企业的交流、推动联合研发项目、加强人才培养与引进、推进技术创新与研发、建立评估与激励机制、加强政策支持与引导、促进国际合作以及推动可持续发展，贵州能够提升创新能力，增强产业竞争力，最终实现经济的高质量转型与升级。

第三节　强化人才培养和引进

为了进一步推动地方经济的转型升级和创新驱动发展，贵州亟须在人才培养和引进方面采取更为有力的措施。这不仅包括对本地教育资源的优化和提升，还包括制定优惠政策吸引外地高层次人才，以及为人才提供良好的工作和生活环境，从而构建起一个更加完善的人才生态系统。

一、提升教育培训质量

在 RCEP 框架下，提升贵州的教育培训质量是实现高质量发展的关键。高质量的教育培训不仅能够提高劳动者的素质和技能，还能为地方经济发展提供人才保障。

（一）优化教育资源配置

增加教育投资：政府应当显著提升对教育领域的财政支持，通过增加教育预算，确保资金能够用于改善学校基础设施，如升级教学楼、实验室、图书馆等硬件设施，以及更新教学设备，从而为学生提供一个更加安全、舒适的学习环境。同时，这些资金可以用于提升教育教学条件，如引进先进的教学方法和教育技术，促进教育质量的整体提升，确保每个孩子都能享受到公平而优质的教育资源。

合理配置师资力量：为了优化师资结构，政府和教育机构需要采取一系列措施，包括积极引进优秀教师人才，特别是在偏远地区和资源匮乏的学校，以平衡师资分配。同时，加强对在职教师的培训，提供持续的专业发展机会，帮助教师提升自身的教学技能和专业知识。此外，鼓励教师之间的交流与合作，通过建立教师专业学习社区，促进教师教学经验的分享和教学方法的创新。通过这些努力，当地可以有效提升教师队伍的整体素质，进而提高教育质量，培养出更多优秀的人才。

（二）改革课程体系

与市场需求紧密对接：为了更好地满足地方经济发展和产业进步的需求，教育机构需要对现有的课程体系进行细致的调整和优化。这包括开设与当前市场趋势相符合的新专业和课程，确保学生所学知识与技能能够与就业市场的实际需求相匹配，从而提高毕业生的就业竞争力和职业发展潜力。

重视实践教学：在教学过程中，强调实践教学的重要性，增加实习、实训和实验课程的比例，使学生能够在实际操作中学习和应用理论知识。

这样的教学方式有助于提升学生的动手能力和解决实际问题的能力，为他们未来的职业生涯打下坚实的基础。同时，加强与企业合作，为学生提供更加贴近真实工作环境的学习机会，进一步增强学生的职业适应性和市场竞争力。

（三）强化职业教育

提升职业教育地位：为了进一步强化职业教育的重要性，教育机构应当采取一系列措施，确保职业教育与普通教育之间能够实现协调发展。这不仅包括政策层面的支持，还涉及教育资源的合理分配和社会观念的转变。通过这些努力，教育机构逐步提高职业教育在社会中的地位，增强其对学生的吸引力，同时让社会各界更加认可职业教育的成果，为培养更多技术技能型人才打下坚实的基础。

多样化职业培训：在当前快速变化的经济环境中，为了满足各行各业对人才的多样化需求，职业培训应当呈现出更加丰富和灵活的特点。这要求教育机构根据不同的行业特点和市场需求，设计和实施多种多样的职业培训项目。这些培训项目不仅要覆盖广泛的职业领域，还要考虑到不同群体的学习需求，包括在职员工的技能提升、失业人员的再就业培训，以及青少年的职业启蒙教育等。通过提供个性化和定制化的培训服务，帮助学习者更好地适应职场变化，提升他们的就业竞争力，从而促进整个社会的经济发展和人才结构优化。

（四）注重师资培训与发展

为了不断提升教师队伍的整体素质和教学水平，教育机构应当定期组织师资培训活动，这些活动旨在提高教师的专业素养和教学能力，确保他们能够紧跟教育教学改革的步伐，及时掌握前沿的教育理念和教学方法。通过这些培训，教师不仅能够更新自己的知识结构，还能够掌握有效进行课堂教学和学生指导的方法。

同时，教育机构鼓励教师积极参与国内外的进修和交流项目。这些项目不仅为教师提供了一个宝贵的学习机会，让他们能够接触到不同文化和教育体系中的先进教育理念和教学方法，而且还能够促进教师之间的相互学习和经验分享。通过这样的交流，教师可以拓宽视野，增强创新意识，从而在教学实践中更加灵活地运用所学知识，提高教学质量。

总之，定期开展教师培训和鼓励教师进修与交流，能够为教师提供持续的专业成长路径，帮助他们成为更加优秀的教育工作者，为学生提供更加优质的教育资源和学习体验。

（五）推动教育信息化

建设在线学习平台：教育机构应开发一个功能全面的在线学习和培训平台，这个平台将汇集大量的学习资源，包括视频课程、电子书籍、互动练习和在线测试等，旨在为学生提供一个自主学习的环境。同时，教师可以利用这个平台进行在线教学，发布课程资料，组织在线讨论，以及进行远程评估和反馈。这样的平台不仅能够打破时间和空间的限制，让学生随时随地都能进行学习，还能为教师提供一个高效的教学管理工具，从而提升教学质量和效率。

利用大数据和人工智能：教育机构应充分利用大数据和人工智能技术，对学生的学习情况进行深入分析，以识别他们的学习习惯、优势和弱点。通过这些分析，人工智能可以为每个学生提供个性化的学习内容推荐，帮助他们更有效地掌握知识。此外，人工智能还可以辅助教师进行教学决策，例如，通过分析学生的学习数据，教师可以了解哪些教学方法比较有效，哪些知识点需要更多的讲解和练习。这样的智能化教学方式能够显著提高教学效果，使教育资源得到更合理的分配和利用。

（六）完善教育评价体系

为了全面提高教育质量，教育机构应当建立一个多元化的评价机制。这个机制应当以素质教育为核心，强调对学生综合素质和能力的培养，从而有效减少目前教育体系中存在的应试教育倾向。这意味着，评价标准不应仅仅局限于学生的考试成绩，而应涵盖学生的创新能力、实践技能、团队协作能力、领导力等多方面的能力。这样的评价体系有助于学生的全面发展，培养他们成为适应未来社会需要的复合型人才。

同时，为了确保教育培训项目的有效性和适应性，教育机构需要定期对教育培训的质量进行评估。这不仅包括对教学内容、教学方法和教学效果的评估，还应包括对教师教学能力、教学资源配备以及学生满意度等方面的综合考量。定期评估有助于教师及时发现问题，改进不足，确保教育培训项目能够与时俱进，满足学生和社会的需求。这样的评估机制有助于推动教育机构不断优化教学过程，提高教学质量，最终实现教育的长远发展和学生的全面成长。

（七）促进国际合作与交流

引进国际教育资源：为了丰富教育资源和提升教育质量，教育机构应积极与RCEP成员国的高校和专业培训机构建立广泛的合作关系，通过这些合作，教育机构能够引进一系列优质的教育资源，包括高水平的课程体系、专业的师资力量以及先进的教育理念和教学方法。这些资源的引进将有助于教育机构优化现有的教育体系，使之更加符合国际化标准，同时为学生提供更加多元和高质量的学习体验。

组织国际交流项目：为了进一步拓宽学生的国际视野，培养他们的全球竞争力，教育机构应定期组织一系列国际交流项目，这些项目将涵盖学生和教师两个层面。对于学生而言，参与这些项目不仅能够让他们亲身体验不同国家和地区的文化，还能够通过与来自世界各地的同龄人交流，提升他们的跨文化交际能力和团队合作精神。对于教师而言，这些交流项目将为其提供一个宝贵的平台，让他们能够分享教学经验，学习国际先进的教育理念和实践，从而提高自身的教学水平和专业素养。通过这些国际交流项目的实施，教育机构旨在构建一个多元、开放、包容的教育环境，为学生和教师的成长和发展创造更多机会。

（八）关注终身学习机制

倡导全民终身学习：树立终身学习的理念，鼓励社会各界参与培训和学习，提升全民素质。

提供多样化的学习机会：为在职人员和社会人士提供灵活多样的培训和学习机会，满足不同年龄和职业群体的需求。

（九）加强政策支持

为了应对 RCEP 带来的机遇与挑战，贵州需要精心制定一份全面的教育发展规划。这份规划应当着眼长远，确保教育体系能够与国家经济发展同步，相互促进，共同进步。这不仅包括对教育基础设施的现代化改造，还应涵盖教育内容的更新，以适应经济全球化背景下的新需求。同时，规划应注重教育公平，确保所有社会群体都能享受到高质量的教育资源。

在财政和政策支持方面，政府应当为那些致力提高教育质量、推动教育创新的项目提供充足的财政资助和政策优惠。这不仅能够激励教育机构不断探索和实践新的教育模式，还能够吸引更多的社会资源投入教育领域。这种方式的应用可以促进教育机构之间的良性竞争，推动整个教育行业的进步和发展。同时，政府还应制定相应的评估机制，确保财政和政策支持能够真正用于提升教育质量，而不是仅仅停留在纸面上。

综上所述，在 RCEP 框架下，提升教育培训质量，可以为贵州的高质量发展提供坚实的人才支撑。通过优化教育资源配置、改革课程体系、推动产学结合、强化职业教育、注重师资培训与发展、推动教育信息化、完善教育评价体系、促进国际合作与交流、关注终身学习机制以及加强政策支持，贵州将能够培养出更多高素质的人才，提升整体经济竞争力，推动地方经济的可持续发展。

二、吸引高端人才

在 RCEP 框架下，贵州实现高质量发展的关键之一是吸引高端人才。高端人才不仅可以为贵州带来先进的技术和管理经验，还能提升区域的创新能力和竞争力。以下是关于如何吸引高端人才的具体建议：

（一）优化人才引进政策

制定优惠政策：为高端人才提供税收减免、住房补贴、子女入学等方面的优惠政策，降低他们的生活成本，增强吸引力。

简化引进流程：优化高端人才的引进流程，简化申请手续，缩短审批时间，提升引才效率。

（二）提供良好的生活和工作环境

改善城市基础设施：加大对城市基础设施的投资力度，提高交通、医疗、教育和文化等公共服务水平，营造宜居的生活环境。

增强社会保障体系：完善社会保障制度，确保高端人才在工作和生活中得到充分的保障。

（三）构建创新生态系统

建立创新创业平台：支持高端人才创业，设立专门的创新创业园区，为他们提供资源、资金和政策支持。

鼓励技术合作与交流：搭建企业、高校和科研机构之间的合作平台，促进技术交流和成果转化，营造创新氛围。

（四）加强人才培训

提供职业发展支持：为高端人才提供职业发展规划与培训，帮助他们快速适应工作环境，提高职业素养。

建立导师制度：安排行业专家和成功企业家为高端人才提供指导，促进他们的成长与发展。

（五）增强科技研发能力

加大研发投入：政府和企业共同加大对科研和技术创新的投入，为高端人才提供良好的研究条件和资源。

推动产学研合作：鼓励高校、科研机构与企业合作，形成科研项目的联合攻关机制，吸引高端人才参与。

（六）促进国际化发展

积极参与国际合作：通过与 RCEP 成员国和其他国家的合作，引入先进技术和管理经验，提升地方企业的国际竞争力。

鼓励海外人才回归：设立专项基金，支持海外高端人才回国创业与工作，吸引他们将所学知识和经验带回贵州。

（七）加强宣传与品牌建设

塑造贵州人才品牌：通过媒体、网络等渠道，宣传贵州的人才政策和发展机会，提升贵州在高端人才中的知名度和吸引力。

展示成功案例：通过展示贵州引进高端人才的成功案例，吸引更多优秀人才的关注和加入。

（八）建立长效激励机制

设立人才奖励机制：对在科技创新、经济发展等领域做出突出贡献的高端人才给予奖励，激励更多人才参与地方建设。

定期评估与反馈：建立人才吸引政策的评估机制，根据人才的反馈不断完善和优化政策。

（九）发挥行业协会与社团作用

支持行业协会发展：鼓励各类行业协会和社团为高端人才提供交流和合作的平台，增强人才之间的互动和资源共享。

组织行业交流活动：定期举办行业高峰论坛、技术交流会等活动，促进高端人才的相互学习与合作。

（十）关注人才的心理与文化适应

提供心理支持服务：为新引进的高端人才提供心理辅导和适应性培训，帮助他们克服文化和生活上的不适应。

促进文化交流与融合：鼓励高端人才参与地方文化活动，增进他们对贵州文化的理解和认同，增强融入感。

通过优化人才引进政策、提供良好的生活和工作环境、构建创新生态系统、加强人才培训、增强科技研发能力、促进国际化发展、加强宣传与品牌建设、建立长效激励机制、发挥行业协会与社团作用以及关注人才的心理与文化适应，贵州可以在 RCEP 框架下成功吸引高端人才，为高质量发展提供坚实的人才支持。

结 论

一、研究总结

（一）RCEP 对贵州的总体影响

首先，RCEP 的签署与实施，对贵州产生了深远的影响。这一协定的签订，不仅为贵州带来了更广阔的市场，而且通过降低关税和消除贸易壁垒，促进了贵州产品，特别是农产品、化工品、矿产品和特色食品等更顺畅地进入成员国市场。这不仅有助于提升贵州产品的市场竞争力，也为当地农民和企业带来了更多的发展机遇。

其次，RCEP 的实施鼓励了外资进入贵州，推动了当地产业的升级和经济结构的优化。随着外资的引入，贵州的制造业、服务业等领域得到了快速发展，高新技术产业也得到了发展。这不仅提高了贵州的经济实力，也为当地居民提供了更多的就业机会，提高了他们的生活水平。

最后，RCEP 还促进了贵州与其他成员国之间的服务贸易和数字经济合作，为贵州的经济增长注入了新动力。通过这一平台，贵州的企业能够更好地融入全球产业链，提升自身的竞争力。同时，数字经济的发展为贵州带来了新的经济增长点，推动了当地经济的转型升级。

总的来说，RCEP 的签署与实施，为贵州带来了更多的市场机会，促进了产业升级和经济结构的优化，同时为贵州的经济增长注入了新的动力。这一协定的实施，不仅对贵州的经济发展产生了深远的影响，也为贵州的未来发展提供了更多的可能性。

RCEP 的实施不仅为成员国带来了前所未有的经济合作机遇，同时伴随着一系列挑战，这些挑战包括市场竞争的进一步加剧、产业结构调整的巨大压力、环境和劳动标准的潜在冲突、政策协调的复杂以及区域发展不平衡的问题。对于贵州而言，作为一个积极参与 RCEP 的省份，面对这些挑战，需要采取一系列有效的应对措施。首先，贵州应当通过政策调整，制定和实施符合 RCEP 规则的政策体系，以促进本地产业的竞争力提升和经济结构的优化升级。其次，贵州需要加快产业升级的步伐，通过技术创新和产业链的延伸，提高产品的附加值，增强在全球价值链中的地位。最后，贵州还应建立和完善区域协调机制，通过加强与周边地区的合作，共同应对区域发展不平衡的问题，实现资源共享和优势互补。通过这些综合措施，贵州可以有效应对 RCEP 带来的风险，确保其经济的可持续发展，并在 RCEP 框架下实现更高质量的增长。

（二）策略实施的短期与长期效应

在短期内，RCEP 的实施对贵州产生了显著的积极影响，尤其是在促进贸易增长和吸引外资方面。随着 RCEP 的生效，贵州的企业得以享受关税减免的优惠政策，以及市场准入的便利化措施，这使得企业能够更快速地进入国际市场，增强了其产品的出口竞争力。此外，贵州通过积极举办各种国际交流和经贸活动，不仅加深了与 RCEP 成员国之间的经贸联系，还通过这些平台展示了本地的产业优势和投资潜力，吸引了更多外国投资者的关注和投资。这些举措共同推动了贵州经济的快速发展，为当地企业带来了新的发展机遇，同时为区域经济一体化贡献了力量。

从长远的角度来看，RCEP 的实施有助于贵州经济结构的优化升级以及产业转型和技术创新。贵州可以充分利用 RCEP 这一平台，加强与成员国在高端制造、数字经济、绿色能源等战略性新兴产业领域的合作，通过这种国际合作，推动当地经济的高质量发展。同时，RCEP 的实施有助于贵州提升对外开放的水平，深化与成员国之间的经济合作，实现经济的可持续发展。这不仅将为贵州带来更多的发展机遇，也将有助于其在全球经济中占据更有利的地位，从而为当地居民创造更多的就业机会和经济增长点。

二、研究限制与未来展望

（一）研究的限制

在本项研究中，著者主要通过搜集和分析现有的数据以及相关文献资料，来探讨 RCEP 对贵州经济和社会发展可能产生的影响。然而，由于数据收集和分析过程中可能存在一定的局限性，例如，数据更新的滞后性以及研究视角的局限，这可能会对研究结果的准确性和全面性造成一定的影响。同时，考虑到 RCEP 实施的时间尚短，其对贵州经济的长期影响和深层次效应还需要通过更长时间的观察和深入研究来揭示。

此外，本研究在分析过程中未能充分考虑到贵州内部不同地区之间以及不同产业之间的异质性特征。贵州作为一个多民族聚居、地形地貌复杂的省份，其内部各地区在经济发展水平、产业结构、资源禀赋等方面存在显著差异。同时，不同产业的发展状况、技术水平、市场需求等各不相同。这些因素都可能对 RCEP 实施后贵州的经济产生不同程度的影响。因此，未来的研究需要更加细致地分析这些异质性因素，以便更准确地评估 RCEP 对贵州各地区、各产业的具体影响，从而为制定更加精准的政策提供科学依据。

（二）对未来研究的建议

在未来的研究中，研究者应当更加细致地关注 RCEP 对贵州不同地区以及不同产业所带来的具体影响。这包括深入分析各产业在面对RCEP时的适应性，以及它们在新的贸易环境下的竞争力。研究者需要从多个维度出发，如产业特性、地区经济发展水平、资源禀赋等因素，综合评估 RCEP 对贵州经济的潜在影响。

同时，为了使政策建议更具说服力和实用性，未来的研究应当加强定量分析的深度和广度。通过收集和分析实证数据，研究者可以更准确地评估 RCEP 对贵州经济的具体影响，从而提出更有针对性的政策建议。

这不仅包括对现有数据的分析，还应当包括对未来趋势的预测，以及对可能出现的风险进行评估。

此外，随着 RCEP 的实施，未来的研究还应当密切关注在这一过程中可能出现的新问题和新挑战。这可能包括贸易摩擦、产业转移、就业结构变化等问题。研究者应当及时识别这些问题，并提出相应的调整策略和解决方案，以确保贵州能够充分利用 RCEP 带来的机遇，同时有效应对可能出现的挑战。

附录

表附录 1-1　2013—2023 年度贵州地区生产总值

单位：亿元

年份	2023 年	2022 年	2021 年	2020 年	2019 年	2018 年
GDP	20913.3	20010.4	19458.6	17860.4	16769.3	15353.2
年份	2017 年	2016 年	2015 年	2014 年	2013 年	
GDP	13605.4	11792.4	10541	9173.1	7973.1	

（数据来源：国家数据网站 https://data.stats.gov.cn/index.htm）

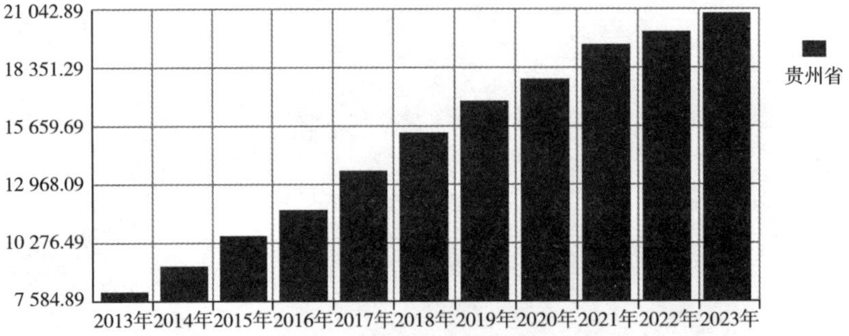

图附录 1-1　2013—2023 年度贵州地区生产总值

（数据来源：国家数据网站 https://data.stats.gov.cn/index.htm）

表附录 1-2 2013—2023 年度贵州省经营单位所在地进出口总额

单位：千美元

年份	2023 年	2022 年	2021 年	2020 年	2019 年	2018 年
总额	10790000	10850000	10050000	7910689	6568169	7602857
年份	2017 年	2016 年	2015 年	2014 年	2013 年	
总额	8162313	5699617	12221418	10771326	8290101	

（数据来源：国家数据网站 https://data.stats.gov.cn/index.htm）

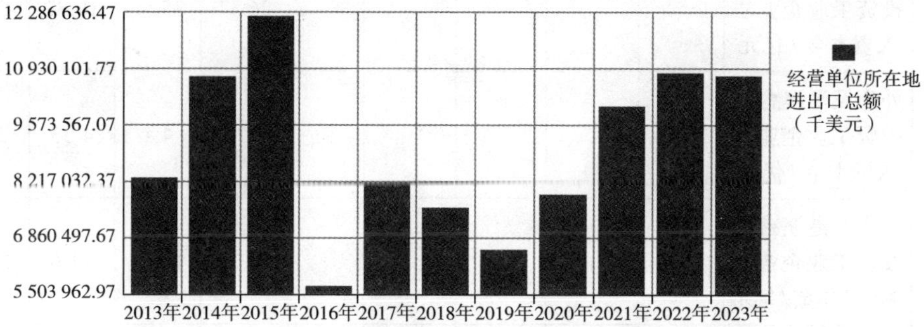

图附录 1-2 2013—2023 年度贵州省经营单位所在地进出口总额

（数据来源：国家数据网站 https://data.stats.gov.cn/index.htm）

表附录 1-3 2013—2022 年度贵州省实际利用外资情况统计表

指标	2022	2021	2020	2019	2018	2017	2016	2015	2014	2013
外商及港澳台商投资工业企业单位数 / 个	118	105	105	94	110	99	91	89	86	71
外商及港澳台商投资工业企业亏损企业单位数 / 个						17	17	23	18	14
外商及港澳台商投资工业企业实收资本 / 亿元						141.76	132.64	104.55	100.69	88.73

续 表

指标	2022	2021	2020	2019	2018	2017	2016	2015	2014	2013
外商及港澳台商投资工业企业国家资本金 / 亿元						29.54	30.39	23	15.93	10.89
外商及港澳台商投资工业企业集体资本金 / 亿元						0	0.05	0.05	1.79	0.09
外商及港澳台商投资工业企业法人资本金 / 亿元						26.37	35.68	18.82	17.14	27.78
外商及港澳台商投资工业企业个人资本金 / 亿元						3.72	4.1	4.33	2.07	1.6
外商及港澳台商投资工业企业港澳台资本金 / 亿元						37.39	10.58	11.6	19.94	12.09
外商及港澳台商投资工业企业外商资本金 / 亿元						44.73	51.82	46.75	43.07	36.29
外商及港澳台商投资工业企业流动资产合计 / 亿元	373.23	280.42	277.82	256.21	266.7	167.15	170	155.93	140.98	161.09
外商及港澳台商投资工业企业应收账款净额 / 亿元	88.41	68.04	64.72	85.63	73.3	43.02	39.81	38.74	31.42	26.9
外商及港澳台商投资工业企业存货 / 亿元	73.16	38.09	32.53	30.01	47.2	22.75	22.51	25.99	28.76	25.71
外商及港澳台商投资工业企业产成品 / 亿元	25.04	15.98	9.71	8.3	13.6	7.36	6.97	9.25	9.57	8.98

续 表

指标	2022	2021	2020	2019	2018	2017	2016	2015	2014	2013
外商及港澳台商投资工业企业固定资产合计 / 亿元						171.98	198	152.03	164.43	139.89
外商及港澳台商投资工业企业固定资产原价合计 / 亿元						288.89	221.88	192.97	195.72	171.89
外商及港澳台商投资工业企业累计折旧 / 亿元						78.73	66.91	56.23	49.29	39.84
外商及港澳台商投资工业企业资产总计 / 亿元	888.78	800.98	844.69	569.63	580.1	466.78	450.36	380.15	363.59	352.25
外商及港澳台商投资工业企业流动负债合计 / 亿元						185.67	191.87	161.61	179.37	151.82
外商及港澳台商投资工业企业应付账款 / 亿元						41.46	49.14	39.13	28.3	24.99
外商及港澳台商投资工业企业负债合计 / 亿元	447.41	432.95	478.2	330.3	362.3	285.06	286.39	237.34	242.54	231.29
外商及港澳台商投资工业企业所有者权益合计 / 亿元						181.72	163.96	143.56	118.51	120.48
外商及港澳台商投资工业企业主营业务收入 / 亿元						285.85	276.81	352.12	307.43	197.33

续 表

指标	2022	2021	2020	2019	2018	2017	2016	2015	2014	2013
外商及港澳台商投资工业企业主营业务成本 / 亿元						228.32	206.67	275.54	245.81	143.48
外商及港澳台商投资工业企业销售费用 / 亿元	19.91	21.3	18.1	14.91	12.9	12.95	14.05	16.13	13.7	14.04
外商及港澳台商投资工业企业主营业务税金及附加 / 亿元									2.37	2.29
外商及港澳台商投资工业企业管理费用 / 亿元	21.88	20.58	17.67	14.23	16.3	11.84	13.59	14.45	15.89	13.16
外商及港澳台商投资工业企业财务费用 / 亿元	8.35	7.21	8.61	5.09	7.1	6.69	6.61	5.82	6.07	5.12
外商及港澳台商投资工业企业利息支出 / 亿元						6.76	5.4	5.58	5.72	5.53
外商及港澳台商投资工业企业营业利润 / 亿元						20.93	30.56	37.49	25.02	20.87
外商及港澳台商投资工业企业利润总额 / 亿元	59.37	58.14	48.66	29.36	30	22.3	33.39	38.71	26.22	22.48
外商及港澳台商投资工业亏损企业亏损总额 / 亿元						7.2	2.08	2.25	1.67	0.8
外商及港澳台商投资工业企业应交所得税 / 亿元									4.63	3.26

续 表

指标	2022	2021	2020	2019	2018	2017	2016	2015	2014	2013
外商及港澳台商投资工业企业本年应交增值税 / 亿元									10.51	8.68
外商及港澳台商投资工业企业工业销售产值 / 亿元							294.97	364.57	321.11	218.34
外商及港澳台商投资工业企业出口交货值 / 亿元							13.11	4.23	5.49	6.65

（数据来源：国家数据网站 https://data.stats.gov.cn/index.htm）

参考文献

[1] 张励 .RCEP 建设与“一带一路”高质量发展 [M]. 北京：中国社会科学出版社，2022.

[2] 迟福林 .RCEP：全球最大自由贸易区 [M]. 北京：中国工人出版社，2022.

[3] 辛蔚 . 中国与 RCEP 伙伴国贸易效率研究 [M]. 北京：经济科学出版社，2023.

[4] 张潇 . 区域经济合作与人民币国际化研究：基于 RCEP 协定签订的视角 [M]. 太原：山西人民出版社，2023.

[5] 叶一军 .RCEP 体系下的内陆开放经济合作与发展：2023 年“中国—东盟内陆开放经济合作与发展论坛”综述 [J]. 贵州商学院学报，2023，36（4）：12–18.

[6] 陈永琴 .RCEP 体系下的贵州跨境电子商务人才培养研究 [J]. 国际公关，2023（21）：191–193.

[7] 赵亮，李依依，李薇，等 .RCEP 背景下贵州深化东南亚茶叶经贸合作策略：马来西亚为例 [J]. 茶叶学报，2023，64（5）：53–59.

[8] 彭杨 .RCEP 全面生效赋能“黔货出海”[J]. 当代贵州，2023（21）：38–39.

[9] 谢鹏，张军 .RCEP 下贵州茶叶出口贸易发展对策研究 [J]. 海峡科技与产业，2023，36（1）：34–36.

[10] 袁荣聪，张军 .RCEP 下贵州省内陆开放型经济试验区数字贸易发展机遇与策略 [J]. 海峡科技与产业，2022，35（6）：1–4.

[11] 丁浩员，夏蓀瑶 . 抓住 RCEP 契机，助力内陆开放型经济试验区建设 [J]. 中国发展，2021，21（S1）：58–61.

[12] 朱颜，赵亮 .RCEP 对我国跨国企业加强与东盟经贸合作的影响 [J]. 企业科技与发展，2021（9）：5–7.

[13] 赵光辉 . 双循环发展新格局下贵州融入 RCEP 的机遇与政策重点 [J]. 贵州社会主义学院学报，2021（2）：88–92.

[14] 刘玮，姚伟 .RCEP 助力贵州省服务贸易发展研究 [J]. 海峡科技与产业，2023，36（9）：50–53.

[15] 钱静斐，孙致陆，陈秧分，等 . 区域全面伙伴关系协定（RCEP）实施对中国农业影响的量化模拟及政策启示 [J]. 农业技术经济，2022（9）：33–45.

[16] 肖宇，季雪飞，李博文 .RCEP 区域贸易与旅游耦合效应溢出规律及驱动因素研究 [J]. 价格理论与实践，2022（11）：176–178.

[17] 冯宗宪，李诚 .RCEP 背景下中国农产品出口竞争优势及动因分析 [J]. 西安交通大学学报：社会科学版，2022，42（2）：53–64.

[18] 张晓兰 .RCEP 协定对中国优势产业链东亚重构的影响研究 [J]. 贵州社会科学，2022（12）：130–137.

[19] 丁文喻，刘洪钟 .RCEP 与东亚服务贸易发展的机遇与挑战 [J]. 亚太经济，2023（2）：57–64.

[20] 张励，黎亚洲 .RCEP 成员国的认知差异及其影响 [J]. 现代国际关系，2024（1）：101–118，138.

[21] 韩佳容，贾孟瑶，余壮雄 .RCEP 背景下的贸易合作与产业转移 [J]. 经济学动态，2024（7）：38–56.

[22] 赵书博，胡江云 . 高质量实施“区域全面经济伙伴关系协定（RCEP）”[J]. 红旗文稿，2023（13）：36–39.

[23] 李坤望，丛聪 .RCEP 关税减让对中国在本区域内制造业出口的影响：基于“最少贸易产品”方法的估计 [J]. 国际经贸探索，2024，40（4）：

4-19.

[24] 彭红枫，王雪童，马世群 .RCEP 成员国农产品贸易网络的动态结构及其影响因素分析 [J]. 统计研究， 2024， 41（1）：71-84.

[25] 张群，邱斌，孙少勤 .RCEP 框架下服务贸易自由化的贸易与福利效应估计 [J]. 世界经济， 2023， 46（6）：3-30.

[26] 文艺，文淑惠 .RCEP 贸易网络演化对成员国全球价值链分工地位的影响研究 [J]. 经济学家， 2023（10）：43-52.

[27] 裘莹，郭周明，饶俏 .RCEP 视域下中国数字平台畅通双循环的理论机制与政策建议 [J]. 改革， 2022（11）：70-83.

[28] 丁晓强，张先锋 . 中国在 RCEP 区域的国际产业融合：多维特征与影响因素 [J]. 统计研究， 2024， 41（7）：77-90.

[29] 党英杰，朱振，掌孝恩，等 .RCEP 框架下成员国通关便利化比较及对我国的启示 [J]. 国际贸易， 2023（1）：49-55.

[30] 欧定余，易佳慧 .RCEP 对成员国全球价值链参与的影响研究：基于 GTAP 模拟分析 [J]. 湘潭大学学报（哲学社会科学版），2023，47（3）：30-36.

[31] 黄孝岩，李国祥 .RCEP 国家农产品贸易网络格局演变及其影响机制研究：基于复杂网络视角 [J]. 国际经贸探索， 2023， 39（10）：22-41.

[32] 陈昊 赵子薇 .RCEP 成员国间 ICT 产品出口贸易效率及潜力研究 [J]. 财经问题研究， 2023（10）：116-129.

[33] 赵亮，陈淑梅 . 经济增长的“自贸区驱动”：基于中韩自贸区，中日韩自贸区与 RCEP 的比较研究 [J]. 经济评论， 2015（1）：92-102.

[34] 房裕，邢文昕，田泽 .RCEP 全面实施背景下中国—东盟数字经济合作机遇，挑战与对策 [J]. 国际贸易， 2023（10）：76-85.

[35] 尚思汝 . 区域全面经济伙伴关系协定（RCEP）对我国和甘肃工业经济的影响 [J]. 甘肃科技， 2023，39（4）：44-47.

[36] 鲁朝云，关建波 . 中国与 RCEP 其他成员国机电产品贸易竞争性和互

补性研究 [J]. 对外经贸实务， 2024，42（4）：26–35.

[37] 李雪阳 .RCEP 框架下中国省域嵌入不同价值链中的区域互动研究 [D]. 南京：中共江苏省委党校，2024.

[38] 梁耀文 .RCEP 关税减让对中国乳制品进口的经济效应研究 [D]. 贵阳：贵州大学，2023.

[39] 陈星月 .RCEP 经认证经营者法律制度研究 [D]. 贵阳：贵州大学，2023.

[40] 沈福梅 .RCEP 成员国贸易便利化对中国制造业出口贸易的影响研究 [D]. 贵阳：贵州大学，2023.

[41] 宋雪倩 . 省域视角下我国与 RCEP 伙伴国的产业关系研究 [D]. 兰州：兰州财经大学，2023.

[42] 徐爽 .RCEP 背景下贵州地理标志农产品国际化提升路径研究 [D]. 贵阳: 贵州财经大学，2023.

[43] 周风 . 加入 RCEP 对我国西南地区经济发展的影响研究 [D]. 上海：上海财经大学，2023.

[44] 吴春平 .RCEP 特殊与差别待遇条款研究 [D]. 贵阳：贵州大学，2023.

[45] 冯倩 . 加快融入 RCEP“朋友圈”[N]. 贵州日报，2024–02–05（4）.

[46] 彭杨 . 抢抓 RCEP 机遇黔企乘风出海 [N]. 贵州日报，2023–05–25（5）.

